TESI GREGORIANA
Serie Teologia
67

PETR MAREČEK

LA PREGHIERA DI GESÙ
NEL VANGELO DI MATTEO

Uno studio esegetico-teologico

EDITRICE PONTIFICIA UNIVERSITÀ GREGORIANA
Roma 2000

Vidimus et approbamus ad normam Statutorum Universitatis

Romae, ex Pontificia Universitate Gregoriana
die 16 mensis maii anni 2000

R.P. Prof. STOCK KLEMENS, S.J.
R.P. Prof. BEUTLER JOHANNES, S.J.

ISBN 88-7652-864-4
© Iura editionis et versionis reservantur
PRINTED IN ITALY

GREGORIAN UNIVERSITY PRESS
Piazza della Pilotta, 35 - 00187 Rome, Italy

PREFAZIONE

Questo studio esegetico-teologico, «La preghiera di Gesù nel vangelo di Matteo», è stato presentato alla Pontificia Università Gregoriana per il conseguimento del dottorato in teologia biblica nel maggio 2000.

Rendo lode al Signore che ha guidato le singole tappe del mio studio a Roma.

La mia gratitudine va al mio vescovo Mons. Vojtěch Cikrle, il quale mi ha inviato a Roma per approfondire gli studi biblici al Pontificio Istituto Biblico e alla Pontificia Università Gregoriana.

Un grazie di cuore a tutti i Docenti del Pontificio Istituto Biblico e della Pontificia Università Gregoriana che mi hanno consentito di portare a termine i miei studi.

In modo particolare vorrei ringraziare padre Klemens Stock, SJ, professore di esegesi del Nuovo Testamento al Pontificio Istituto Biblico, che con sapienza e dedizione ha diretto questo mio lavoro. Il suo modo di leggere il testo biblico, caratterizzato da profonda fede ed umiltà, mi ha illuminato nella mia ricerca.

Un grazie sincero a padre Johannes Beutler, SJ, professore di esegesi del Nuovo Testamento alla Pontificia Università Gregoriana, revisore di questa tesi, per i suggerimenti e le utili osservazioni.

Sono ugualmente riconoscente a tutta la comunità del Pontificio Collegio Nepomuceno che mi ha accolto durante la mia permanenza a Roma.

Vorrei ringraziare inoltre le persone che hanno corretto la dissertazione dal punto di vista della lingua italiana. A tutti coloro, infine, che in qualsiasi modo hanno contribuito alla stesura di questa tesi, esprimo i più vivi ringraziamenti, assicurando un ricordo riconoscente nella preghiera.

INTRODUZIONE

1. L'oggetto di studio

La rilevanza della preghiera nei Vangeli e negli Atti è evidente dalla statistica delle ricorrenze dei vocaboli[1] collegati con questa tematica[2].

Il vangelo di Luca tra i sinottici è quello che parla più frequentemente e con maggiore profondità e ricchezza della preghiera[3],

[1]

	Mt	Mc	Lc	Gv	At
αἰνεῖν	-	-	3	-	3
αἶνος	1	-	1	-	-
αἰτεῖν	6	1	3	8	1
δεῖσθαι	1	-	3	-	4
δέησις	-	-	3	-	-
δόξα	-	-	3	1	1
δοξάζειν	3	1	8	-	4
ἐξομολογεῖν	1	-	1	-	-
εὐλογεῖν	2	3	5	-	-
εὐχαριστεῖν	2	2	4	3	2
λατρεύειν	1	-	3	-	5
προσεύχεσθαι	15	10	19	-	16
προσευχή	2	2	3	-	9
προσκυνεῖν	4	1	2	9	2
ὑμνεῖν	1	1	-	-	1

Nel quarto vangelo appare ancora un altro verbo ἐρωτάω che è caratteristico per la preghiera di Gesù (14,16; 16,26; 17,9.15.20).

[2] Per la statistica più completa dei lessici concernenti la preghiera, vedi A. GEORGE, *Études*, 403-404.

[3] Ci sono 4 testi sulla preghiera propri al vangelo di Luca che non trovano un riscontro negli altri due vangeli sinottici: 11,5-8; 18,1-8.9-14; 21,36.

particolarmente per quanto concerne la preghiera di Gesù stesso[4]. A causa del suo interesse per la preghiera di Gesù, l'autore del terzo vangelo viene chiamato *l'Évangéliste de la prière*[5]. Questo fatto ha decisamente determinato le indagini degli studiosi sulla preghiera nei vangeli sinottici.

La nostra scelta del primo vangelo per affrontare in esso la tematica della preghiera personale di Gesù non è soltanto causata dalla frequenza dei termini riguardanti questo tema, come dimostra la suddetta statistica, ma anche dal fatto che il vangelo di Matteo era nel tempo del cristianesimo primitivo il vangelo più diffuso ed usato dai cristiani[6], e divenne l'evangelo della chiesa *par excellence*[7].

L'importanza della preghiera nel vangelo di Matteo è quindi palese dalla numerosa ricorrenza dei termini collegati con il tema: αἶνος (lode) [21,16]; αἰτεῖν (domandare) [6,8; 7,7.8.11; 18,19; 21,22]; δεῖσθαι (pregare) [9,38]; δοξάζειν (glorificare) [5,16; 9,8; 15,31]; ἐξομολογεῖν (esaltare) [11,25]; εὐλογεῖν (benedire) [14,19; 26,26]; εὐχαριστεῖν (rendere grazie) [15,36; 26,27]; λατρεύειν (rendere culto) [4,10]; προσεύχεσθαι (pregare) [5,44; 6,5/bis/.6/bis/.7.9; 14,23; 19,13; 24,20; 26,36.39.41.42.44]; προσευχή (preghiera) [21,13.22]; προσκυνεῖν (prostrarsi, adorare) [4,10; 14,33; 28,9.17]; ὑμνεῖν (cantare l'inno) [26,30]. A causa della vastità dei testi di preghiera nella narrazione del vangelo matteano che abbracciano sia l'insegnamento di Gesù sulla preghiera sia la sua preghiera personale, la nostra indagine si concentrerà soltanto su quei testi, che presentano la preghiera personale di Gesù[8].

Le preghiere di Gesù espresse con le parole nel vangelo di Matteo sono 1. l'inno di giubilo (11,25-30); 2. la preghiera nel Getsemani (26,36-46) 3. la preghiera sulla croce (27,45-56). I testi, nei quali la preghiera di Gesù viene soltanto menzionata senza riportare un contenuto espresso, sono i due racconti della moltiplicazione dei pani (14,13-21; 15,29-39), la preghiera dell'ultima cena (26,26-30), la preghiera

---

[4] Luca presenta Gesù in preghiera almeno 11 volte. Tre brani sono comuni agli altri due vangeli sinottici (Lc 22,40-45 par. Mc 14,32-42; Mt 26,36-46; Lc 5,16 par. Mc 1.35; Lc 10,21-22 par. Mt 11,25-27); gli altri 8 testi sono propri a lui (3,21; 6,12; 9,18; 9,28s; 11,1; 22,32; 23,34; 23,46).

[5] A. HAMMAN, *La Prière*, 144.

[6] Cf. E. MASSAUX, *L'influence*.

[7] R.E. BROWN, *An Introduction*, 171.

[8] L'insegnamento di Gesù sulla preghiera, dunque, non rientrerà nell'oggetto del nostro studio.

solitaria sul monte (14,22s) e la preghiera sui bambini (19,13-15). Tutti questi testi diventano l'oggetto del nostro studio.

Il lavoro presente ha lo scopo di analizzare i testi del primo vangelo che riguardano la preghiera personale di Gesù, cioè il suo modo di pregare, per scoprire il loro significato con tutte le valenze e le conseguenze. La dissertazione cercherà di palesare la rilevanza della tematica della preghiera di Gesù nella composizione del vangelo di Matteo. Al centro dell'indagine sarà la questione su come sia presentata la persona di Gesù che prega e quale sia il suo modo di pregare, secondo il vangelo di Matteo.

Il tema della preghiera personale di Gesù non è infatti soltanto di grande rilievo per l'intelligenza dell'identità di Gesù che è Figlio di Dio, ma anche per la comprensione della sua missione salvifica secondo la volontà del Padre.

2. Status quaestionis

I testi, che presentano Gesù in preghiera personale, benché sembrino appartenere ai temi importanti del vangelo di Matteo non sono stati mai analizzati in modo preciso e dettagliato in uno studio specifico. La preghiera di Gesù viene soltanto accennata dai commentatori senza un approfondimento oppure un'analisi in maniera precisa e sistematica. Tra le ricerche attualmente presenti manca un'analisi dei testi concernenti la preghiera personale di Gesù, nelle sue possibili connessioni e nel contesto del vangelo di Matteo. Non ci sono infatti studi che trattino esplicitamente questa tematica.

Gli autori si sono concentrati negli studi teologico-biblici sulla preghiera nel Nuovo Testamento in modo generico[9] oppure si sono orientati alla tematica della preghiera nel vangelo di Luca, motivati dalla frequenza e profondità dei testi che la riguardano. Il tema della preghiera negli scritti di Luca richiamava l'attenzione degli esegeti più che negli altri vangeli, ed è stata oggetto di studi sistematici ed accurati[10]. La tematica della preghiera, nel vangelo di Marco, è stata recentemente affrontata da un lavoro di dissertazione[11].

---

[9] Ad es. A. HAMMAN, *La Prière*; J.M. NIELEN, *Gebet*; D. COGGAN, *The Prayers*; O. CULLMANN, *Das Gebet*.

[10] Tra questi studi si potrebbero nominare: W. OTT, *Gebet*; G. HARRIS, *Prayer*; A.A. TRITES, «The Prayer Motif», 168-186; L. MONLOUBOU, *La prière*; L. FELDKÄMPER, *Der betende Jesus*; A. GEORGE, *Études*, 395-427; D. CRUMP, *Jesus*.

[11] M. VIDOVIC, *Preghiera*.

La preghiera personale di Gesù, come appare nei testi dei vangeli, è stata trattata soltanto in modo generico[12]. Per quanto riguarda il vangelo di Matteo, gli autori hanno scritto soltanto in modo marginale su questo tema[13]. La loro attenzione si concentrava di solito soltanto sul testo della preghiera «Padre nostro», che veniva trattato più di qualsiasi altro[14].

Per quanto riguarda il nostro tema non conosciamo studi che lo affrontino esplicitamente. Tra le indagini che sono più vicine al nostro argomento specifico si potrebbero elencare i due studi seguenti dei quali non vogliamo presentare il contenuto, ma considerarne solamente le tendenze principali e lo status quaestionis.

A. MULLOOR, *Jesus' Prayer of Praise. A Study of Mt 11,25-30 and Its Communicative Function in the First Gospel*, New Delhi 1996:

è uno studio esegetico dettagliato della preghiera di Gesù, l'inno di giubilo (Mt 11,25-30), articolato nelle sei parti. L'autore nella sua opera presenta un'esposizione della sincronica coerenza del testo attraverso: una analisi linguistico-sintattica (1-25), uno sviluppo della tematica del testo nel resto del vangelo (26-66), una dettagliata analisi semantica del testo (67-176), e un'analisi del prossimo contesto del testo (177-242) con la sua relazione con il resto del vangelo (243-283). La parte conclusiva, poi, si riferisce alla singolarità del contenuto e del contesto di Mt 11,25-30 (284-298). Questo lavoro presenta un'accurata lettura sincronica del testo dell'inno di giubilo, e cerca di portare a «a better understanding of the meaning of these sayings» (xi), ma non si concentra sul fatto che si tratti di una delle preghiere di Gesù riportate nella narrazione matteana.

A. FEUILLET, *L'agonie de Gethsémani. Enquête exégétique et théologique suivie d'une étude du «Mystère de Jésus» de Pascal*, Paris 1977:

è uno studio esegetico-teologico del dramma agonico di Gesù nel Getsemani, elaborato nei cinque capitoli. L'autore espone i tre racconti sinottici della scena di Gesù nel Getsemani, presentando la loro struttura nel contesto evangelico e nello sfondo veterotestamentario (13-40). Anche se l'esegesi dei testi si concentra sulla narrazione marciana (77-100), l'autore affronta tutti i testi del NT che riguardano il tema

---

[12] Ad es. J. JEREMIAS, «Das Gebetsleben Jesu», 133-140; I. de la POTTERIE, *La preghiera*.

[13] Ad es. A. FINKEL, «The Prayer», 171-182.

[14] Ad es. S. SABUGAL, *Abbà*; H. SCHÜRMANN, *Das Gebet*; N. AYO, *The Lord's Prayer*.

dell'agonia di Gesù (101-186), per rintracciare il significato fondamentale di questa agonia: «Gethsémani, c'est l'heure de Jésus, celle où tout se paie par lui, celle où est en train de se jouer sa liberté de choisir d'entrer dans l'œuvre du Père» (223). La specificità della preghiera di Gesù nel Getsemani nel racconto matteano, comunque, resta solo marginale nella presentazione dell'autore.

Tutti e due questi studi toccano il nostro tema, ma si concentrano sempre soltanto su una lettura esegetica dei testi evangelici, con poco interesse all'importanza della preghiera di Gesù, come palesa l'intera narrazione del vangelo di Matteo. Gli autori non prendono in considerazione la relazione reciproca delle preghiere nella narrazione matteana. La tematica della preghiera personale di Gesù, nel primo vangelo, nei suoi diversi aspetti, non sta al centro della loro attenzione. Questo fatto crea un'occasione per affrontare un'indagine sulla preghiera di Gesù nel vangelo di Matteo, con la speranza d'ottenere qualche risultato concreto e così, penetrare più a fondo, nel mistero del rapporto di Gesù, Figlio con Dio, Padre. La specificità del nostro studio consisterà nel tentativo di esaminare tutti i testi del primo vangelo che presentano Gesù in preghiera, analizzandoli nel loro contesto per poter rintracciare il suo modo di pregare con le sue caratteristiche e peculiarità.

3. Organizzazione e metodo del lavoro

La nostra esposizione si articolerà in due parti. Nella prima parte verranno presi singolarmente in esame i testi che riguardano la preghiera di Gesù. Per questa indagine s'adoprerà il metodo della lettura sincronica[15]. Questa parte dell'esposizione risulterà necessariamente la più ampia ed estesa, considerata la quantità dei testi da esaminare. Il procedimento utilizzato consisterà nell'analisi della struttura della pericope, che contiene sia la preghiera diretta di Gesù sia la sua sola menzione. Una particolare attenzione verrà posta all'analisi dei testi che contengono le parole delle preghiere e le enunciano. L'indagine dei testi sarà eseguita attraverso l'esame di singole parole ed espressioni, che verranno confrontate con altri testi nei quali esse ricorrono. Il confronto sinottico aiuterà a mettere in rilievo gli elementi caratteristici di Matteo ed evidenziarne le specificità. L'analisi dei testi sarà sviluppata con l'attenzione sia alla pericope in se stessa, sia al suo contesto.

La seconda parte racchiuderà due capitoli: il primo capitolo sarà dedicato alla funzione della preghiera di Gesù, nel contesto dell'intera

---

[15] Cf. W. EGGER, *Methodenlehre*, 74-158.

narrazione matteana; il secondo capitolo poi, sulla base dei dati conclusivi che emergono da quanto è stato detto nella prima parte, cercherà di presentare le caratteristiche principali della preghiera di Gesù nel vangelo di Matteo.

PRIMA PARTE

L'ESPOSIZIONE DEI SINGOLI TESTI DELLA PREGHIERA DI GESÙ

CAPITOLO I

L'inno di giubilo (Mt 11,25-30)

La prima preghiera di Gesù riportata nel vangelo di Matteo è la preghiera di ringraziamento e di lode (11,25-26) che fa parte del testo così detto «inno di giubilo» (11,25-30). Questo brano è uno dei più importanti e, nello stesso tempo, uno dei più discussi testi della tradizione sinottica[1]. Esso offre cospicui impulsi ma anche non pochi problemi per la spiegazione. Fra tutte le testimonianze date da Gesù stesso sulla propria persona nei vangeli sinottici, questo testo è certamente quello che ha la più grande importanza e la più significativa originalità[2].

Prescindendo dalla questione che riguarda la storicità del nostro brano e la sua autenticità[3], la nostra attenzione si concentrerà piuttosto sul significato del brano nel suo contesto e sulla sua rilevanza nel vangelo di Matteo. Anche se la preghiera come tale è ristretta soltanto a

---

[1] E. NORDEN, *Agnostos Theos*, 279-280: «Eins der von den Theologen aller Zeiten am öftesten verwerteten, aber, wie man wohl wird sagen dürfen, in seiner Deutung besonders der beiden ersten Absätze umstrittensten Logia ist bei Matthäus 11,25ff. überliefert.»; cf. J. GNILKA, *Das Matthäusevangelium*, I, 431.

[2] A.M. HUNTER, «Crux criticorum», 241: «These are perhaps the most important verses in the Synoptic Gospels».

[3] Dalla numerosa letteratura, che tratta anche la questione dello sfondo storico, dell'autenticità e della storia delle tradizioni, si possono elencare gli studi seguenti: A. von HARNACK, *Sprüche*, 189-216; H. SCHUMACHER, *Die Selbstoffenbarung*; E. NORDEN, *Agnostos Theos*, 277-308; J. WEISS, «Das Logion Mt 11,25-30», 120-129; W.H. DAVIES, «"Knowledge" in the Dead Sea Scrolls», 113-139; L. CERFAUX, «Le sources», (1954) 740-746; (1955) 331-342; H. MERTENS, *L'hymne*, 19-33; A.M. HUNTER, «Crux criticorum», 241-249; W. GRUNDMANN, «Matth. 11,27», 42-49; P. HOFFMANN, *Studien*, 102-142; S. SCHULZ, *Q Die Spruchquelle*, 213-228; W. GRIMM, «Der Dank», 249-257; R.A. EDWARDS, «Matthew's Use», 257-275.

11,25-26, l'esegesi di tutto il brano dell'inno di giubilo (11,25-30) mediante l'analisi delle sue singole parti (strofe), dei rispettivi stichi che le compongono, aiuterà a capire a fondo questa preghiera di ringraziamento e di lode pronunciata da Gesù. Parole ed espressioni significative del testo saranno esaminate nell'ampio quadro dello sfondo veterotestamentario, giudaico ed ellenistico, nella comparazione sinottica, nel contesto immediato e globale del vangelo.

1. Il contesto del testo

La pericope è considerata da alcuni autori come *isolierter Spruch*[4] oppure *situationsloses Logion*[5]. Il testo che abbiamo a disposizione in Mt 11,25-30 e il suo parallelo in Lc 10,21-22 non è senza contesto e neppure isolato. Tutti e due i brani sono messi in particolare situazione letteraria. Mt 11,25-30 e il suo parallelo lucano si trovano dopo i «guai» pronunciati da Gesù alle città di Galilea (Mt 11,20-24; par. Lc 10,13-15). Il contesto di Matteo differisce da quello di Luca.

1.1 *La struttura del contesto*

Non si può mettere in dubbio il fatto che il vangelo di Matteo sia strutturato, anche se gli autori non sono tutti d'accordo. La sua struttura resta ancora oggi fondamentalmente irrisolta[6]. Noi, però, non ci occuperemo della problematica della minuziosa struttura del vangelo. L'articolazione di base del testo matteano, comunque, ci aiuterà a cogliere il vero significato del nostro brano nel suo contesto.

L'autore del vangelo riporta nel testo le due locuzioni ἀπὸ τότε ἤρξατο ὁ Ἰησοῦς in 4,17 e in 16,21 che sono le espressioni tipiche dei due inizi all'interno dello scritto[7]. In 4,17 comincia l'attività pubblica

---

[4] Cf. A. von HARNACK, *Sprüche*, 206.

[5] Cf. E. NORDEN, *Agnostos Theos*, 281.

[6] Tra gli studi recenti che riguardano la struttura del primo vangelo si possono elencare i seguenti: ad es. F. NEIRYNCK, «La rédaction», 41-73; H.B. GREEN, «Structure», 47-59; P. ROLLAND, «From the Genesis», 155-176; J. D. KINGSBURY, «The Structure», 451-474; ID., *Matthew: Structure*, 7-25; J.C. INGELAERE, «Structure», 10-33; H.J.B. COMBRINK, «The Structure», 61-90; W. WILKENS, «Die Komposition», 24-38; D.R. BAUER, *The Structure*; B.R. DOYLE, «Matthew's Intention, 34-53; F. NEIRYNCK, «*ΑΠΟ ΤΟΤΕ ΗΡΞΑΤΟ*», 21-59. Gli autori comunque divergono sia nell'impostazione sia nelle conclusioni.

[7] L'espressione ἀπὸ τότε indica una cesura. Cf. J. D. KINGSBURY, *Matthew: Structure*, 7-25; D. VERSEPUT, *The Rejection*, 21; D.R. BAUER, *The Structure*, 73-108; J. D. KINGSBURY, *Matthew as Story*, 40; A. SAND, *Das Matthäus-Evangelium*,

di Gesù. Egli chiama alla conversione ed annuncia che il Regno di Dio è vicino. In 16,21 Gesù si rivolge ai suoi discepoli e comincia ad annunciare la sua passione, morte e resurrezione.

Matteo inizia la sua narrazione con la sezione della presentazione di Gesù (1,1–4,16) che costituisce la prima parte del suo vangelo. La seconda parte del vangelo, che presenta l'attività di Gesù in Galilea (4,17–16,20), si potrebbe dividere in quattro sezioni: 1. Le condizioni generali dell'attività di Gesù in Galilea (4,17-25); 2. L'attività di Gesù in parole ed opere (5,1–9,35); 3. Il discorso missionario – l'attività dei dodici discepoli (9,36–11,1); 4. Le reazioni all'attività di Gesù (11,2–16,20)[8].

Il nostro brano si trova in questa ultima sezione, dove la questione cristologica in 11,2-6 e 16,13-20 forma un'inclusione. In 11,2-6 è Giovanni Battista, il precursore di Gesù, che pone a Gesù la domanda riguardante la sua identità. In 16,13-20 è Gesù stesso che, rivolgendosi ai discepoli, pone la domanda sulla sua persona.

L'inno di giubilo ricorre nella prima partizione (11,2–12,50) della sezione che parla delle reazioni all'attività di Gesù (11,2–16,20). Il testo 11,2–12,50, che riporta i primi effetti della missione di Gesù[9], riprende un connotato preponderante del rifiuto da parte d'Israele di Gesù come Messia[10]. Il nostro testo viene preceduto da un brano più lungo che è dedicato alla persona di Giovanni Battista (11,2-19). All'interno di questo brano si possono individuare tre sezioni: 11,2-6.7-15.16-19[11]. Nella prima sezione (11,2-6) si trova la domanda di Giovanni Battista sull'identità di Gesù e la risposta di Gesù, nella seconda (11,7-15) Gesù pronuncia l'elogio di Giovanni Battista e nella terza (11,16-19) Egli parla della reazione negativa del popolo al suo messaggio e al messaggio di Giovanni Battista. Il tema della reiezione arriva al suo culmine nei versetti 20-24, che contiene la proclamazione: «Guai alle città incredule». Questo testo sta in brusco contrasto con il brano successivo dell'inno di giubilo (11,25-30). Il legame tematico tra 11,25-30 e 11,2-24 si trova nella centrale importanza e significato della

---

39-42; J. GNILKA, *Das Matthäusevangelium*, II, 523; H. FRANKEMÖLLE, *Matthäus*, I, 81-84; R. SCHNACKENBURG, *Die Person*, 100; A. STOCK, *The Method*, 8.

[8] Cf. K. STOCK, *Discorso*, 4-5.

[9] J.P. MEIER, *The Vision*, 75; H. FRANKEMÖLLE, *Matthäus*, II, 99.

[10] Cf. D. VERSEPUT, *The Rejection*, 295-299; A. STOCK, *The Method*, 181-207.

[11] J. GNILKA, *Das Matthäusevangelium*, I, 405-426; A. SAND, *Das Evangelium*, 236-248; U. LUZ, *Das Evangelium*, II, 163-190; W. WIEFEL, *Das Evangelium*, 207-217.

persona di Gesù. Il capitolo 12, che segue nel nostro brano, riporta l'attacco degli oppositori religiosi a Gesù, essi preparano una congiura contro di lui (12,14). Il rifiuto da parte d'Israele della salvezza, presente nella persona di Gesù, è così la tematica centrale dei capitoli 11 e 12 che formano il contesto del nostro brano «l'inno di giubilo» (11,25-30).

Per quanto riguarda poi il contesto del brano parallelo di Luca, fa parte della sezione che concerne la tematica del discepolato (9,51–10,42). L'evangelista Luca situa questa pericope (Lc 10,21-22) dopo il gioioso ritorno dei settantadue discepoli dalla loro missione (10,17-20) ed è seguita da un macarismo indirizzato ai discepoli (10,23-24). Il testo lucano si orienta alla fede ed al successo, mentre in Matteo il brano 11,25-30 si trova nel contesto dell'incredulità e del fallimento. Questo spiega anche perché l'espressione di Luca ἠγαλλιάσατο ἐν τῷ πνεύματι τῷ ἁγίῳ non si trova in Matteo.

1.2 La delimitazione del testo

La delimitazione letterale del nostro brano è evidente dall'espressione ἐν ἐκείνῳ τῷ καιρῷ (differente da Lc 10,21 ἐν αὐτῇ τῇ ὥρᾳ) in 11,25 e in 12,1. Questa espressione ricorre ancora una volta nel vangelo di Matteo in 14,1 dove segnala anche una transizione[12]. La limitazione della nostra pericope (11,25-30) è palese anche dal contenuto tematico del testo. La tematica del rifiuto di Gesù, da parte d'Israele, presente nei guai pronunciati da Gesù alle città incredule (11,20-24) viene ripresa nel capitolo 12. Prima di continuare la narrazione sul rifiuto della salvezza da parte d'Israele, Matteo introduce l'inno di giubilo pronunciato da Gesù. La tematica dell'ostilità e dell'incredulità è interrotta da una preghiera del rendimento di grazie di Gesù al Padre per il suo disegno salvifico rivelato secondo il suo beneplacito (11,25-26)[13], che viene seguito dalla dichiarazione riguardante la relazione reciproca tra Gesù, il Figlio e Dio, il Padre suo (11,27) e dalla chiamata di Gesù al discepolato (11,28-30).

---

[12] Cf. A. SAND, Das Evangelium, 254.
[13] J. GNILKA, Das Matthäusevangelium, I, 431: «Waren die vorausgehenden Perikopen von der Ablehnung bestimmt, die Jesus mit seinem Wirken erfuhr, so wird jetzt der Blick auf die gerichtet, die ihn aufnehmen».

2. La struttura del testo

Il brano Mt 11,25-30 forma un'unità che è tematicamente e linguisticamente organizzata. Dopo la formula introduttiva (v. 25a) seguono tre strofe[14]: I. preghiera di ringraziamento e di lode (v. 25b-26); II. dichiarazione del rapporto Padre – Figlio (v. 27); III. invito alla sequela del Figlio (v. 28-30).

Ἐν ἐκείνῳ τῷ καιρῷ ἀποκριθεὶς ὁ Ἰησοῦς εἶπεν, [v. 25a]
I. (A) Ἐξομολογοῦμαί σοι, πάτερ, κύριε τοῦ οὐρανοῦ καὶ τῆς γῆς,
[v. 25b]
   (B) ὅτι ἔκρυψας ταῦτα ἀπὸ σοφῶν καὶ συνετῶν [v. 25c]
   (B') καὶ ἀπεκάλυψας αὐτὰ νηπίοις· [v. 25d]
   (A') ναί ὁ πατήρ, ὅτι οὕτως εὐδοκία ἐγένετο ἔμπροσθέν σου.
[v. 26]
II. (a) Πάντα μοι παρεδόθη ὑπὸ τοῦ πατρός μου, [v.27a]
   (b) καὶ οὐδεὶς ἐπιγινώσκει τὸν υἱὸν εἰ μὴ ὁ πατήρ, [v. 27b]
   (b') οὐδὲ τὸν πατέρα τις ἐπιγινώσκει εἰ μὴ ὁ υἱὸς [v. 27c]
   (c) καὶ ᾧ ἐὰν βούληται ὁ υἱὸς ἀποκαλύψαι. [v. 27d]
III. (*a*) Δεῦτε πρός με πάντες οἱ κοπιῶντες καὶ πεφορτισμένοι,
[v. 28a]
   (*b*) κἀγὼ ἀναπαύσω ὑμᾶς. [v. 28b]
   (*a'*) ἄρατε τὸν ζυγόν μου ἐφ' ὑμᾶς καὶ μάθετε ἀπ' ἐμοῦ, [v. 29a]
     ὅτι πραΰς εἰμι καὶ ταπεινὸς τῇ καρδίᾳ, [v. 29b]
   (*b'*) καὶ εὑρήσετε ἀνάπαυσιν ταῖς ψυχαῖς ὑμῶν· [v. 29c]
     ὁ γὰρ ζυγός μου χρηστὸς καὶ τὸ φορτίον μου ἐλαφρόν
ἐστιν. [v. 30]

---

[14] La divisione nelle tre parti è stata proposta da E. NORDEN, *Agnostos Theos*, 277-308 che si è basato sul testo di Sir 51. Sebbene la dipendenza di Mt 11,25-30 da Sir 51 non sia stata accettata dagli autori successivi, la divisione in tre parti è stata mantenuta. W.D. DAVIES – D.C. ALLISON, *A Critical*, II, 271-272 presenta lo schema tradizionale della divisione: «thanksgiving, 11,25-26», «christological declaration, 11,27», «invitation, 11,28-30». Similmente viene presentata la divisione dei testi dagli altri autori: P. GAECHTER, *Das Matthäus – Evangelium*, 375-387; L. RANDELLINI, «L'inno», 184; F.W. BEARE, *The Gospel*, 265-268; R. FABRIS, *Matteo*, 263-264; O. da SPINETOLI, *Matteo*, 341-351; J. GNILKA, *Das Matthäusevangelium*, I, 432; U. LUZ, *Das Evangelium*, II, 198; R.B. GARDNER, *Matthew*, 192; J.P. MEIER, *The Vision*, 78; S. GRASSO, *Il vangelo*, 301; H. FRANKEMÖLLE, *Matthäus*, II, 121.

2.1 L'organizzazione delle singole strofe

2.1.1 La prima strofa

La prima strofa (v. 25-26) è una preghiera di ringraziamento con la struttura A.B.B'.A'. Gli stichi A e (A') formano un parallelismo sinonimico. La loro corrispondenza dello stico (A) con lo stico (A') risulta palese dalla parola «Padre» che si trova in ambedue gli stichi nel senso vocativo πάτερ (A) e ὁ πατήρ (A') e dal pronome personale della seconda persona singolare che si trova parimenti in essi: σοί (A) e σοῦ (A'). Questi termini formano nello stesso tempo un'inclusione. L'evidenza della correlazione degli stichi (A) e (A') conferma anche l'espressione κύριε τοῦ οὐρανοῦ καὶ τῆς γῆς con la qualifica πάτερ (A) che ha una stretta coerenza con l'espressione εὐδοκία (A') che esprime la benevolenza del potere del Padre, che è il Signore del cielo e della terra. Lo stico (A') riprende e sintetizza lo stico (A). La particella ναί non soltanto collega insieme le due frasi (v. 25b-d.26), ma anche, riassume e conferma l'espressione ἐξομολογοῦμαί. Questi due stichi A e (A') dunque palesano che la preghiera di Gesù è un rendimento di grazie e di lode.

Similmente sono corrispondenti anche gli stichi (B) e (B'). I pronomi dimostrativi ταῦτα (B) e αὐτὰ (B') costituiscono un parallelismo e si riferiscono allo stesso oggetto della rivelazione. I destinatari della rivelazione sono posti in contrasto: σοφῶν καὶ συνετῶν (B) e νηπίοις (B'). Analogamente esiste una contraddizione tra i verbi ἔκρυψας e ἀπεκάλυψας. Da tutto questo risulta chiaro che gli stichi intermedi B e (B') creano un parallelismo antitetico[15]. Sintatticamente formano questi due stichi (B) e (B') una paratassi, logicamente invece una ipotassi[16], cioè il secondo stico è subordinato al terzo nel quale è posta l'accentuazione del pronunciato. Gli stichi (B) e (B') esprimono il motivo del ringraziamento di Gesù al Padre come evidenzia la particella introduttiva ὅτι (v. 25c). Esso comunque viene messo ancora una volta in rilievo nella seconda parte del v. 26 dove la motivazione del ringraziamento viene introdotta di nuovo con la congiunzione ὅτι. La prima frase (v. 25b-d) è parallela alla seconda (v. 26) e la seconda spiega la prima.

In sintesi si può dire che la prima strofa dell'inno di giubilo, che è una preghiera di ringraziamento (v. 25b-26), si concentra sull'attività

---

[15] U. Luz, *Das Evangelium*, II, 198.
[16] Cf. E. Norden, *Agnostos Theos*, 286.

rivelatrice del Padre verso i piccoli (B') i quali corrispondono alla sua benevolenza e alla sua decisione salvifica (A'). Questa realtà induce Gesù alla preghiera di ringraziamento (A.A').

2.1.2 La seconda strofa

La seconda strofa (v. 27), che è una dichiarazione sul rapporto tra il Padre e il Figlio, è organizzata secondo lo schema a.b.b'.c[17]. Gli stichi (b) e (b') si corrispondono reciprocamente[18]. In entrambi gli stichi si trova lo stesso verbo ἐπιγινώσκει. Similmente si trova l'analogia tra le espressioni ripetute: πατήρ, υἱός, οὐδεὶς ... εἰ μή e οὐδὲ...τις...εἰ μή. Inoltre, in questi due stichi, viene espressa la relazione tra Padre e Figlio nell'inquadramento chiastico. Questi stichi intermedi (b) e (b') formano un tipico parallelismo semitico[19]. La parola chiave πατήρ lega insieme i primi tre stichi (a.b.b') e la parola υἱός è comune agli ultimi tre stichi (b.b'.c).

Una particolare rilevanza ha il primo stico (a) rispetto agli altri stichi della strofa. Questo si verifica dal fatto che in (a) la formulazione è in prima persona, mentre negli altri stichi (b.b'.c) in terza persona[20]. Gli stichi (c) e (b') sono soltanto una conseguenza della dichiarazione nello stico (a). L'affermazione sulla mediazione del Figlio nella rivelazione (c) e sulla reciproca ed esclusiva conoscenza tra il Padre e il Figlio (b.b') trova il suo fondamento nella dichiarazione dell'universale autorizzazione del Figlio (a).

2.1.3 La terza strofa

La terza strofa (v. 28-30) presenta un invito alla sequela del Figlio. La sua struttura *a.b.a'.b'* forma un parallelismo sinonimico[21]. Esso è un po' offuscato dalle due aggiunte nelle seconde parti del parallelismo (*a'*) e (*b'*) che sono introdotte con ὅτι (v. 29b) e ὁ γὰρ (v. 30). Queste aggiunte sono anche reciprocamente parallele. Tutta la strofa è espressa con l'uso della prima persona singolare e della seconda persona plurale. La prima persona singolare è sempre collegata con Gesù, mentre la

---

[17] U. Luz, *Das Evangelium*, II, 198.
[18] Cf. R. Meynet, *L'Évangile*, I, 105 insieme a Id., *L'Évangile*, II, 124.
[19] Cf. J. Jeremias, *Abba*, 49; P. Hoffmann, *Studien*, 122. G. Dalman, *Die Worte*, 232 chiama questa costruzione «die Monotonie der Parallelzeilen».
[20] F. Hahn, *Christologische Hoheitstitel*, 323.
[21] Per quanto riguarda la struttura della terza strofa cf. T. Arvedson, *Mysterium*, 93-94. A.R. Motte in «La structure», 226-233 rovescia le frasi del versetto 29, per giustificare la sua proposta.

seconda persona plurale è indirizzata ai suoi ascoltatori. La radice φορτ- in (a) e (b') crea un'inclusione e così ribadisce l'unità di questa strofa.

La strutturazione sintattica e contenutistica della strofa lascia intravedere la funzione dei singoli stichi e rispettivamente delle loro parti. In primo luogo bisogna rilevare che lo stico (a) e la prima parte dello stico (a') sono all'imperativo ed esprimono un appello (un invito). In secondo luogo viene osservato che lo stico (b) e la prima parte dello stico (b') contengono una promessa[22]. Infine si fa notare che la seconda parte degli stichi (a') e (b') esprime la motivazione dell'invito.

2.2 Le relazioni reciproche tra le strofe

2.2.1 Le concordanze

Tutto il brano 11,25-30 è unificato dal fatto che Gesù è il parlante dall'inizio fino alla fine. La formula introduttiva ἀποκριθεὶς ὁ Ἰησοῦς εἶπεν (v. 25a) ebbene introduce tutta la pericope.

Le prime due strofe sono, prima di tutto, agganciate alla parola «Padre» (A/A'; a/b/b'). Una corrispondenza tra (A) e (a) esiste nel fatto che tutti e due gli stichi esprimono il rapporto tra Gesù, il Figlio, ed il Padre. Il collegamento di questi due stichi conferma anche la menzione in essi dell'universale legittimazione del potere: il Padre è il «Signore del cielo e della terra» (A) e «tutto è stato dato» al Figlio (a). Il rapporto tra le prime due strofe comprova anche il verbo ἀποκαλύπτω che appare in (B') e (c). Infine le prime due strofe hanno anche in comune l'atto della volontà: nello stico (A') si riferisce al Padre e viene espresso con εὐδοκία ed nello stico (c) è indirizzato al Figlio con l'uso del verbo βούληται[23].

La terza strofa dipende dai versetti precedenti. L'invito (a/a') e la promessa (b/b') trovano la loro fondatezza nel detto πάντα μοι παρεδόθη ὑπὸ τοῦ πατρός μου (a).

2.2.2 Le divergenze e le aggiunte

La prima differenza tra le strofe è palese dal cambiamento del tono e del modo d'esprimersi. La prima strofa (v. 25-26) che è espressa come un discorso diretto rivolto al Padre con la forma lessicale «io – tu» lascia trasparire che si tratta di una preghiera. Nella seconda strofa (v. 27) la forma dell'allocuzione in seconda persona singolare è rimpiazzata

---

[22] La radice ἀναπαυ- presente in (b) e (b') forma un parallelismo.
[23] P. HOFFMANN, Studien, 109.

con la terza persona singolare, ma si riferisce sempre al Padre. Questo modo d'esprimersi manifesta un tono dichiarativo del testo. La terza strofa (v. 28-30) che è caratterizzata dalla formula grammaticale «io – voi» presenta Gesù, il quale si rivolge ai suoi ascoltatori.

In secondo luogo viene osservata la diversità tra le strofe dal punto di vista dell'uso, del modo e del tempo verbale. Tale differenza si ravvisa nel confronto della terza strofa (v. 28-30) con le due strofe precedenti (v. 25b-27). Nei versetti 25b-27 non abbiamo nessun imperativo, i verbi sono espressi in modo indicativo del presente (v. 25b.27bc) e dell'aoristo (v. 25cd.26.27a)[24]. Essi, infatti, palesano l'indole del testo il quale ha la forma di una preghiera (v. 25b-26) e di una dichiarazione (v. 27). Nella terza strofa (v. 28-30) abbiamo invece la situazione diversa. Le forme dei verbi finiti che si trovano all'imperativo dell'aoristo (v. 28a.29a/bis/) oppure all'indicativo presente (v. 29b.30) e futuro (v. 28b.29c) di nuovo rivelano l'indole del testo e così confermano la tematica della chiamata nella terza strofa. Le forme verbali all'imperativo dell'aoristo indicano il carattere dell'invito (v. 28a.29a), le forme verbali all'indicativo futuro sono collegate con la promessa (v. 28b.29c) ed infine le forme verbali all'indicativo presente mostrano la motivazione della promessa (v. 29b.30).

In sintesi, si fa rilevare che i diversi modi d'esprimersi e le varie forme verbali nelle singole strofe fungono da indicatori dell'articolazione e del carattere del testo.

3. Spiegazione del testo

3.1 *Formula introduttiva (v. 25a)*

Dopo il culmine della lamentazione di Gesù sulle città incredule della Galilea (11,20-24) Matteo cambia la direzione del discorso con la breve introduzione narrativa: ἐν ἐκείνῳ τῷ καιρῷ ἀποκριθεὶς ὁ Ἰησοῦς εἶπεν che prepara la preghiera di ringraziamento e lode di Gesù.

3.1.1 ἐν ἐκείνῳ τῷ καιρῷ.

La prima parte della frase introduttiva ἐν ἐκείνῳ τῷ καιρῷ[25] «in quel tempo» viene usata tre volte nel primo vangelo (11,25; 12,1;

---

[24] Nel versetto 27d si riscontra ancora una forma verbale del congiuntivo e dell'infinito dell'aoristo.

[25] Nel primo vangelo καιρός connota frequentemente il momento escatologico: 8,29; 13,30; 16,3; 21,34.41; 24,45; 26,18.

14,1)²⁶. Questa espressione «temporale» ha due funzioni: 1. separativa – viene usata per cambiare il tono e l'oggetto del discorso; 2. aggiuntiva – esprime la libera connessione cronologica²⁷.

1. Il parlante è Gesù stesso in 11,25-30 come nel brano precedente 11,20-24. Matteo poteva quindi continuare con il versetto 25 senza questa espressione «temporale»²⁸. Inserendo l'espressione temporale ἐν ἐκείνῳ τῷ καιρῷ Matteo manifesta la volontà d'indicare il cambiamento nel testo ed accentuare l'importanza del testo successivo²⁹.

2. L'uso della prossimità cronologica dell'espressione ἐν ἐκείνῳ τῷ καιρῷ³⁰ serve a ribadire l'intenzione tematica di Matteo. Essa aiuta ad esprimere la relazione antitetica tra la proclamazione «Guai alle città incredule» (11,20-24) e «l'inno di giubilo» (11,25-30)³¹. Questo contrasto poi Matteo lo rafforza raffigurando la promessa di Gesù in 11,28-30 come «risposta» all'opposizione d'Israele che è incredulo³².

3.1.2 ἀποκριθεὶς ὁ Ἰησοῦς εἶπεν.

La seconda parte della formula introduttiva enunciata con l'espressione ἀποκριθεὶς εἶπεν viene considerata come *sémitisme grécisé*³³ e *LXXismus*³⁴. In questo caso non si traduce con «rispose e disse» ma con «disse» (cf. 17,4; 28,5) come nell'AT (ad es. Dt 21,7; Gb 3,1; Is 21,9)³⁵. L'espressione comunque può indicare anche la reazione alla situazione (cf. 4,4)³⁶. Il significato proprio dell'espressione ἀποκριθεὶς

---

²⁶ Altrimenti non appare nel NT. Ricorre spesso nei LXX soprattutto in Dt, Gdc, 1-2Re e 1-2Cr, dove segnala sempre una prossimità temporale, anche se non necessariamente una conseguenza temporale.

²⁷ U. LUZ, *Das Evangelium*, I, 19: «Wendungen wie ἐν ἐκείνῳ τῷ καιρῷ u.ä. tauchen gerade dort auf, wo inhaltlich ein Neueinsatz vorliegt, und haben die Funktion, zu überbrücken und den Eindruck eines lückenlosen Erzählungsablaufs herzustellen».

²⁸ Per Mt le parole καιρός e ἐκεῖνος sono sinonimi con il contesto. Cf. W. SCHENK, *Die Sprache*, 280.

²⁹ P. BONNARD, *L'Évangile*, 167: afferma: «Ce "moment" (ἐν καιρῷ) a un valeur moins chronologique ou topographique que théologique».

³⁰ Si veda J. JEREMIAS, «'Ἐν ἐκείνῃ τῇ ὥρᾳ», 215.

³¹ Cf. F.V. FILSON, *A Commentary*, 141; D. PATTE, *The Gospel*, 164; D.A. HAGNER, *Matthew 1-13*, 318.

³² Cf. D. VERSEPUT, *The Rejection*, 135.

³³ P. JOÜON, «Respondit et dixit», 313.

³⁴ W. SCHENK, *Die Sprache*, 338.

³⁵ T. ZAHN, *Das Evangelium*, 437; A. PLUMMER, *An Exegetical*, 165; E. KLOSTERMANN, *Das Matthäusevangelium*, 102; W.D. DAVIES – D.C. ALLISON, *A Critical*, II, 273.

³⁶ Nei LXX per es. Nm 11,28.

εἶπεν nel versetto 25a diventa chiaro dal contesto. La formula in 11,25a esprime una reazione alla situazione accaduta e forma una reale introduzione a una risposta. Gesù non pronuncia una risposta a una determinata questione, ma esprime la sua reazione al rifiuto della sua persona da parte d'Israele³⁷. Essa potrebbe racchiudere anche un connotato dell'esegesi rabbinica secondo la quale l'espressione ἀποκριθεὶς εἶπεν in se stessa contiene il significato che Gesù parla «nello Spirito Santo»³⁸.

In conclusione, si può affermare che la formula introduttiva v.25a ha funzione di transizione esplicita nel discorso di Gesù. Dopo che il tono del rimprovero e l'ammonizione hanno raggiunto il culmine da parte di Gesù verso gli Israeliti (11,20-24), adesso all'improvviso Egli dà una solenne risposta³⁹ in forma di preghiera di lode. Egli non distrugge i suoi avversari come ci si potrebbe aspettare da un Messia trionfante, ma si presenta come un gentile Servitore di Dio, che promette la speranza ai bisognosi. Gesù, benché sia un Messia respinto, non si è rassegnato⁴⁰, ma nella sua risposta in forma di preghiera porta la salvezza a quelli che lo ricevono.

3.2 Ringraziamento (vv. 25-26)

3.2.1 Formula del ringraziamento – ἐξομολογοῦμαι.

Gesù pronuncia una preghiera di ringraziamento e di lode. Nell'Antico Testamento i canti di lode cominciano secondo un modo tipico ebraico con la formula ἐξομολογοῦμαί σοι⁴¹. Questa costruzione è stata usata frequentemente nei LXX per l'espressione הוֹדָה לְךָ dei salmi di ringraziamento (ad es. 74,2; 110,1; 137,1). Nei LXX questo verbo è

---

³⁷ Questo significato è racchiuso anche dal verbo corrispondente ebraico ענה nell'AT. Cf. C.J. LABUSCHAGNE, «ענה», 337 afferma: «Das Verbum 'nh bedeutet in erster Linie nicht "antworten", sondern "reagieren".» Il senso «rispondere» dell'espressione introduttiva presentano: B. WEISS, Das Matthäus – Evangelium, 224-225; P. BONNARD, L'Évangile, 167; A. SAND, Das Evangelium, 251; W. GRUNDMANN, Das Evangelium nach Matthäus, 316; D.A. HAGNER, Matthew 1-13, 318.

³⁸ Cf. Str-B, I, 606.

³⁹ J. GNILKA, Das Matthäusevangelium, I, 434.

⁴⁰ J. JEREMIAS, «Das Gebetsleben Jesu», 133: «Er beugt sich nicht nur aller Enttäuschung zum Trotz dem Willen des Vaters, der seiner Arbeit scheinbar den Erfolg versagt, sondern in heiliger Begeisterung bejaht er im jubelnden Dankgebet die Paradoxie göttlicher Erwählung».

⁴¹ 2Sam 22,50; Sal 9,2; 17,50; 29,13; 34,18; 42,4; 51,11; 53,8; 56,10; 70,22; 85,12; 107,4; 110,1; 117,21.28; 118,7; 137,1; 138,14; Sir 51,1.12.

usato generalmente al futuro, nel nostro testo invece esso è usato al presente. La formula ἐξομολογοῦμαί σοι, κύριε è stereotipa anche in 1HQ[42]. Nei LXX il verbo ἐξομολογοῦμαι ha il significato di «lodare», «riconoscere», «rendere grazie», «esaltare»[43]. L'atto di lode è comunque anche nello stesso tempo un atto di confessione e di riconoscimento[44]. Dio è lodato e ringraziato per le sue grandi opere salvifiche. Egli è riconosciuto e professato come Sovrano e Signore dell'attività salvifica in favore degli uomini. Il giudaismo palestinese testimonia lo stesso uso[45].

Negli scritti neotestamentari il verbo ἐξομολογοῦμαι ricorre soltanto 10 volte[46]. La maggioranza delle ricorrenze del verbo ἐξομολογοῦμαι ha il significato di «confessare» (Mc 1,5; Mt 3,6; At 19,18; Fil 2,11; Gc 5,16), poi nei passi Mt 11,25; Lc 10,21; Rm 14,11; 15,9 il verbo si traduce con «lodare» e in Lc 22,6 il verbo mantiene il suo senso originale di «accedere». In tutti i casi comunque dove ἐξομολογοῦμαι viene tradotto con «confessare», implicitamente contiene anche la connotazione della lode e del riconoscimento[47].

Per quanto riguarda il nostro testo (11,25b) ciò significa che l'espressione ἐξομολογοῦμαι coglie il significato neotestamentario della lode che è un lieto riconoscimento della bontà di Dio a proposito della disposizione della rivelazione che Egli ha fatto.

3.2.2 Allocuzione: πάτερ, κύριε τοῦ οὐρανοῦ καὶ τῆς γῆς

Gesù si rivolge nella preghiera a Dio chiamandolo πάτερ, κύριε τοῦ οὐρανοῦ καὶ τῆς γῆς. L'allocuzione intera nella sua forma precisa non

---

[42] Cf. J.M. ROBINSON, «Die Hodajot-Formel», 194-235. Egli capisce la formulazione con il senso di «ti ringrazio», mentre R.J. LEDOGAR, «Verbs», 29-56, insiste sul significato «ti esalto». Il significato originario dell'espressione «ammettere» e «riconoscere» si trova specialmente nelle formule legali dei papiri (cf. H.G. LIDDELL – R. SCOTT – H.S. JONES, *A Greek-English Lexicon*, 597).

[43] O. MICHEL, «ὁμολογέω κτλ», 204.

[44] Cf. R.J. LEDOGAR, «Verbs», 40-41.

[45] Nella preghiera dopo il pasto si dice: «Nous te rendons grâces, Y., notre Dieu, de ce que tu as donné comme portion à nos pères une terre agréable, bonne et large; pour l'Alliance et la Tora, du pain à satiété. Béni sois-tu, Yahvé, pour la terre et pour le repas.» In J. BONSIRVEN, *Textes*, 3.

[46] Mc 1,5; Mt 3,6; 11,25; Lc 10,21; 22,6; At 19,18; Rm 14,11; 15,9; Fil 2,11; Gc 5,16.

[47] O. MICHEL, «ὁμολογέω κτλ», 214: «Der Sprachgebrauch des NT schließt sich an die verschiedenen Spielarten dieses Begriffes an, nimmt aber vor allem die kultisch-gottesdienstliche Bedeutung auf (*bekennen, preisen*)».

ricorre in nessun altro luogo sia nella letteratura biblica che post-biblica[48]. Neanche ricorre il titolo πάτερ con κύριος in nessun altro posto nel NT. Gesù nella sua preghiera impiega un duplice titolo per rivolgersi a Dio. Il primo titolo «padre» che viene poi di nuovo ripreso nella preghiera in 11,26.27a-c fa trasparire il segreto della relazione singolare ed unica di Gesù con Dio. Il secondo titolo che designa Dio come «signore del cielo e della terra» accentua la sua sovranità ed autorità sopra tutto il mondo.

Viene comunque osservato che nell'AT, come nel giudaismo, il pensiero della sovranità assoluta di Dio sul suo popolo, come la sua appartenenza a Lui, è costantemente legato al sentimento e alla consapevolezza della filiazione d'Israele. Questi due aspetti sottolineati nelle preghiere ebraiche caratterizzano la preghiera di Sir 23,1.4. Il giusto invoca Dio come Padre col titolo individuale e nello stesso tempo non dimentica che questo Padre è soprattutto Signore. Ma quale senso ha il duplice titolo pronunciato da Gesù nella preghiera rivolgendosi a Dio?

a) πάτερ

Nell'AT la parola «padre» viene attribuita a Dio assai raramente, soltanto 15 volte[49]. Mediante l'indicazione «padre» Dio è venerato come Creatore (Dt 32,6; Mal 2,10). Come Creatore è Dio il Signore che regna con la sua volontà ed esige l'onore per l'obbedienza (Mal 1,6).

Nella tradizione evangelica il titolo «Padre» viene applicato a Dio 184 volte (Mt 44; Mc 5; Lc 17; Gv 118). Questo termine viene adoperato da Gesù nella forma «Padre vostro» quando parla ai discepoli (Mc 11,25; Mt 5,48; 6,32; Lc 6,36; 12,30.32; cf. Gv 8,42). Gesù poi impiega molto spesso la designazione «Padre mio» (Mt 7,21; 10,32.33; 11,27; 12,50; 15,13; 16,17; 18,10.14.19.35; 20,23; 25,34; 26,29.53; Lc 2,49; 10,22; 22,29; 24,49)[50], oppure parla di Dio come «il Padre» in forma assoluta (Mc 13,32; Mt 24,36; 28,19; Lc 9,26; 11,13). Egli però non dice mai «Padre nostro» insieme ai discepoli[51]. In tutti questi casi non si tratta di una invocazione diretta nella preghiera, ma la paternità di-

---

[48] L. CERFAUX, «Les sources», 742.
[49] Dt 32,6; 2Sam 7,14; 1Cr 17,13; 22,10; 28,6; Sal 68,6; 89,27; Is 63,16 (bis); 64,7; Ger 3,4.19; 31,9; Ml 1,6; 2,10. (Sono elencati soltanto quei passi dove Dio è designato come padre, non quelli, dove Dio è paragonato a un padre terreste (per es. Dt 1,31; 8,5) oppure Israele è presentato come il suo figlio (ad es. Os 11,1).
[50] Nel quarto vangelo questa espressione ricorre 24 volte.
[51] Nella preghiera «Padre nostro» (Mt 6,9; Lc 11,2) l'espressione πάτερ ἡμῶν si riferisce ai discepoli. La distinzione è esplicita in Gv 20,17.

vina è soltanto oggetto di discorso alla terza persona. Dalla narrazione dei vangeli risulta dunque chiaro che Gesù aveva una singolarissima coscienza della paternità di Dio nei propri confronti.

La nostra attenzione comunque si concentra sulla preghiera diretta di Gesù da cui appare chiaro che egli si serve di una singolare invocazione per rivolgersi a Dio chiamandolo «padre». L'intitolazione di Dio come «padre» nelle preghiere di Gesù ricorre nei 4 vangeli 19 volte in 18 testi[52]. Questi testi richiamano diversi momenti della vita di Gesù nei quali Egli rivolge la sua preghiera a Dio, Padre suo[53]. All'infuori dell'espressione aramaica αββα /ὁ πατήρ/ (Mc 14,36), le invocazioni di Gesù rivolte a Dio come Padre appaiono nelle tre forme differenti: πάτερ (Mt 11,25; Lc 10,21a; 22,42; 23,34.46; Gv 11,41; 12,27.28; 17,1.5.11.21.24.25), ὁ πατήρ (Mt 11,26; Lc 10,21b), πάτερ μου (Mt 26,39.42). Qui comunque c'interessa quale è il significato dell'invocazione «padre», con cui Gesù si rivolge a Dio. Per capire il significato dell'allocuzione nel nostro testo, dobbiamo riferirci alla sua forma originale aramaica αββα[54].

L'espressione αββα è una traslitterazione della forma enfatica aramaica irregolare[55] אַבָּא dal sostantivo אַב che viene usata in modo vocativo[56]. Per un lungo periodo veniva difesa una interpretazione che vedeva in αββα un termine del linguaggio infantile che esprime un semplice e famigliare rapporto tra il bambino e il padre: Gesù pretendeva questo rapporto famigliare con Dio, come suo Padre[57]. Durante l'ultimo decennio è stata avanzata un'obiezione a questa interpretazione attestata dall'aramaico del periodo 200 a.C. – 200 d.C, che afferma che l'espressione אַבָּא era la versione standard dell'ebraico אָבִי che esprimeva una semplice allocuzione «padre mio» e che ricorreva in contesti nei quali gli adulti si rivolgevano al loro padre. Viene pure osservato che nel NT l'espressione αββα è tradotta con ὁ πατήρ oppure πατήρ che

---

[52] Mt 11,25.26 (cf. Lc 10,21[bis]); Mt 26,42; Mc 14,36 (cf. Mt 26,39; Lc 22,42); Lc 23,34.46; Gv 11,41; 12,27.28; 17,1.5.11.21.24.25.

[53] La preghiera di giubilo (Mt 11,25.26; Lc 10,21; la preghiera nel Getsemani (Mc 14,36; Mt 26,39.42; Lc 22,42; Gv 12,27.28); la preghiera sulla croce (Lc 23,34.46); la preghiera in occasione della risurrezione di Lazzaro (Gv 11,41) la preghiera sacerdotale (Gv 17,1.5.11.21.24.25).

[54] Una sintesi dello stato della ricerca è riportata da G. SCHELBERT, «Abba», 259-281.

[55] Ci si aspetterebbe la forma regolare enfatica אַבָּא.

[56] Cf. J.A. FITZMYER, «Abba», 17-24.

[57] Cf. G. KITTEL, «αββα», 5; J. JEREMIAS, Abba, 59-60.

è una parola adoperata dagli adulti, anziché con un diminutivo[58]. Da questo poi risulta chiaro che l'espressione אַבָּא rientrava sì nel linguaggio familiare o colloquiale e così si differenziava dall'uso formale e cerimoniale, ma essa non era per niente un'espressione infantile come «papà», ma piuttosto un'allocuzione solenne del padre da parte di un adulto[59]. Nonostante tutto soltanto dopo il 200 d.C. אַבָּא rimpiazza אָבִי e si usa per chiamare i genitori terrestri. Il modo con cui Gesù chiamava Dio era quindi inconsueto[60]. Nominando Dio come Padre, Gesù esprimeva la sua intima esperienza di Dio come suo proprio padre[61] e l'unicità di tale rapporto (cf. Mt 11,27)[62].

Qui, dunque, emerge chiaramente l'espressione della confidenza e dell'intimità di Gesù con Dio che ci fa giungere al nodo del rapporto di Gesù verso Dio[63]. Per Gesù comunque significa la formulazione più semplice e più cordiale che si possa pensare nell'atteggiamento e nel comportamento di Dio[64].

b) κύριε τοῦ οὐρανοῦ καὶ τῆς γῆς

L'allocuzione κύριε τοῦ οὐρανοῦ καὶ τῆς γῆς è un'espressione familiare al giudaismo ed è usata quando ci si appella all'autorità magnifica di Dio sopra tutte le cose (Gdt 9,12; Tb 7,17)[65]. L'espressione «il

---

[58] Nel greco antico c'era almeno un diminutivo ὁ πάπας del termine ὁ πατήρ. Cf. J. BARR, «Abba», 38.

[59] Cf. J. BARR, «Abba», 28-47.

[60] Cf. J.A. FITZMYER, «Abba», 28: «There is no evidence in the literature of pre-Christian or first-century Palestinian Judaism that אַבָּא was used in any sense as a personal address for God by an individual – and for Jesus to address God as אַבָּא or "Father" is therefore something new».

[61] Cf. H. MERKLEIN, *Jesu Botschaft*, 89-91; J. SCHLOSSER, *Le Dieu*, 209; H. SCHÜRMANN, *Das Gebet*, 29-30.

[62] Sarebbe erroneo presupporre che l'allocuzione «padre» non comprovi una relazione esclusiva tra Gesù e Dio per il motivo che esso ricorre anche presso i primi cristiani (cf. Rm 8,15; Gal 4,6) come lo afferma J. ASHTON, «Abba», 7. Similmente l'interpretazione di M.R. D'ANGELO, «"Abba" and "Father"», 630 che cerca di vedere in questo appellativo un atteggiamento non tanto d'intimità familiare quanto piuttosto di rifugio nella persecuzione romana è senza fondamento poiché Gesù non era afflitto dalla oppressione dell'impero romano.

[63] Cf. B.M.F. van IERSEL, *«Der Sohn»*, 110; P. GRELOT, *Dieu*, 176.

[64] Cf. G. SCHRENK, «πατήρ κτλ», 985.

[65] Cf. Str-B, II, 176; H. FRANKEMÖLLE, *Matthäus*, II, 122: «Daß der biblischer Gott "Herr des Himmels und der Erde" ist, gehört zum Grundbestand jüdischen Glaubens seit der Exilszeit».

cielo e la terra» è una formula propria dell'AT (ad es. Gn 1,1; 2,4; 14,19; Es 20,11).

Sebbene il duplice titolo πάτερ, κύριε τοῦ οὐρανοῦ καὶ τῆς γῆς ricorra solo una volta nel contesto del primo vangelo, appare frequentemente in Matteo la combinazione dell'espressione «Padre» con l'espressione «nei cieli» ἐν οὐρανοῖς (5,45; 6,1.9.14.26.32; 7,11.21; 10,32.33; 12,50; 16,17; 18,10.14.19) oppure con l'espressione «celeste» οὐράνιος (5,48; 6,14.26.32; 15,13; 18,35; 23,9)[66]. Da tutto questo risulta chiaro che Matteo è influenzato dalla concezione di Dio, dagli scritti veterotestamentari, che sottolineavano la signoria e l'autorità di Dio sopra tutto il creato[67]. Il titolo κύριος τοῦ οὐρανοῦ καὶ τῆς γῆς pertinente a Dio trova poi anche l'eco in At 4,24; 17,24. Mentre l'espressione «Signore del cielo e della terra» non ricorre più nel primo vangelo, in 28,18 Gesù risorto dichiara: «Mi è stato dato ogni potere in cielo e in terra» (ἐν οὐρανῷ καὶ ἐπὶ [τῆς] γῆς). La voce passiva (ἐδόθη) è un passivo teologico. L'autorità è data a Gesù da Dio, Signore del cielo e della terra[68]. L'invocazione con la quale Gesù si rivolge nella preghiera a Dio trova la sua legittimazione, dunque, alla fine della narrazione matteana, dove viene conferita da Dio la piena autorità a Gesù.

In conclusione, dobbiamo riconoscere che nell'allocuzione dell'inno di giubilo l'accentuazione è focalizzata sull'essere Padre. L'allocuzione col titolo Padre viene ancora una volta ripetuta nell'ultimo stico della prima strofa (v. 26) e poi il titolo viene adoperato tre volte nella seconda strofa (v. 27abc). Come nei parecchi salmi che lodano l'attività di Dio nella storia (per es. Sal 135; 136) il potere creatore di Dio è sottoposto alla sua attività salvifica, così anche nell'inno di giubilo il titolo «Signore del cielo e della terra» è subordinato al titolo «Padre». È stato il Padre, il Sovrano del cielo e della terra, che ha determinato il corso della missione escatologica del Figlio nel mondo.

3.2.3 Motivo del giubilo

Continuando la preghiera, Matteo formula nella ὅτι frase (v. 25cd) il motivo perché Gesù esprime la sua lode e ringraziamento al Padre. La frase è impostata nel parallelismo antitetico. I due stichi antitetici (v.

---

[66] Le ricorrenze del titolo πατὴρ ὁ ἐν τοῖς οὐρανοῖς nel primo vangelo indicano che questa espressione appartiene alle parole centrali di Matteo. Cf. U. LUZ, *Das Evangelium*, I, 60.

[67] Cf. J. KNABENBAUER, *Commentarius*, I, 513.

[68] Cf. B.J. MALINA, «The Literary Structure», 89.

25c) e (v. 25d) sono collegati con καί. Si tratta di una paratassi oppure di una ipotassi? Il ringraziamento di lode si riferisce contemporaneamente al nascondere e rilevare di Dio[69], oppure soltanto alla sua attività manifestatrice? Il vero senso bisogna cercarlo nella seconda possibilità anche se non mancano delle supposizioni che vedono nell'inno di giubilo un ringraziamento per il fallimento[70]. Nonostante questo nella chiesa primitiva la paratassi formale fu intesa come un'ipotassi logica[71]. Essa è grammaticamente giustificata[72]. Lo stico (v. 25c) è subordinato allo stico successivo (v. 25d). Da questo risulta chiaro che Gesù non ringrazia per l'occultamento delle cose (ταῦτα) ai sapienti ed agli intelligenti, ma per il palesamento di esse (αὐτά) ai piccoli[73]. Gesù non esprime gratitudine a Dio perché Egli non ha scelto i sapienti e gli intelligenti ma soltanto perché si è rivelato ai piccoli mentre i sapienti e gli intelligenti sono rimasti chiusi alla rivelazione[74]. L'inno di giubilo non ha niente in comune con una rassegnazione. Dio, Signore del cielo e della terra, non ha respinto il Figlio[75].

L'opposizione d'Israele al messaggio di Gesù non era accidentale (cf. 11,16-24). Matteo vede l'atteggiamento ostile di «questa generazione» (11,16)[76] come parte del disegno di Dio. Israele si è mostrato come un popolo testardo e disobbediente e perciò Dio gli ha celato la verità (cf. 13,11-15) e dall'altra parte Egli ha eletto i piccoli per rivelare loro il suo disegno di salvezza. La missione salvifica di Gesù non era propriamente destinata ai sapienti ma ai piccoli (9,13). Il suo segreto è stato manifestato soltanto agli umili e così il disegno salvifico ha travolto tutte le attese umane.

a) I destinatari e non destinatari della rivelazione: il significato della costruzione: σοφῶν καὶ συνετῶν nel parallelismo antitetico con νήπιοι.

Gesù loda il Padre, perché quello che ha celato ai sapienti ed agli intelligenti (σοφῶν καὶ συνετῶν) lo ha rivelato ai piccoli (νηπίοις). Dei destinatari e/o non destinatari della rivelazione non si parla più, né in

---

[69] Così D.M. CRUMP, *Jesus*, 53.
[70] A. von HARNACK, *Sprüche*, 207.
[71] TERTULLIANO, *Adversus Marcionem*, 4.25.10.
[72] Cf. M. ZERWICK, *Graecitas Biblica*, § 452.
[73] Cf. Is 12,1; Rm 6,17; A.H. MCNEILE, *The Gospel*, 161; T. ARVEDSON, *Mysterium*, 108; J. JEREMIAS, *Abba*, 52.
[74] U. LUZ, *Das Evangelium*, II, 205.
[75] W. MICHAELIS, *Das Evangelium*, II, 131.
[76] Cf. 11,41.42.45; 23,36; 24,34.

Mt neppure negli altri vangeli. L'unico parallelo letterario nel NT si trova in 1Cor 1,19 che è comunque una citazione di Is 29,14. In tutti e due i testi σοφοί e συνετοί, sono usati come sinonimi[77] (in 1Cor 1,19 ancora anche σοφία e σύνεσις) ed allo stesso tempo esprimono anche un senso negativo.

Ma a chi Gesù esattamente si riferisce quando dice che le cose sono state tenute nascoste ai σοφῶν καὶ συνετῶν? Che cosa intende sotto l'espressione νήπιοι?

I «sapienti» sono nel giudaismo, secondo il contesto e la situazione, diversi gruppi: i saggi maestri d'Israele e gli «allievi» della sapienza[78], gli affiliati dei gruppi apocalittici[79], i membri delle sette, i sapienti di Qumran[80] e soprattutto gli scribi[81]. Allora si potrebbero vedere sotto l'espressione «sapienti» i capi religiosi d'Israele che erano formalmente educati nella Legge[82]? I «sapienti» erano veramente un certo gruppo, una classe, che stava in contrasto con il popolo ordinario. Ma la generale e composta espressione σοφῶν καὶ συνετῶν senza l'articolo sconsiglia di cercare qui un riferimento a un determinato gruppo umano anche se ci sono alcuni fattori che suggeriscono che si riferisca agli scribi ed ai farisei – l'autorità religiosa: 1. Gli scribi ed i farisei aspettavano la rivelazione e non l'hanno ricevuta; 2. Ci sono i riferimenti specifici agli scribi ed ai farisei nel capitolo 12; e 3. Gli abituali opponenti di Gesù nella narrazione matteana sono gli scribi ed i farisei. Il contesto del primo vangelo comunque accenna ad un significato più ampio di σοφῶν καὶ συνετῶν. È stata «questa generazione» che ha rifiutato il messaggio di Giovanni Battista (11,7-15.16-19) e di Gesù (11,16-19). Sono state le città di Galilea (11,21.23) che hanno causato il forte rim-

---

[77] Le parole σοφοί e συνετοί sono sinonimi ed è difficile evidenziare una loro reciproca differenza (cf. H. CONZELMANN, «συνίημι κτλ», 891).

[78] Qo 2,12.13.14.16.21; 8,17; cf. G. FOHRER, «σοφία κτλ», 488.

[79] Esd 14,40-47; Dn 12,3; 1En 37,1-4; 82,2s; 104,12; 2Bar 28,1; 54,5; 59,7s; 4Esd 12,38; 13,53s; 14,13.39s.46.47.

[80] U. WILCKENS, «σοφία κτλ», 505.

[81] Sir 38,24-39,11.

[82] Così ad es.: T. ZAHN, *Das Evangelium*, 437; A. OEPKE, «κρύπτω κτλ», 974; W. GRUNDMANN, «Die νήπιοι», 202; P. GAECHTER, *Das Matthäus – Evangelium*, 377; J. SCHMID, *Das Evangelium nach Matthäus*, 197; S. LEGASSE, *Jésus*, 232; P. BONNARD, *L'Évangile*, 167; W.F. ALBRIGHT – C.S. MANN, *Matthew*, 144; P. HOFFMANN, *Studien*, 117; D. HILL, *The Gospel*, 205; A. SAND, *Das Evangelium*, 252; W. GRUNDMANN, *Das Evangelium nach Matthäus*, 316; D.A. HAGNER, *Matthew 1-13*, 318; U. LUCK, *Das Evangelium*, 142. U. LUZ, *Das Evangelium*, II, 206 si riferisce a «ganze religiöse Aristokratie».

provero di Gesù. Questo contesto di Matteo costringe alla conclusione che σοφῶν καὶ συνετῶν rappresentano tutti gli avversari dell'annuncio salvifico in Israele[83].

Il concetto antitetico νήπιος ha duplice significato: letteralmente significa «lattante, bambino», nel senso traslato diventa «immaturo, innocente»[84].

L'uso del concetto νήπιος nel NT, dove appare soltanto 14 volte, non è conforme. Per Paolo significa νήπιος sempre bambino con un senso negativo a differenza dei vangeli[85]. Nei vangeli il termine νήπιος ricorre soltanto due volte: Mt 11,25 (par. Lc 10,21) e Mt 21,16[86]. I νήπιοι sono chiamati e stabiliti da Gesù per essere portatori del vangelo[87]. Questa realtà è espressa nei vangeli anche con gli altri termini πτωχοί (Mt 5,3; par. Lc 6,20; Mt 11,5; par. Lc 7,22; Lc 4,18; 14,21); πραεῖς (Mt 5,5); ἀσθενεῖς (Lc 9,2; 10,9); μικροί (Mc 9,42; par. Mt 18,6; Lc 17,2; Mt 10,42; 18,10.14).

Dio ha rivelato ai semplici ed agli umili quello che ha nascosto ai superbi ed ai duri di «questa generazione»[88]. Non si tratta della moltitudine (ὄχλος) illetterata, della gente che seguiva Gesù (4,25; 8,1.18; 12,15; 14,13; 19,2), ascoltava il suo insegnamento (11,7; 12,46; 13,2.34; 15,10; 22,33; 23,1), si meravigliava del suo insegnamento (7,28) e del suo potere (9,8.33; 12,23; 15,31) e poi lo rifiuta (26,55), i νήπιοι sono soprattutto gli umili discepoli[89] che sono poveri in spirito e

---

[83] Così per es.: W.C. ALLEN, *A Critical*, 122; J. KNABENBAUER, *Commentarius*, I, 514; F.V. FILSON, *A Commentary*, 142; J. GNILKA, *Die Verstockung Israels*, 94; F. CHRIST, *Jesus Sophia*, 84; J. LANGE, *Das Erscheinen*, 164; D. VERSEPUT, *The Rejection*, 137.

[84] Cf. S. LÉGASSE, «νήπιος», 1142; W. BAUER, *Griechisch-deutsches Wörterbuch*, 1088; L'espressione νήπιος ricorre 48 volte nei LXX, in gran parte delle voci con il significato di «bambino nella sua debolezza ed impotenza». Cf. G. BERTRAM, «νήπιος κτλ», 915.

[85] I νήπιοι sono per Paolo quelli che non sono ancora maturi nella fede, in contrasto a τέλειοι (1Cor 14,20). Il concetto opposto ai σοφοί sono i μωροί (1Cor 1,25.27; 3,18), che corrispondono obiettivamente a νήπιοι in Mt 11,25, ma non terminologicamente.

[86] Nella citazione del salmo 8,3.

[87] G. BERTRAM, «νήπιος κτλ», 922.

[88] J. KNABENBAUER, *Commentarius*, I, 514: «Deus enim superbis resistit, humilibus dat gratiam».

[89] Cf. B. WEISS, *Das Matthäus – Evangelium*, 225; T. ARVEDSON, *Mysterium*, 156-157; A.W. ARGYLE, *The Gospel*, 89; S. LEGASSE, *Jésus*, 232-233; E. KLOSTERMANN, *Das Matthäusevangelium*, 102; J.C. FENTON, *Saint Matthew*, 186. U.

che saranno gli eredi del regno dei cieli (5,3-10). A loro è dato di capire i «misteri del regno» (13,11) che rivela il Padre che sta nei cieli (16,17). Da essi si richiede di convertirsi e di diventare come i bambini per entrare nel regno dei cieli (18,3). Matteo così chiaramente distingue tra i scelti discepoli ed gli incalliti membri di «questa generazione».

La ragione perché Dio ha voluto così, Gesù non lo dice. Essa però diventa chiara, quando si rivede il vangelo nell'insieme: la rivelazione di Dio non si può comprendere né con l'arguzia umana né con l'erudizione umana, ma soltanto con la fede. E questo concerne la gente austera, umile e semplice piuttosto che i saggi che sono orgogliosi ed alteri. Paradossalmente i sapienti e gli intelligenti non accettano il Vangelo, mentre i piccoli ed gli umili l'accolgono (cf. 21,15-16). In questo non c'è arbitrarietà. Più semplicemente è vero che la maggioranza dei sapienti hanno l'inclinazione all'alterigia ed all'autosufficienza nella loro sapienza ed in particolare non sono capaci d'accettare qualsiasi cosa nuova ed inaspettata. L'orgoglio dei sapienti e degli intelligenti, confidando sulla loro erudita conoscenza, impedisce loro di comprendere con la fede «la divina stoltezza» del vangelo (cf. Is 29,14; 1Cor 1,19-31)[90].

b) Il contenuto della rivelazione e del nascondimento

Il contenuto della rivelazione e/o nascondimento è espresso in modo molto generale con i pronomi dimostrativi ταῦτα (v. 25c) e αὐτά (v. 25d). A che cosa essi si riferiscono? È chiaro che i pronomi dimostrativi contengono un contenuto particolare. Per la loro comprensione è indispensabile il contesto nel quale si trovano. Secondo la grammatica i pronomi dimostrativi possono riferirsi al testo precedente ma anche preindicare la frase seguente[91]. La seconda possibilità è sostenuta anche dall'organizzazione del testo. La struttura del nostro brano ha mostrato che la seconda strofa (v. 27) completa e spiega la prima (v. 25-26). L'oggetto sottaciuto poi in v. 25cd potrebbe essere Gesù, il Figlio, che

---

LUZ, *Das Evangelium*, II, 206 identifica loro con «Am ha aräz»; cf. B.T. VIVIANO, *Study*, 187; J.P. MEIER, *The Vision*, 79.

[90] Il paradossale agire di Dio si trova a tutti i livelli dell'AT: nel cantico di Anna (1Sam 2,4-9) e di Davide (2Sam 22,28), nei testi dei profeti preesilici e postesilici (Ez 21,31; Is 40,3; 42,16; 43,19; 44,3; 49,9-11; 55,12s; Ag 2,22) parimenti come anche nella letteratura sapienziale (Gb 5,9-16; Sir 7,11; 10,14).

[91] F. BLASS – A. DEBRUNNER – F. REHKOPF, *Grammatik*, § 290,3.4.

è Rivelatore del Padre[92]. Se ταῦτα e αὐτά si riferiscono al testo precedente significano la missione salvifica che non include soltanto τὰ ἔργα τοῦ Χριστοῦ (11,2)[93], ma anche l'importanza della missione di Giovanni Battista (11,7-19), che è poi riassunta con la parola δυνάμεις (11,20-24)[94].

Ma certamente non è erroneo capire ταῦτα e αὐτά a partire dal testo precedente e dal testo seguente. Il contesto di tutto il vangelo mostra che ταῦτα e αὐτά sono collegati non soltanto con l'agire di Gesù e di Giovanni Battista (11,2-24) che è stato rifiutato da «questa generazione», ma anche con la stessa persona di Gesù che rivela il Padre (11,27) e con il mistero del regno di Dio (13,11; cf. 16,17) che consiste nella venuta di Gesù e che è identico a Lui stesso[95].

3.2.4 La ripetizione del ringraziamento

La prima strofa dell'inno di giubilo finisce col testo ναί ὁ πατήρ, ὅτι οὕτως εὐδοκία ἐγένετο ἔμπροσθέν σου (v. 26) che forma una conclusione enfatica. La particella affermativa ναί[96] riassume la formula del ringraziamento (v. 25b) e così la frase ὅτι diventa parallela al v. 25cd[97].

L'espressione affermativa e riconoscente di Gesù ναί ὁ πατήρ proviene dalla conoscenza della volontà di Dio[98]. Questa è la sua εὐδοκία. L'agire di Dio dipende dalla sua benigna deliberazione. La formula εὐδοκία ἐγένετο ἔμπροσθέν σου corrisponde alla corrente espressione

---

[92] Cf. A.M. HUNTER, «Crux Criticorum», 243; L. FELDKÄMPER, *Der betende Jesus*, 169.
[93] Così ad es. A.H. MCNEILE, *The Gospel*, 161; W.F. ALBRIGHT – C.S. MANN, *Matthew*, 144; J.C. FENTON, *Saint Matthew*, 186; D. HILL, *The Gospel*, 205.
[94] D. VERSEPUT, *The Rejection*, 138.
[95] Così per es.: T. ZAHN, *Das Evangelium*, 438; T. ARVEDSON, *Mysterium*, 219; A. OEPKE, «καλύπτω κτλ», 583-584; J. SCHMID, *Das Evangelium nach Matthäus*, 197; F. CHRIST, *Jesus Sophia*, 81-82; L. SABOURIN, *L'évangile*, 154; J. SCHNIEWIND, *Das Evangelium*, 149; J. GNILKA, *Das Matthäusevangelium*, I, 435; U. LUZ, *Das Evangelium*, II, 206; L. MORRIS, *The Gospel*, 292; U. LUCK, *Das Evangelium*, 142. C. DEUTSCH, *Hidden Wisdom*, 29: «Ταῦτα in 11,25 refers to the person of Jesus, to his deeds, and to their significance in relation to his messianic identity».
[96] La particella ναί viene adoperata per rafforzare la ripetizione del proprio detto. Cf. W. SCHENK, *Die Sprache*, 365.
[97] Cf. T. ZAHN, *Das Evangelium*, 439; A.H. MCNEILE, *The Gospel*, 162; T. ARVEDSON, *Mysterium*, 108; E. KLOSTERMANN, *Das Matthäusevangelium*, 102-103; P. HOFFMANN, *Studien*, 111; S. SCHULZ, *Q Die Spruchquelle*, 220; W.D. DAVIES – D.C. ALLISON, *A Critical*, II, 278.
[98] Cf. W. WIEFEL, *Das Evangelium*, 223.

rabbinica «sia questo il beneplacito davanti a te»[99]. Essa viene adoperata per motivi di riverenza al nome di Dio[100], per evitare la diretta intitolazione di Dio[101] e per magnificare la maestà di Dio, circondato dalla corte celeste[102]. La parola εὐδοκία è un termine probabilmente formato nel giudaismo ellenistico dal verbo εὐδοκέω «provare piacere in qualcosa, compiacersi di, scegliere, decidere». Esso appare quasi esclusivamente in scritti giudaici o cristiani e racchiude il significato di «compiacimento, volontà, decisione, deliberazione, consiglio» ed è di regola relativo a Dio[103]. Nel NT l'espressione εὐδοκία viene usata 9 volte: nel *Corpus Paulinum*[104] e poi nei vangeli sinottici solo qui (Mt 11,26; par. Lc 10,21) ed in Lc 2,14. La tematica del beneplacito ricorre ancora nel primo vangelo attraverso il verbo εὐδοκέω (3,17; 12,18 e 17,5). Tutte tre le ricorrenze, che si riferiscono al testo di Is 42,1-2, bisogna interpretarle nella linea cristologica. Questi testi sono dominati dall'idea dell'elezione divina in considerazione della destinazione peculiare e trascendente dell'unico Figlio[105].

Nel nostro testo invece l'espressione εὐδοκία (v. 26) designa la sovrana decisione divina del Padre[106]. Il suo significato palesa l'intero testo della preghiera di ringraziamento e di lode (11,25b-26). Dalla parallela struttura della preghiera risulta chiaro che la particella ναί (v. 26) riassume e conferma l'espressione ἐξομολογοῦμαί (v. 25b) e così avvisa la ripetizione del ringraziamento. Il motivo del ringraziamento formulato nella ὅτι frase (v. 25cd) riassume l'espressione οὕτως che determina εὐδοκία (v. 26). Gesù, dunque, rende grazie al Padre non soltanto perché ha celato il mistero della sua persona e della sua missione ai σοφοί e συνετοί (v. 25c) e l'ha rivelato ai νήπιοι (v. 25d) ma soprattutto per il fatto che si tratta della sua sovrana decisione divina (v.

---

[99] Cf. G. SCHRENK, «εὐδοκία κτλ», 743; Str-B, I, 607.

[100] Cf. L. MORRIS, *The Gospel*, 293 Anm. 68.

[101] Così G. DALMAN, *Die Worte*, 173; A.H. MCNEILE, *The Gospel*, 162; E. KLOSTERMANN, *Das Matthäusevangelium*, 103. Str-B, I, 785: «aus Scheu vor Anthropomorphismen».

[102] A. SCHLATTER, *Der Evangelist*, 383: «Auf ἔμπροσθέν σου wirkt das belebte Himmelsbild. Gott ist nicht einsam, darum wird sein Wille "vor ihm" im Rat der Himmlischen festgestellt».

[103] Nei LXX εὐδοκία (ricorre 28 volte) è una traduzione di רָצוֹן. Compare soprattutto nei salmi e Sir. Cf. R. MAHONEY, «εὐδοκία», 189.

[104] Rm 10,1; Ef 1,5.9; Fil 1,15; 2,13; 2 Ts 1,11.

[105] Cf. G. SCHRENK, «εὐδοκία κτλ», 738; S. LÉGASSE, «εὐδοκέω», 188.

[106] G. SCHRENK, «εὐδοκία κτλ», 748: «Es geht hier um Gottes gnädigen Ratschluß, der sich in freier, grundloser Huld dem Volk seiner Erwählten zuwendet».

26). Questo inscrutabile agire del Padre, secondo la sua sovrana decisione divina, attesta anche il fatto che a Dio, al Padre è piaciuto dare il suo regno al «piccolo gregge» – a quelli che lo accolgono (Lc 12,32). A Dio è piaciuto, infatti, salvare i credenti con la stoltezza della predicazione (1Cor 1,21).

3.3 Dichiarazione sul rapporto fra il Padre e il Figlio (v. 27)

Mentre la prima strofa (v.25-26) esprime il rendimento di grazie per il divino beneplacito di concedere la rivelazione ai piccoli, la seconda strofa (v. 27) dichiara il modo in cui la rivelazione avviene – dal Padre per mezzo del Figlio suo. Gesù improvvisamente cambia il modo di parlare – da un inno di lode alla rivelazione del suo stesso ruolo, nel disegno salvifico di Dio. La relazione tra Gesù e il Padre non è mai così esplicitamente e profondamente affrontata nei vangeli sinottici come in Mt 11,27 (par. Lc 10,22).

3.3.1 L'universale autorizzazione del Figlio

Nella strofa precedente (11,25-26) Gesù ha presentato la sua impareggiabile relazione con Dio, suo Padre. Il primo stico della seconda strofa πάντα μοι παρεδόθη ὑπὸ τοῦ πατρός μου (11,27a) riafferma l'esistenza di una tale relazione e rivela il suo segreto. Gesù stesso si presenta come colui, a cui è stato consegnato tutto dal Padre suo (ὑπὸ τοῦ πατρός μου). Nel primo stico, allora, non è posto l'accento su πάντα ma su ὑπὸ τοῦ πατρός μου. La questione tocca infatti soprattutto l'origine di tutto ciò che è stato consegnato (παρεδόθη) a Gesù: da Dio, suo Padre, proviene «tutto»!

Il verbo παραδίδοσθαι con πάντα in v. 27a viene interpretato in due modi:

1. A Gesù è stata consegnata (παρεδόθη) la sapienza universale, la conoscenza di Dio. Da Dio sono affidati a Gesù i misteri celesti[107].

---

[107] Così ad es.: B. WEISS, *Das Matthäus – Evangelium*, 226: «die Offenbarung der Lehre»; J. WELLHAUSEN, *Das Evangelium Matthaei*, 57: «παράδοσις unmittelbar von Gott»; A. von HARNACK, *Sprüche*, 207: «die ganze Lehre, die ganze Gotteserkenntnis»; E. NORDEN, *Agnostos Theos*, 288-290: «Geheimlehre im Sinne der Mystik»; A.H. MCNEILE, *The Gospel*, 163: «"entrusting" of teaching or revelation»; T.W. MANSON, *The Sayings*, 79; A.M. HUNTER, «Crux Criticorum», 246 «the complete revelation of God's saving purpose»; J. SCHMID, *Das Evangelium nach Matthäus*, 199; J. JEREMIAS, *Abba*, 51; M. DIBELIUS, *Die Formgeschichte*, 282; E. KLOSTERMANN, *Das Matthäusevangelium*, 103: «die gesamte geheimnisvolle Erkenntnis»; J.C. DEUTSCH, *Hidden Wisdom*, 33 «hidden knowledge of the Father»; U.

L'interpretazione si appoggia sul fatto che il verbo παραδίδοσθαι viene usato come *terminus technicus* per «trasmettere» nei testi profani e religiosi del giudaismo ed anche dell'ellenismo[108]. Questo significa, però, sempre una trasmissione «orizzontale» alle generazioni successive e non una rivelazione celeste dall'alto[109]. Ma l'argomento più importante è il contesto. Nella prima strofa (v.25-26) come anche nella seconda strofa (v.27b-d) si parla della conoscenza e della rivelazione. Il versetto 27a si verifica e si esplica in v. 27b-c. Se è data dal Padre al Figlio tutta la conoscenza, allora il Padre e il Figlio si possono conoscere reciprocamente come uguali[110].

2. Un'altra corrente dell'esegesi interpreta πάντα come il potere e l'autorità, che sono concessi (παρεδόθη) a Gesù dal Padre[111]. A questa interpretazione è parallelo Mt 28,18 dove è dato (ἐδόθη) a Gesù Risorto esplicitamente ogni potere (πᾶσα ἐξουσία) in cielo e in terra[112], e dove, altresì ricorrono i concetti «Padre» e «Figlio» con un significato assoluto. Questa interpretazione viene sostenuta persino dal fatto che il verbo παραδίδοσθαι ricorre nei vangeli anche con il significato della

---

Luz, *Das Evangelium*, II, 211; W.D. Davies – D.C. Allison, *A Critical*, II, 280; R.H. Gundry, *Matthew*, 216 «all the items of revelation».

[108] Cf. F. Büchsel, «δίδωμι κτλ», 173-174; W. Bauer, *Griechisch-deutsches Wörterbuch*, 1242-1244. A questa interpretazione si riferiscono ad es.: Gv 5,20; 7,16.28s; 8,19.38; 12,49.

[109] Cf. U. Luz, *Das Evangelium*, II, 211.

[110] Cf. Id., *Das Evangelium*, II, 210.

[111] Così ad es.: T. Zahn, *Das Evangelium*, 441; A. Plummer, *An Exegetical*, 168: «the delivering over of a vicegerency in the worldsovereignty of God»; H. Schumacher, *Die Selbstoffenbarung*, 158-178; F. Büchsel, «δίδωμι», 173; J. Bieneck, *Sohn Gottes*, 86 Anm. 39; B. Reicke, «πᾶς κτλ», 893-894; J. Gnilka, *Das Matthäusevangelium*, I, 437; A. Feuillet, «Jésus», 188-189; H. Mertens, *L'hymne*, 58: «le pouvoir universel»; F.V. Filson, *A Commentary*, 142: «the entire ministry of revealing and carrying out the Father's purpose»; P. Gaechter, *Das Matthäus – Evangelium*, 380: «umfaßt "alles", was ihm übergeben wurde, auch die Vollmacht, von der v. 27d spricht»; A. Schlatter, *Der Evangelist*, 384: «alles ist Gottes; für den Gebenden gibt es keine Schranke, somit auch nicht für den Empfangenden»; F. Hahn, *Christologische Hoheitstitel*, 310: «von Autorität und Macht ist hier die Rede»; S. Legasse, *Jésus*, 138: «la collation d'un plein pouvoir en vue d'une révélation»; P. Hoffmann, *Studien*, 120; J. Lange, *Das Erscheinen*, 166: «es geht um das Vertraut- und Betrautsein mit dem Eschaton, kraft dessen sich in Jesus Heil und Gericht der Welt zuträgt»; J. Schniewind, *Das Evangelium*, 151.

[112] Cf. Gv 3,35; 13,3; 17,2.

consegna di potere ed autorità (ad. es. Lc 4,6; cf. Mt 4,9 /con δίδοσθαι/)[113].

A che cosa si riferisce allora πάντα in Mt 11,27? Il significato di παραδίδοσθαι non è sempre univoco poiché esso dipende dal contesto[114]. L'espressione generica πάντα potrebbe favorire la seconda corrente esegetica. Il precipuo interesse di Matteo nella missione di Gesù in 11,2-24 spinge a vedere nell'affermazione 11,27a, la consegna del potere a Lui[115]. L'autorità (ἐξουσία) di Gesù nel primo vangelo non riguarda soltanto il suo insegnamento (7,29; 21,23.24.27), ma caratterizza tutta la sua missione (9,6). Egli è κύριος (12,8). Egli è dotato dell'autorità universale per compiere il suo ministero messianico. Il testo 11,27a così potrebbe fare eco alle prime parole del Risorto che, rivolgendosi ai discepoli, asserisce la sua universale autorità sulla totalità della creazione (28,18). D'altra parte comunque bisogna mettere in rilievo il fatto che nel nostro testo la dipendenza di Gesù da Dio è in ordine alla rivelazione stessa che, ricevuta dal Padre, ora Egli può comunicare. Dal contesto immediato si può capire come la formulazione in 11,27a indichi il rapporto reciproco tra il Padre e il Figlio (11,27bc). L'unità tra il Padre e il Figlio è introdotta con l'affermazione sulla totale dipendenza di Gesù da Dio. La frase 11,27a bisogna considerarla come piena autorizzazione del Figlio a rivelare il Padre, grazie alla reciproca ed esclusiva conoscenza. Dio, infatti, ha dato a Gesù interamente tutto ciò che possedeva e così ha stabilito la perfetta comunione tra Sé e Lui[116]. Mentre nel v. 25 la creazione e la rivelazione sono riferite al Padre, nel v. 27a è suo Figlio che è dotato di piena potenza e perfetta rivelazione[117].

---

[113] Il testo dei LXX Dn 7,14, come un appoggio a Mt 11,27, è difficilmente sostenibile. Lì è dato il potere al Figlio dell'Uomo, che tutti i popoli, nazioni e lingue, servivano. Però non si parla mai di una rivelazione come nel primo vangelo.

[114] M.-J. LAGRANGE, *Évangile selon Saint Luc*, 307: «Si παραδίδωμι a le sens de transmettre une doctrine, toutes les fois qu'il est employé dans ce sens, c'est avec l'adjonction de termes qui précisent la pensée».

[115] J. GNILKA, *Das Matthäusevangelium*, I, 437 spiega: «Dies meint Bevollmächtigung und Beauftragung».

[116] E. PERCY, *Die Botschaft*, 264.

[117] Cf. R. SCHNACKENBURG, *Die Person*, 117.

3.3.2 Il rapporto reciproco, intimo ed esclusivo della conoscenza tra il Padre ed il Figlio

Nel secondo e nel terzo stico della seconda strofa (27bc) Gesù parla del suo rapporto di conoscenza del Padre[118]. Il testo v. 27bc è collegato con lo stico precedente (v. 27a) con καί[119] consecutivo e così ribadisce la loro unità. V. 27bc esplica e definisce la principale idea di v. 27a[120]. Questi due stichi esprimono un rapporto esclusivo e reciproco della conoscenza tra il Padre ed il Figlio. Soltanto il Padre ed il Figlio si conoscono l'un l'altro. L'esclusività è formulata con οὐδείς...εἰ μή e οὐδέ... εἰ μή nello stile semitico[121]. Si tratta in v. 27a.bc di una paratassi sintattica che è una ipotassi logica[122]. Questo significa che quello che è descritto con il duplice detto «la conoscenza del Figlio dal Padre» e «la conoscenza del Padre dal Figlio» è inaccessibile agli altri. La dichiarazione che riguarda la reciproca conoscenza è dunque subordinata alla dichiarazione che concerne l'esclusività di questa conoscenza[123]. L'interpretazione di v. 27bc suscita almeno due domande: a) Come bisogna capire il senso del verbo ἐπιγινώσκει? b) Quale è il significato delle forme assolute ὁ υἱός e ὁ πατήρ?

a) Il senso di ἐπιγινώσκει

Mentre in Lc 10,22 ricorre la forma semplice del verbo γινώσκει, Matteo adopera la forma composta ἐπιγινώσκει. Ambedue forme vengono usate come sinonimi sia nei LXX che nel NT[124]. Mentre Luca cancella il verbo una volta per fare la frase con stile più attico, in Matteo la ripetizione del verbo segnala una locuzione semitica[125]. Ma quale è il significato di ἐπιγινώσκει nel nostro testo?

---

[118] I tre problemi che riguardano la critica testuale: 1. incerto μου in v. 27a; 2. l'ordine riverso di v. 27b e v. 27c 3. ἔγνων invece di ἐπιγινώσκει non tratteremo. Si veda: C. DEUTSCH, *Hidden Wisdom*, 34-35; D. VERSEPUT, *The Rejection*, 140.
[119] M. ZERWICK, *Greaecitas Biblica*, § 314; F. BLASS – A. DEBRUNNER – F. REHKOPF, *Grammatik*, § 442.
[120] Cf. F. HAHN, *Christologische Hoheitstitel*, 226; J. JEREMIAS, *Abba*, 48.52.
[121] Cf. K. BEYER, *Semitische Syntax*, 109; J. JEREMIAS, *Abba*, 48.
[122] E. NORDEN, *Agnostos Theos*, 286; J. JEREMIAS, *Abba*, 52.
[123] E. PERCY, *Die Botschaft*, 263.267; P. HOFFMANN, *Studien*, 123.
[124] E. NORDEN, *Agnostos Theos*, 280, Anm. 1; R. BULTMANN, «γινώσκω κτλ», 707; M.-J. LAGRANGE, *Évangile selon Saint Matthieu*, 228; P. HOFFMANN, *Studien*, 123; C. DEUTSCH, *Hidden Wisdom*, 35; W. SCHENK, *Die Sprache*, 136-137. Contro l'equivalenza del significato: H. MERTENS, *L'hymne*, 65; W. MARCHEL, *Abba*, 161-162.
[125] P. HOFFMANN, *Studien*, 105.

Lo sforzo di vedere in ἐπιγινώσκειν un concetto ellenistico-gnostico[126] è stato rigettato negli anni recenti dall'interpretazione secondo la quale occorre cercare il significato di ἐπιγινώσκειν nel campo linguistico semitico dell'AT e del giudaismo[127]. Se si conferisce a ἐπιγινώσκειν il rilievo biblico di ידע[128] (ad es. Ger 1,5; Am 3,2; Os 13,5) avrebbe il significato di «riconoscimento» oppure di «elezione».

Nel primo vangelo la forma γινώσκειν ricorre 20 volte e la forma ἐπιγινώσκειν 6 volte. Dalle 6 ricorrenze di ἐπιγινώσκειν in Mt, due non hanno nessun parallelo (7,20; 17,12), tre hanno il parallelo in Lc con γινώσκειν (7,16 par. Lc 6,44; 11,27bis par. Lc 10,22bis) e una sola volta appare la stessa forma in Mt e in Mc (14,34 par. Mc 6,54). Questo potrebbe essere una indicazione che l'evangelista ha una preferenza per ἐπιγινώσκειν. Bisogna chiederci, questa preferenza di ἐπιγινώσκειν in Mt ha una motivazione stilistica oppure nasconde in sé anche un significato teologico? In ogni testo ove Matteo preferisce usare ἐπιγινώσκειν piuttosto che γινώσκειν sembra che egli voglia accentuare un significato di riconoscimento. In Mt 7,16.20 si tratta del riconoscimento del buono e cattivo albero, in Mt 17,12 del riconoscimento di Elia nella persona di Giovanni Battista e in Mt 11,27 non si tratta soltanto della conoscenza del Padre e del Figlio ma anche del riconoscimento. Matteo allora usa ἐπιγινώσκειν sia in senso teologico che in senso stilistico[129].

In conclusione si può dire che Mt 11,27b-c non tratta soltanto la questione della conoscenza mutua del Figlio e del Padre, ma anche il loro reciproco riconoscimento. La caratteristica principale di tale cono-

---

[126] Così ad es.: E. NORDEN, *Agnostos Theos*, 287: «Gemeinbesitz orientalisch-hellenistischer Mystik»; M. DIBELIUS, *Die Formgeschichte*, 282; E. KLOSTERMANN, *Das Matthäusevangelium*, 102.

[127] T.W. MANSON, *The Sayings*, 79; F. HAHN, *Christologische Hoheitstitel*, 324-326; W. GRUNDMANN, «Matth. 11,27», 43; J. JEREMIAS, *Abba*, 49; D. HILL, *The Gospel*, 206; J. SCHNIEWIND, *Das Evangelium*, 151-152; A. SAND, *Das Evangelium*, 252; D. VERSEPUT, *The Rejection*, 142; W. WIEFEL, *Das Evangelium*, 224. U. LUZ, *Das Evangelium*, II, 213 afferma: «Ich meine, daß im Milieu mystischer Transformation alttestamentlichen Glaubens die Aussage unseres Verses vorbereitet ist».

[128] Cf. R. BULTMANN, «γινώσκω κτλ», 697: «Vor allem wird ידע gebraucht, um die Anerkennung der Taten Gottes zu bezeichnen»; G.J. BOTTERWECK, «ידע», 498: «ידע – Ausdruck eines besonderen Verhältnisses zwischen JHWH und Israel oder einer Erwählung zu einem Dienst».

[129] W. SCHENK, *Die Sprache*, 136: «Mt setzt das Komp. also immer bewußt und betont ein, wie auch seine einmalige Mk-Übernahme semantisch konkret zu verstehen ist. Es kann keine Rede davon sein, daß er es "ohne ein theol. Interesse verwende"».

scenza consiste nel fatto che si tratta della conoscenza di persone con una relazione unica ed esclusiva e che sono uguali[130]. Il Figlio al quale Dio, il Padre, ha consegnato «tutto» è conosciuto da lui e nello stesso tempo[131] lo conosce. Per questa ragione la loro mutua ed esclusiva conoscenza ha un carattere divino. La conoscenza reciproca del Padre e del Figlio racchiude in sé anche il loro mutuo riconoscimento. Il Padre fa del Figlio un autentico e unico rivelatore e gli conferisce l'autorità e così lo fa un legittimo portatore del mistero salvifico (v. 27a). Il Figlio riconosce il Padre ed accetta il suo ruolo nella missione salvifica, mettendosi completamente a disposizione della sua volontà (cf. v. 25s)[132]. L'unicità della relazione reciproca e l'esclusività della conoscenza mutuale tra Padre e Figlio lasciano intravedere qualcosa del mistero di Dio e del suo disegno salvifico.

b) La forma assoluta di ὁ υἱός e ὁ πατήρ

Nel versetto 27 ricorre l'uso assoluto ὁ υἱός e ὁ πατήρ. Questo è raro nei vangeli sinottici. Infatti all'infuori del nostro testo la forma assoluta ὁ υἱός appare soltanto due volte: in Mt 24,36 (Mc 13,32) ove si parla dei segreti escatologici che non conosce neanche il Figlio e in Mt 28,19, espressa come una formula liturgica[133].

Che cosa allora vogliono esprimere le forme assolute ὁ υἱός e ὁ πατήρ? Non convince molto considerare genericamente le forme assolute e cercarne la loro origine nel confronto tra un figlio e un padre[134]. Neppure persuade la teoria che deduce il titolo ὁ υἱός dalla tradizione sapienziale e vede dietro l'espressione ὁ υἱός la *Sophia*[135]. Un altro tentativo collega il nostro testo con 1Cor 15,28 e Mc 13,32 e si sforza

---

[130] U. LUZ, *Das Evangelium*, II, 213: «Die hier gemeinte Erkenntnis ist Erkenntnis vom Gleichen durch Gleiches».

[131] Va osservato che le forme verbali ἐπιγινώσκει (v. 27bc) sono espresse nel tempo presente.

[132] Cf. W. GRUNDMANN, «Die νήπιοι», 203; F. HAHN, *Christologische Hoheitstitel*, 325.

[133] La forma assoluta ὁ υἱός ricorre poi ancora una volta in Paolo (1Cor 15,28); 5 volte nella lettera agli Ebrei (1,2.8; 3,6; 5,8; 7,28 /parzialmente senza articolo/) e poi frequentemente negli scritti giovannei (Gv 3,16s.35s; 5,19-26; 6,40; 8,35; 14,13; 17,1; cf. 1,18; 1Gv 2,22-24; 5,12; 2Gv 9).

[134] Cf. J. JEREMIAS, *Abba*, 48-54. È difficile parlare di un confronto in v. 27bc dove si tratta di un rapporto esclusivo.

[135] Cf. A. FEUILLET, «Jésus», 179-184; F. CHRIST, *Jesus Sophia*, 87-91. In questa teoria è comunque problematico quello che né il primo vangelo né Q conosce una identificazione di Gesù con la saggezza.

d'interpretare ὁ υἱός a partire dalla cristologia del Figlio dell'Uomo che si basa sullo sfondo di Dn 7,14 dove si parla della consegna del potere ad uno, simile ad un figlio di uomo[136]. La somiglianza formale con i testi giovannei ha portato ad identificare il v. 27 con un detto giovanneo[137]. Ci sono molti testi nel vangelo di Giovani che sono paralleli a Mt 11,27[138]. Un'attenta indagine di questi testi comunque non porta i risultati convincenti per tale identificazione perché l'uso assoluto dei titoli «Padre» e «Figlio» ricorre anche nella tradizione sinottica. D'altra parte il vocabolario di v. 27 (παραδίδωμι, ἐπιγινώσκω, ἀποκαλύπτω) non è particolarmente giovanneo[139] poiché la costruzione letterale chiusa del testo non ha altri paralleli[140].

I titoli assoluti ὁ υἱός e ὁ πατήρ in Mt 11,27 hanno una funzione retorica. «Il Padre» e «il Figlio» senza una precisazione esprimono la mutualità della relazione unica ed esclusiva. Così i titoli assoluti accentuano la qualità del rapporto che esiste tra Dio, il Padre e Gesù, il Figlio[141], che è in tutto singolare. L'esclusività ed unicità di tale rapporto trovano la loro fondatezza nel fatto che esso ha carattere divino.

3.3.3 Il Figlio – il Mediatore unico della rivelazione

Il quarto stico καὶ ᾧ ἐὰν βούληται ὁ υἱὸς ἀποκαλύψαι (v. 27d) apre un cerchio chiuso che è formato dal mutuo ed esclusivo rapporto tra

---

[136] Cf. E. SCHWEIZER, «υἱός κτλ», 372-375. P. HOFFMANN, *Studien*, 139-142 presenta un'ipotesi audace che in Mt 11,27 viene per la prima volta identificato Gesù con il Figlio dell'Uomo. Contro questa opinione parla già il fatto che in Dn 7,14 si dice che il potere di signoreggiare viene prestato ad un figlio di uomo che adduce che tutti i popoli gli servono. In secondo luogo il testo di Daniele non dice niente della rivelazione. Infine in Dn 7,14 si trova un'altra formulazione: ἐδόθη αὐτῷ ἐξουσία. Da tutto questo risulta chiaro che πάντα μοι παρεδόθη in v. 27a non si può interpretare dal testo di Dn 7,14. Cf. J. GNILKA, *Das Matthäusevangelium*, I, 437.

[137] Cf. K. HASE, *Die Geschichte Jesu*, Leipzig 1876, 422 chiama v. 27 come «ein Aerolith aus dem Johanneischen Himmel».

[138] Versetto 27a par. Gv 3,27.35; 5,19-20; 7,16.28; 8,29.38; 10,29; 12,49; 13,3; 16,5; 17,2; v. 27b par. Gv 7,27; v. 27c par. Gv 5,20; 7,29; 8,55; v. 27bc par. Gv 8,19; 10,15; v. 27d par. Gv 17,2-3; cf. B.M.F. van IERSEL, *Der Sohn*, 150.

[139] L. CERFAUX, «L'évangile», 147.

[140] B.M.F. van IERSEL, *Der Sohn*, 151: «Geschlossene Konstruktion, Rhythmus und Parallelismus weisen auf einen "style oral" hin, der bei den Logien des vierten Evangeliums fehlt».

[141] U. LUZ, *Das Evangelium*, II, 209: «"Vater" und "Sohn" bezeichnet ein besonderes, enges und einzigartiges Verhältnis. "Sohn" ist jemand von vornherein in bezug auf seinen Vater und "Vater" von vornherein in bezug auf seinen Sohn.».

Padre e Figlio (v. 27bc)[142]. Come abbiamo visto nella struttura del testo il quarto stico (v. 27d) continua il terzo (v. 27c) ed insieme a lui è una conseguenza del primo (v. 27a). Esso così concretizza la partecipazione di Gesù alla sovranità di Dio (v. 25b). Mentre nel versetto 25 appare il verbo ἀποκαλύπτω con il soggetto Dio, adesso ha come soggetto ὁ υἱός. Il Figlio ha l'autorizzazione per la rivelazione. Come Dio concede la rivelazione secondo il suo beneplacito (εὐδοκία), così anche al Figlio appartiene il diritto di conferire la rivelazione a qualunque persona che Egli voglia (βούληται).

a) Il Figlio – il Rivelatore

Il testo 11,27d dice che il Figlio è il Rivelatore (ὁ υἱὸς ἀποκαλύψαι) ma non esprime l'oggetto di questa rivelazione e allora suscita una domanda: a che cosa si riferisce ἀποκαλύψαι?

Il verbo ἀποκαλύπτω non è frequente nel NT (appare solo 26 volte). Nel primo vangelo ricorre soltanto quattro volte (10,26; 11,25.27; 16,17) con il significato «rivelare qualcosa nascosto; palesare»[143]. Il soggetto della rivelazione è il Figlio (v. 27d). Egli si trova in totale dipendenza dal Padre da cui riceve la piena autorizzazione per la rivelazione (v. 27a). Il Figlio rivela il Padre, grazie alla loro reciproca ed esclusiva conoscenza. Nel nostro testo l'oggetto della rivelazione comunque non si limita soltanto al mistero del Padre stesso (v. 27c)[144] e neanche racchiude soltanto la conoscenza del mistero del Figlio (v. 27b)[145]. Il Figlio, rivelando il Padre, rivela nello stesso tempo anche sé stesso. Il Figlio, che sta nella relazione mutua ed esclusiva con il Padre è così inseparabile dall'oggetto della rivelazione[146]. Il Figlio, rivelando il mistero del Padre e della sua persona, manifesta nel contempo anche qualcosa del mistero del loro reciproco ed esclusivo rapporto[147].

---

[142] B.M.F. VAN IERSEL, *Der Sohn*, 160.
[143] T. HOLTZ, «ἀποκαλύπτω», 313-314.
[144] Cf. A. OEPKE, «καλύπτω κτλ», 583; J. GNILKA, *Das Matthäusevangelium*, I, 439.
[145] Cf. H. SCHUMACHER, *Die Selbstoffenbarung*, 158.
[146] Cf. A.H. MCNEILE, *The Gospel*, 163; H. MERTENS, *L'hymne*, 74-75: «en révélant le Père, le Fils se révèle lui-même aussi»; J. SCHMID, *Das Evangelium nach Matthäus*, 199: «die Offenbarungstätigkeit des Sohnes ist zugleich auch Selbstoffenbarung»; S. LEGASSE, *Jésus*, 141; U. LUZ, *Das Evangelium*, II, 214;
[147] A. SAND, *Das Evangelium*, 252 chiama l'oggetto della rivelazione «die Lebensgemeinschaft zwischen Vater und Sohn».

b) La sovranità del Figlio

Il Figlio rivela il mistero del Padre e della sua persona «a chi vuole» ᾧ ἐὰν βούληται. Mentre nel versetto 25 era il Padre che prendeva tutta l'iniziativa nel rivelare ed a lui solo apparteneva il diritto di concedere la rivelazione secondo il suo beneplacito εὐδοκία (v. 26), nel v. 27d il Figlio è nominato come colui che è il dispensatore sovrano della rivelazione. Ma come può adesso dire il Figlio che è assolutamente libero nell'offrire questa rivelazione? Non ha Egli il dovere di compiere la volontà del Padre? La risposta a queste domande consiste nell'unità della volontà del Padre e del Figlio. La sovranità del Figlio nel distribuire la rivelazione dipende completamente dal Padre, dal quale egli possiede la piena autorizzazione (v. 27a). Il Figlio grazie alla reciproca ed esclusiva conoscenza con il Padre (v. 27bc) concede la rivelazione in totale armonia con il beneplacito del Padre (v. 26). Il fatto che la rivelazione viene conferita unicamente attraverso il Figlio fa parte anche del beneplacito del Padre come risulta chiaro dal loro unico ed esclusivo rapporto (v. 27bc). Il Figlio è, infatti, l'unico dispensatore della rivelazione in completa conformità con il beneplacito del Padre. Tutta la missione salvifica di Gesù è sotto il segno dell'adempimento della volontà del Padre (Mc 8,31; par. Mt 16,21; Lc 9,22). Nella sua preghiera nel Getsemani, prima di morire, Gesù accetta la volontà del Padre suo (Mt 26,38-42). Come il Padre riserva la rivelazione ai piccoli (11,25d) così anche Gesù si rivolge agli oppressi ed agli afflitti (Mt 11,28-30). La dipendenza della volontà del Figlio dalla volontà del Padre è fondata nella filiazione di Gesù. Dio si è compiaciuto in Lui ἐν ᾧ εὐδόκησα (Mt 3,17; 17,5) e gli ha consegnato tutto (Mt 11,27a).

La sovranità di Gesù si basa sul fatto che soltanto Egli può rivelare il Padre ed il rapporto tra il Padre ed il Figlio. Egli solo può attuare il piano salvifico divino assegnatogli[148]. Gesù è così l'unico mediatore della rivelazione salvifica[149].

---

[148] G. SCHRENK, «βούλομαι κτλ», 637.

[149] P. GAECHTER, *Das Matthäus – Evangelium*, 382: «Jesus ist der Kernpunkt der neutestamentlichen Offenbarung». Cf. H. FRANKEMÖLLE, *Matthäus*, II, 125. C.S. KEENER, *A Commentary*, 346.

3.4 *Chiamata al discepolato (v. 28-30)*

Nella terza strofa (v. 28-30) basandosi sull'autorità ricevuta (v. 27a), Gesù chiama al discepolato[150]. L'invito di Gesù così acquista un parallelismo antitetico con il suo brusco rimprovero alle città incredule (11,20-24). Non c'è nessun altro testo che esprima la chiamata di Gesù al discepolato in modo più personale e tenero. Gesù solo è il vero rappresentante del Padre, ha il potere di dire: «venite a me» (v. 28a) e può garantire il riposo promesso (v. 28b.29c).

La struttura della strofa è caratterizzata dalle tre diverse forme sintattiche: la chiamata (v. 28a.29a), la promessa (v. 28b.29c) e la motivazione (v. 29b.30)[151]. Poiché le due promesse sono del tutto identiche, si presume giustamente, che anche le rispettive chiamate siano similmente equivalenti. Nonostante ciò, la seconda chiamata (v. 29a) e la seconda promessa (v. 29c) si distinguono dalla prima chiamata (v. 28a) e dalla prima promessa (v. 28b) con una frase causale a loro aggiunta. Dopo la seconda chiamata segue un'affermazione sulla persona che chiama (v. 29b) ed alla seconda promessa è annessa una dichiarazione sulla natura del giogo (v. 30). L'accentuazione della terza strofa si trova sugli stichi della motivazione (v. 29b.30) come confermano le ripetizioni delle chiamate e delle promesse. Il Figlio, che è autorizzato dal Padre (v. 27a) e che chiama tutti affaticati e sovraccaricati (v. 28a) al discepolato (v. 29a) con l'offerta del riposo a loro promesso (v. 28b.29c), è mite e umile di cuore (v. 29b) ed il suo giogo è dolce (v. 30).

3.4.1 L'invito

É possibile chiarire il carattere dell'invito di Gesù sulla base del testo v. 28a.29a che è espresso con tre imperativi. Dal testo sorgono le seguenti domande: in quale modo è espresso l'invito? A chi è indirizzata la chiamata? A che cosa si riferisce ζυγός? Quale è il significato di μάθετε ἀπ' ἐμοῦ?

---

[150] I versetti 28 e 30 hanno il loro fondamento nella letteratura sapienziale (ad es. Sir 51,23-29; 24, 19-22; cf. Sir 6,18-37; Sap 6,11-16). Cf. R. BULTMANN, *Die Geschichte*, 172; H.D. BETZ, «The Logion», 22; F. CHRIST, *Jesus Sophia*, 100s.

[151] Cf. A.R. MOTTE, «La structure», 227.

a) La forma dell'invito

L'invito di Gesù è formulato con le tre enunciazioni all'imperativo: δεῦτε πρός με (v. 28a); ἄρατε τὸν ζυγόν μου ἐφ' ὑμᾶς e μάθετε ἀπ' ἐμοῦ (v. 29a).

Δεῦτε ricorre nel NT 12 volte; 6 volte in Mt (4,19; 11,28; 21,38; 22,4; 25,34; 28,6); 3 volte in Mc (1,17; 6,31; 12,7) 2 volte in Gv (4,29; 21,12) e in Ap 19,17[152]. L'espressione δεῦτε sta in genere, in funzione di particella esortativa, con il plurale, con susseguente imperativo oppure congiuntivo aoristo (Mc 12,7 par. Mt 21.38; par. Lc 20,14; Mt 28,6) ma ricorre anche in uso assoluto ed occupa la funzione di un esortativo ed incoraggiante imperativo (Mc 1,17 par. Mt 4,19; Mc 6,31; Mt 11,28; 22,4; 25,34)[153]. Si tratta di un imperativo *sui generis*. Tranne 11,28 δεῦτε ricorre nel testo di Matteo in 22,4 e 25,34 dove ha una connotazione dell'invito escatologico. In 21,38 e 28,6 è δεῦτε usato come un'enfasi. L'espressione δεῦτε πρός με (11,28a)[154] ha il suo parallelo δεῦτε ὀπίσω μου in 4,19 che è seguito da ἀκολουθέω nel versetto seguente[155]. Il contesto della chiamata di Gesù al discepolato è palese in ambedue i testi. In 11,28a Gesù invita o/e chiama con autorità alla sequela[156]. Dalla chiamata è ovvio che Gesù vuole stabilire una relazione con i suoi discepoli, rivelare il mistero della sua persona e formarli a sua immagine (cf. 10,24).

La chiamata di Gesù al discepolato δεῦτε πρός με è chiarificata con un altro invito parallelo in v. 29a: ἄρατε τὸν ζυγόν μου ἐφ' ὑμᾶς. La parola ζυγός si usava nel giudaismo per esprimere «il giogo da portarsi dall'animale o dallo schiavo»[157] e spesso veniva adoperata come

---

[152] Cf. G. SCHNEIDER, «δεῦτε», 699; F. BLASS – A. DEBRUNNER – F. REHKOPF, *Grammatik*, § 364.

[153] Cf. W. SCHENK, *Die Sprache*, 175-176.

[154] La preposizione πρός con accusativo riferita a Gesù ricorre 7 volte nel primo vangelo (11,28; 13,2; 14,28.29; 19,14; 25,36.39) con il significato dell'imminenza fisica.

[155] Quando Matteo usa il verbo ἀκολουθέω con il significato della chiamata al discepolato, esso è definito da due fattori: «affidamento» e «consegna». Cf. J.D. KINGSBURY, «The verb», 58.

[156] Cf. W. MICHAELIS, *Das Evangelium*, II, 136; P. BONNARD, *L'Évangile*, 169; E. SCHWEIZER, *Das Evangelium nach Matthäus*, 177; J. GNILKA, *Das Matthäusevangelium*, I, 439; A. SAND, *Das Evangelium*, 253; W. GRUNDMANN, *Das Evangelium nach Matthäus*, 317; D.A. HAGNER, *Matthew 1-13*, 323; U. LUCK, *Das Evangelium*, 143; W. WIEFEL, *Das Evangelium*, 224.

[157] Cf. K.H. RENGSTORF, «ζυγός», 900-904.

un'immagine del servizio o/e dell'assoggettamento[158]. Nel giudaismo «il giogo del regno dei cieli» consisteva nel riconoscimento di Dio come Re e Signore d'Israele e «il giogo della Torah» si basava sull'accettazione della Legge[159]. Nel NT ζυγός è attestato 6 volte. Soltanto in Ap 6,5 esso ha il significato di «bilancia», mentre nei rimanenti passi significa «giogo» sempre in senso traslato, con la connotazione della sottomissione (Mt 11,29.30; At 15,10; Gal 5,1; 1Tm 6,1)[160]. In Mt 11,29.30 ζυγός è seguito da un pronome possessivo μου che si deve capire nella relazione con μου in 11,27a. La chiamata di Gesù diventa una richiesta per sottomettersi alla sua autorità che è stata concessa a lui (v. 27a). Il termine ζυγός non si può restringere soltanto alla sapienza[161] ed all'insegnamento[162] di Gesù ma si deve riferire a tutta la realtà del mistero salvifico che è presente nella persona di Gesù. Prendere il suo ζυγός significa entrare in relazione personale con Lui[163]e diventare così suo discepolo.

L'esortazione μάθετε[164] ἀπ' ἐμοῦ (v. 29a) conclude l'invito da parte di Gesù. Nel NT il verbo μανθάνω ricorre 25 volte e di queste soltanto 6 volte nei vangeli (Mt 9,13; 11,29; 24,32 par. Mc 13,28; Gv 6,45; 7,15). In Mt 9,13 l'uso del verbo μανθάνω mostra che Gesù è la manifestazione della volontà di Dio. Similmente in Mt 24,32 la richiesta di «imparare» significa l'affidamento alla persona di Gesù. Da questo si vede il distacco dell'uso neotestamentario di μανθάνω da quello extra-testamentario, e soprattutto da quello rabbinico, che

---

[158] Ad es. Gn 27,40; Lv 26,13; 1Re 12,4; Is 10,27; 14,25; 47,6; Ger 30,8; Sir 33,27.
[159] Str-B, I, 608-610.
[160] Cf. W. SCHRENK, «ζυγός», 258-259.
[161] F. CHRIST, *Jesus Sophia*, 110-111.
[162] A. HARNACK, *Sprüche*, 213; G. LAMBERT, «Mon joug», 963-969; P. GAECHTER, *Das Matthäus – Evangelium*, 385; J. SCHMID, *Das Evangelium nach Matthäus*, 204; H.D. BETZ, «The Logion», 23; C. DEUTSCH, *Hidden Wisdom*, 42; D.A. HAGNER, *Matthew 1-13*, 324.
[163] Cf. T. ARVEDSON, *Mysterium*, 220-222; P. BONNARD, *L'Évangile*, 170; M. MAHER, «"Take My Yoke"», 103; J. GNILKA, *Das Matthäusevangelium*, I, 440; A. SAND, *Das Evangelium*, 252; W. GRUNDMANN, *Das Evangelium nach Matthäus*, 318; U. LUZ, *Das Evangelium*, II, 222; A. MULLOOR, *Jesus' Prayer*, 121; H. FRANKEMÖLLE, *Matthäus*, II, 128; W. WIEFEL, *Das Evangelium*, 224-225.
[164] Nell'AT μανθάνω corrisponde a una formazione della radice למד con il significato della rivelazione divina che è manifestazione del suo volere. Il rabbinismo adopera lo stesso uso linguistico. למד senz'altra specificazione significa – occuparsi della Torah allo scopo di conoscere e perciò di fare la volontà di Dio. Cf. K. H. RENGSTORF, «μανθάνω κτλ», 401-406.

avviene con la parola di Gesù ed infine nella sua persona. Gesù non comunica delle conoscenze, ma l'unione senza riserve a Lui e chiama al discepolato. Egli non vuole essere un «insegnante» alla maniera dei rabbini, ma un segno in cui è visibile l'avvento del regno di Dio[165]. Ma quale è il significato del nostro testo μάθετε ἀπ' ἐμοῦ?

Alcuni cercavano di sottolineare l'elemento dell'imitazione nelle parole seguenti intendendo la frase come oggetto del verbo: «imparate da me, che»[166]. Ma tale tentativo è inaccettabile dal punto di vista dell'espressione ἀπ' ἐμοῦ[167]. L'accentuazione è posta sull'origine dell'imparare anziché sul suo contenuto che è indefinito. Benché l'imparare dal Figlio debba includere sia l'obbedienza al suo insegnamento (28,19-20) sia l'imitazione del suo esempio (16,24; 20,27-28) l'accento di questo versetto è posto più sulla lealtà e sulla fedeltà a Lui che sul fatto dell'imparare[168].

L'invito di Gesù espresso con tre imperativi nella seconda persona plurale (δεῦτε, ἄρατε, μάθετε) è una chiamata al discepolato. Si tratta di un appello alla relazione personale con Dio attraverso la relazione manifestata nel suo Figlio. La chiamata è riservata puramente a Gesù come rivelano i pronomi μου e ἀπ' ἐμοῦ. Soltanto Egli può esprimere questo invito con l'autorità e con la pretesa dell'assoggettamento perché a Lui è stato dato tutto dal Padre (11,27a).

---

[165] K. H. RENGSTORF, «μανθάνω κτλ», 411; cf. G. NEBE, «μανθάνω», 945.

[166] A. PLUMMER, *An Exegetical*, 170 Anm. 1; G. STRECKER, *Der Weg*, 174; H.D. BETZ, «The Logion», 23 Anm. 98; W. GRUNDMANN, *Das Evangelium nach Matthäus*, 318. W.D. DAVIES – D.C. ALLISON, *A Critical*, II, 290 ammettono che ὅτι può essere sia causale sia esplicativo. D'altra parte C. DEUTSCH, *Hidden Wisdom*, 43 insiste nel dire che l'oggetto del verbo μανθάνω è τὸν ζυγόν. Questa conclusione però non trova una conferma nel testo.

[167] Il senso causale è ritenuto da B. WEISS, *Das Matthäus – Evangelium*, 228; A. FEUILLET, «Jésus», 191-192; P. GAECHTER, *Das Matthäus – Evangelium*, 386; A. SCHLATTER, *Der Evangelist*, 387; J. SCHMID, *Das Evangelium nach Matthäus*, 205; J. GNILKA, *Das Matthäusevangelium*, I, 440; D. ZELLER, «Jesus», 314; R.H. GUNDRY, *Matthew*, 218. E. KLOSTERMANN, *Das Matthäusevangelium*, 104 ammette la possibilità che ὅτι potrebbe essere usato nel senso del pronome relativo, ma questo è inverosimile.

[168] H. FRANKENMÖLLE, *Jahwebund*, 98 spiega bene il significato di μάθετε ἀπ' ἐμοῦ in v. 29a: «Hier geht es in der Tat um ein "neues Lernen", das mit der Nachfolge identisch ist».

b) Gli invitati

Gesù si rivolge con il suo invito a πάντες οἱ κοπιῶντες καὶ πεφορτισμένοι (v. 28a). Ma chi si intende in questa descrizione? Il verbo κοπιάω ricorre nel NT (cf. ad es. Lc 5,5; 12,27 par. Mt 6,28; Gv 4,6.38; At 20,35; Rm 16,6) col significato «affaticarsi, affliggere dall'affanno corporale e psichico»[169]. Il verbo φορτίζω[170] compare nel NT soltanto in Mt 11,28 e poi in Lc 11,46. Mentre in Mt 11,28 il senso del verbo φορτίζω non è immediato, nel testo di Luca, dove Gesù pronuncia i «guai» indirizzati ai νομικοί, è ovvio che sotto il termine «carico» rappresentato da φορτίζω si intendono le pretese legali degli scribi. In Matteo appare la radice φορτ- ancora due volte nel sostantivo φορτίον[171] (11,30; 23,4). Il testo 23,4 si trova nel contesto della legge di Mosè che gli scribi ed i farisei non osservano ma la impongono come φορτίον sulle spalle della gente. Il senso di φορτίζω in Mt 11,28 bisogna cercarlo nella stessa direzione anche se il modo di comprendere la legge come «un pesante fardello» non trova alcun parallelo nel pensiero giudaico (cf. Dt 30,11)[172]. Matteo usa anche φορτίον in senso positivo in 11,30 come il carico di Gesù del cui significato tratteremo più avanti. I verbi κοπιάω e φορτίζω, che risultano appartenenti allo stesso campo semantico[173], esprimono l'affaticamento dell'esistenza umana oppressa dall'esagerata quantità di precetti.

Gli invitati non si possono identificare con il gruppo dei discepoli che sono affaticati e sovraccaricati (10,16-39)[174] marginalizzando l'espressione πάντες[175] e il rilievo del contesto matteano che sta raccontando la storia di Gesù con Israele. Questo è confermato dal fatto che Matteo ha un atteggiamento antagonistico al legalismo giudaico (cf. ad

---

[169] F. HAUCK, «κόπος κτλ», 828-829.

[170] Φορτίζω è un *verbum denominativum* da φόρτος /carico della nave/; cf. K. WEIß, «προσφέρω κτλ», 89.

[171] L'equivalente ebraico di φορτίον è מַשָּׂא che letteralmente significa «carico» ma metaforicamente può avere senso di un «oracolo profetico» (ad es. Is 13,1; 14,28; 15,1; 17,1); cf. H.-P. MÜLLER, «מַשָּׂא», 20-25.

[172] M. MAHER, «"Take my Yoke"», 98: «The yoke of the law was not something burdensome or trying. Israel's laws were seen as the terms of the covenant people's privileged relationship with their God and as such they were treasured by the people».

[173] Entrambi i termini sono usati nei testi che si riferiscono allo studio della Legge mosaica oppure alla sapienza (κοπιάω Sir 6,19; φορτίον Mt 23,4); cf. G. LAMBERT, «Mon joug», 963-969.

[174] G.N. STANTON, «Matthew 11,28-30», 7.

[175] La parola πάντες corrisponde a πάντα in 11,27a e sottolinea anche nello sguardo ai chiamati l'universalità della rivelazione. Cf. F. CHRIST, *Jesus Sophia*, 119.

es. 15,3-14; 16,5-12; 23,4)[176]. Bisogna cercare gli invitati in tutto il popolo d'Israele che era affaticato ed oppresso dalle pretese dei maestri della Legge e dalle tradizioni giudaiche[177]. Gesù incoraggia il popolo di abbandonarle ed a venire da Lui.

Gesù che ha dato sé stesso alla totale disposizione della εὐδοκία (v. 26) del Padre, dopo aver ricevuto la sovranità e la competenza illimitata per la sua missione salvifica, essendo il Rivelatore autentico di Dio e del suo regno, può chiamare a sé con autorità gli affaticati e gli oppressi (v. 28a) richiedendo di prendere il suo giogo e di imparare da Lui.

3.4.2 La promessa

L'invito espresso con i tre imperativi è inseguito da due frasi consecutive κἀγὼ ἀναπαύσω ὑμᾶς (v. 28b) e καὶ εὑρήσετε ἀνάπαυσιν ταῖς ψυχαῖς ὑμῶν (29c) che esprimono il frutto del discepolato che Gesù promette. Ambedue frasi sono espresse al futuro e formulano una promessa. La prima promessa è introdotta con un enfatico κἀγώ che accentua l'autorità di Gesù[178] mentre nella seconda viene rilevata l'accettazione passiva.

L'Antico Testamento attesta le espressioni «dare riposo»[179] e «trovare riposo»[180]. Il riposo può significare generalmente la libertà dall'affaticamento e dall'affanno del nemico. Teologicamente il riposo è un concetto centrale del culto veterotestamentario. Il riposo significa la pace e la libertà nella terra promessa (Dt 3,20; 12,9; Gs 1,13; Sal 95,11) ed anche una comunione con Dio che è dispensatore del ri-

---

[176] Cf. G. KÜNZEL, *Studien*, 89; J. GNILKA, *Das Matthäusevangelium*, I, 439; C. DEUTSCH, *Hidden Wisdom*, 43.

[177] Cf. T. ZAHN, *Das Evangelium*, 442; W.C. ALLEN, *A Critical*, 124; A.H. MCNEILE, *The Gospel*, 166; P. GAECHTER, *Das Matthäus – Evangelium*, 384; A. SCHLATTER, *Der Evangelist*, 385; J. SCHMID, *Das Evangelium nach Matthäus*, 204; S. LEGASSE, *Jésus*, 237; P. BONNARD, *L'Évangile*, 169; W.F. ALBRIGHT – C.S. MANN, *Matthew*, 146; E. KLOSTERMANN, *Das Matthäusevangelium*, 103; J.C. FENTON, *Saint Matthew*, 187; D. HILL, *The Gospel*, 207-208; J. SCHNIEWIND, *Das Evangelium*, 153; C. DEUTSCH, *Hidden Wisdom*, 41 W. GRUNDMANN, *Das Evangelium nach Matthäus*, 317; R.H. GUNDRY, *Matthew*, 219.

[178] L'espressione non sottolinea un contrasto con i maestri della Legge ed i capi giudaici che non sono presenti personalmente nella pericope, ma ribadisce che, soltanto Egli (il Figlio del v. 27) che chiama a sé, può concedere un riposo; cf. B. WEISS, *Das Matthäus – Evangelium*, 227.

[179] 2Sam 7,11; 1Cr 22,18; Is 14,3; Pro 19,17; Sir 3,6.
[180] Is 34,14; Ger 6,16; Lam 1,3; Sir 6,28; 11,19; 22,13.

poso[181]. Nel NT il concetto di riposo non ha un ruolo centrale – il sostantivo ἀνάπαυσις ricorre 5 volte ed il verbo ἀναπαύω 12 volte. Il riposo corporale appare in Mc 6,31; 14,14; Lc 12,19; Ap 4,8; 14,11 ed il riposo interiore in 1Cor 16,18; 2Cor 7,13; Fm 7.20. L'importanza teologica del riposo oltre che nel nostro passo è presente in Eb 3,7-4,11 dove viene usata l'espressione κατάπαυσις. Gesù viene annunciato nel NT come portatore del riposo. In lui si attua il riposo escatologico (1Cor 16,18; Fm 7.20; Eb 3,7-4,11; Ap 14,13)[182].

Il contenuto del ristoro promesso due volte (11,28b.29c) non può essere ridotto né al riposo corporale (ad es. Mt 12,43; 26,45) né al riposo interiore (ad es. 1Cor 16,18) e neanche si può paragonare con l'attesa nazionale della pace in Israele che è presente nell'AT (Dt 3,20; 12,9.10; Gs 1,13; 2Sam 10,1.10-11; 1Re 8,56). Il riposo promesso da Gesù non lo si intende neppure come libertà dalla Legge[183]. Esso abbraccia l'intera opera salvifica di Gesù[184].

Gesù è stato rivestito dell'autorità per poter concedere il riposo. Coloro che lo accolgono come l'unico ed autentico Rivelatore del Padre e lo seguono, diventano gli eredi del riposo promesso[185]. L'enfatico κἀγώ come soggetto della frase ribadisce che Gesù stesso è il Donatore del riposo e nello stesso tempo la sua presenza garantisce il riposo. D'altra parte l'espressione εὑρήσετε ἀνάπαυσιν accentua la disposizione dei riceventi con la loro risposta al dono del riposo offerto da Gesù.

3.4.3 I motivi – l'immagine del chiamante e della promessa

La motivazione dell'invito e delle promesse è ribadita con le due frasi causali ὅτι πραΰς εἰμι καὶ ταπεινὸς τῇ καρδίᾳ (v. 29b) e ὁ γὰρ ζυγός μου χρηστὸς καὶ τὸ φορτίον μου ἐλαφρόν ἐστιν (v. 30) che sono messe in parallelo. Nel v. 29b viene messo l'accento sulla persona di Gesù mentre nel v. 30 sono sottolineati l'accettazione, il riconoscimento e la dedica alla sua persona.

---

[181] Cf. F. STOLZ, «נוח», 43-46; G. GERLEMAN, «שׁלם», 920-935.
[182] Cf. F. CHRIST, *Jesus Sophia*, 105.
[183] W. MICHAELIS, *Das Evangelium*, II, 137.
[184] O. BAUERNFEIND, «ἀναπαύω κτλ», 354; J. SCHMID, *Das Evangelium nach Matthäus*, 205.
[185] Cf. P. GAECHTER, *Das Matthäus – Evangelium*, 386; E. SCHWEIZER, *Das Evangelium nach Matthäus*, 177.

a) L'immagine del chiamante e del promettente (v. 29b)

La principale giustificazione della chiamata di Gesù con le sue promesse è espressa già con πάντα μοι παρεδόθη nel v. 27a ma improvvisamente nel v. 29b si trova la motivazione perché si dovrebbe accettare l'invito del Figlio: ὅτι πραΰς εἰμι καὶ ταπεινὸς τῇ καρδίᾳ. Che cosa si nasconde sotto questa precisazione che riguarda sia chi invita sia chi promette? Quale è il suo significato?

L'espressione πραΰς nel greco comune descrive una persona che è mite, soave, gentile e dolce, contraria a qualcuno con carattere rude, duro ed irascibile[186]. Sotto l'influenza dell'ebraico עָנִי/עָנָו l'espressione πραΰς significa nei LXX la persona che si trova in condizione bassa e che si sente servo davanti a Dio gli si sottomette senza proteste o riserve[187]. Nel NT ricorre πραΰς soltanto 4 volte (Mt 5,5; 11,29; 21,5; 1Pt 3,4). Nelle beatitudini (5,5) questa parola designa una disposizione interiore di «mitezza» di coloro ai quali appartiene la promessa «d'ereditare la terra». In 1Pt 3,4 con πραΰς è indicata la mitezza della condotta della moglie che è preziosa agli occhi di Dio. Le ultime due ricorrenze di πραΰς nel NT si riferiscono alla persona di Gesù. La prima si ritrova nel nostro testo (Mt 11,29) ove si tratta dell'autopresentazione di Gesù: «io sono mite ed umile di cuore». La seconda poi si trova in Mt 21,5 che cita Zc 9,9 ove con l'espressione πραΰς viene descritto l'ingresso di Gesù a Gerusalemme come la venuta del re mansueto e del salvatore pacifico. Da questi due ultimi testi risulta chiaro che per Matteo la mitezza è un tratto caratteristico di Gesù.

Similmente l'espressione ταπεινός è attestata nella letteratura greca e nei LXX col significato «basso, piano, inferiore, piegato, scarso, piccolo» generalmente con accentuazione negativa[188]. Nell'AT essa si accosta, come πραΰς, alle espressioni עָנִי/עָנָו e così può avere un significato positivo. Sono proprio i poveri ed i piccoli ad essere scelti da Dio per l'attuazione dei suoi disegni (cf. Gdc 6,15; Gdt 9,11; Sof 3,12; Sal 17,28; 33,19; 112,4-7)[189]. Come nel nostro testo anche già nell'AT i

---

[186] Cf. F. HAUCK – S. SCHULZ, «πραΰς κτλ», 645.
[187] Cf. Nm 12,3; Sal 36,11; 146,6; Sir 3,17.18; 10,14.
[188] Mentre è vero che nei LXX ταπεινός si riferisce nel primo posto agli afflitti fisicamente (Sal 9,39; 81,3; Pro 30,14; Is 2,11; 11,4; 14,52), la parola viene usata analogicamente anche per descrivere l'umiltà di spirito davanti a Dio (Pro 11,2; Sal 34,14; Sir 10,15; 34,26; Ez 17,24).
[189] W. GRUNDMANN, «ταπεινός», 9-10. R. LEIVERSTAD, «ΤΑΠΕΙΝΟΣ», 36-47 insiste contro W. Grundmann che ταπεινός non significa mai nei LXX «umile» ma sempre «inferiore».

termini πραΰς e ταπεινός sono collegati insieme (Is 26,6; Sof 3,12; cf. Pro 16,19). Similmente il legame di ταπεινός col dativo τῇ καρδίᾳ appare già nell'AT (Dn 3,87). In Matteo ricorre ταπεινός soltanto qui (v. 29b) ove esprime la realtà che Gesù è sottomesso a Dio. Nel nostro brano il dativo τῇ καρδίᾳ precisa l'avvilimento. Si potrebbe capire come lo stato d'animo di «spirito contrito» ταπεινοὶ τῷ πνεύματι (Sal 33,19) oppure come l'atteggiamento di «umiltà» (cf. Sal 34,13; Dn 5,22; Sir 7,17)[190]. Le residue ricorrenze della radice ταπειν- nel primo vangelo (18,4; 23,11-12; cf. 18,10; 20,26-28; 23,8-10) palesano che Matteo usa ταπεινός col significato dell'atteggiamento d'umiltà. La specificazione τῇ καρδίᾳ di ταπεινός nel nostro testo così non significa un rafforzamento della condizione di umiltà, ma delimita l'ambito in cui Gesù è umile[191]. Conseguentemente πραΰς e ταπεινός sono i termini che indicano l'atteggiamento di mitezza e d'umiltà che è caratterizzato con la modestia davanti agli uomini e con l'inferiorità e la dipendenza davanti a Dio.

Gesù si presenta come colui che è mite ed umile di cuore, che cioè dipende in tutto e per tutto da Dio. L'immagine di Gesù mite ed umile è così messa in un brusco contrasto con Gesù rivestito d'autorità, al quale è stato concesso tutto dal Padre (v. 27a)[192]. Il Padre rivela sé stesso attraverso un Messia umile. La sovranità di Gesù si manifesta nella sua umiltà. Per Matteo che accentua la regalità e la maestà di Messia, la mitezza e l'umiltà di Gesù diventano un tratto importante della cristologia[193].

b) La promessa (v. 30)

Il motivo della chiamata di Gesù al discepolato è espresso nell'ultimo stico della terza strofa ὁ γὰρ ζυγός μου χρηστὸς καὶ τὸ φορτίον μου ἐλαφρόν ἐστιν (v. 30). L'associazione del «giogo» nel v.

---

[190] R. LEIVESTAD, «ΤΑΠΕΙΝΟΣ», 43-45; U. LUZ, *Das Evangelium*, II, 221. A. SCHLATTER, *Der Evangelist*, 387 e W. GRUNDMANN, «ταπεινός», 20 vedono τῇ καρδίᾳ come un assenso interiore a ταπεινός.

[191] H. GIESEN, «ταπεινός», 799.

[192] Il suggerimento che l'umiltà e la sottomissione del cuore stanno nell'opposizione con la durezza e l'insensibilità dei farisei, ignora il grande contrasto tra la posizione esaltata del Figlio nel v. 27 e la sua umiltà nel v. 29 (ad es. A. SCHLATTER, *Der Evangelist*, 387-388; J. SCHMID, *Das Evangelium nach Matthäus*, 205; E. KLOSTERMANN, *Das Matthäusevangelium*, 104; W. GRUNDMANN, *Das Evangelium nach Matthäus*, 318; R.H. GUNDRY, *Matthew*, 220).

[193] Cf. G. BORNKAMM – G. BARTH – H.J. HELD, ed., *Überlieferung*, 117-128.

30 col «riposo» nel v. 28a e nel v. 29c formano un paradosso. Questo paradosso è marcato nel v. 30 col parallelismo sinonimico tra ζυγός e φορτίον[194]. Ma che cosa Gesù intende con l'affermazione che il suo giogo è dolce e il suo carico leggero? Qui c'è un paradosso. Il giogo dolce non significa che Gesù richiedeva poco dai suoi discepoli. Egli non abolisce la Legge (5,21-48), descrive la sua via come difficile e stretta (7,13-14), esige di portare la croce (10,38) ed addirittura presenta la pretesa che divide le famiglie (10,34-37). Come si può affermare che il suo giogo è dolce ed il suo carico leggero? Si potrebbero vedere, dietro il testo, le tendenze antifarisaiche[195]. Infatti i farisei dicevano che la loro osservanza della Legge non era né un giogo e neanche una schiavitù[196]. Un altro tentativo cerca di collegare la tematica del giogo leggero col riposo promesso: il giogo è leggero perché porta al riposo[197]. Questo suggerimento comunque non corrisponde al testo che afferma che il giogo concede il riposo perché esso è leggero. L'interpretazione del giogo leggero sulla base della comunione con Gesù e del suo aiuto[198] oppure mediante il collegamento col comandamento dell'amore[199] non trova un fondamento sufficiente nel testo. La rilevanza del giogo dolce e del carico leggero bisogna cercarla piuttosto nella mitezza e nell'umiltà significativa del Figlio rivestito d'autorità (21,5)[200]. Egli apre la porta del Regno ai poveri ed invita alla nuova giustizia[201]. La salvezza non si raggiunge con un legalismo rigoroso ma soltanto attraverso la persona di Gesù che è un Figlio mite ed umile. Egli è una perfetta espressione della misericordia di Dio.

---

[194] E. KLOSTERMANN, *Das Matthäusevangelium*, 104: «In V. 30 herrscht reiner Parallelismus membrorum».
[195] H. FRANKEMÖLLE, *Jahwebund*, 98.
[196] M. MAHER, «Take my Yoke», 98.
[197] G. STRECKER, *Der Weg*, 174: «Weil das Gesetz Christi im Gegensatz zu den pharisäischen Satzungen zur "Ruhe" führt, kann es χρηστός heißen, obwohl es seinem Inhalt nach härter ist, und insofern die "Last" Jesu schon jetzt die ἀνάπαυσις gewährt, ist sie "leicht" zu nennen, obwohl ihre Anforderungen gewichtiger sind».
[198] Cf. F.V. FILSON, *A Commentary*, 144; C.S. KEENER, *A Commentary*, 349.
[199] Cf. W. TRILLING, *Das Evangelium*, I, 258; J.C FENTON, *Saint Matthew*, 187; D. HILL, *The Gospel*, 209; J. GNILKA, *Das Matthäusevangelium*, I, 440.
[200] Cf. E. SCHWEIZER, *Das Evangelium nach Matthäus*, 177; A. SAND, *Das Evangelium*, 252; W. GRUNDMANN, *Das Evangelium nach Matthäus*, 319; U. LUZ, *Das Evangelium*, II, 220.
[201] P. BONNARD, *L'Évangile*, 170.

4. Osservazioni conclusive

La preghiera di ringraziamento e di lode (11,25-26) è la prima preghiera pronunciata da Gesù nel vangelo di Matteo. Essa si trova nel contesto delle reazioni in prevalenza negative da parte d'Israele all'attività missionaria di Gesù (11,2-12,50). Matteo, dopo aver indicato ed esposto l'insuccesso della missione di Gesù in Israele (11,2-24), introduce immediatamente un testo contrastante ed elogiativo, della preghiera di ringraziamento e di lode (11,25-26). Questa preghiera è la parte iniziale del brano generalmente chiamato «l'inno di giubilo» (11,25-30) il quale contiene ancora la dichiarazione riguardante la relazione reciproca tra Gesù, il Figlio e Dio, il Padre suo (11,27) e la chiamata di Gesù al discepolato (11,28-30). Il testo 11,25-30 forma un brano compatto come risulta dal fatto che la dichiarazione concernente la relazione reciproca ed esclusiva del Figlio con il Padre (11,27) e la chiamata di Gesù al discepolato (11,28-30) non sono soltanto una ripercussione tematica alla preghiera di ringraziamento e di lode (11,25-26), ma servono come la sua spiegazione ed esplicazione.

La preghiera di Gesù esprime un rendimento di grazie (v. 25-26) a Dio che è suo Padre ed il Signore sovrano del cielo e della terra. Invocando Dio con questa espressione, Gesù manifesta la sua propria consapevolezza di poter vantare nei confronti di Dio un rapporto personale ed assolutamente unico: quello di essere strettamente unito a lui come al proprio Padre. Questo reciproco rapporto tra Gesù e il Padre è caratterizzato da una perfetta unità. La singolarità del rapporto che esiste tra Gesù, il Figlio e Dio, il Padre suo si può intravedere in questa preghiera anche dal fatto che Gesù, lodando il Padre per la sua attività nel comunicare la rivelazione secondo il suo beneplacito (11,26), mostra di possedere la conoscenza di questa volontà del Padre.

La motivazione del rendimento di grazie al Padre sta nella duplice azione di «nascondere» e «rivelare» che corrisponde alla sua volontà beneplacita (εὐδοκία). I destinatari sono messi in antitesi: i «sapienti» e gli «intelligenti» da una parte ed i «piccoli» dall'altra. I primi (σοφοί e συνετοί) sono da identificare nei responsabili della religione ebraica, in coloro che hanno il compito d'interpretare la Legge e soprattutto in tutti quelli che hanno con «questa generazione» (11,16; 23,36) rifiutato l'annuncio salvifico di Gesù. Essi, con il loro atteggiamento autosufficiente ed i loro pregiudizi, si sono autoesclusi dalla nuova rivelazione di Dio, la quale invece raggiunge i «piccoli» (νήπιοι) che si aprono per essa (cf. 10,42; 18,2-6.10.14). Gesù glorifica il Padre poiché la rivelazione viene concessa ai poveri, ai piccoli, agli umili, ai deboli, ai malati e posseduti da spiriti maligni. A tutti questi, infatti, è promesso il regno dei cieli (cf. 5,3-10).

La dichiarazione seguente esprime il rapporto Padre – Figlio (v. 27). Il rendimento di grazie per l'attuazione del disegno salvifico di Dio porta l'orante ad occuparsi dettagliatamente della sua relazione con Dio. Il Padre lo ha scelto per manifestare in lui il suo beneplacito (3,17; 17,5). Da Dio, che è l'autore del disegno salvifico e della rivelazione, proviene tutto. Egli ha concesso a Gesù, suo Figlio, la piena autorizzazione alla rivelazione. Gesù è dunque dotato dal Padre dell'autorità universale per compiere il suo ministero messianico e possiede il diritto di comunicare la rivelazione.

Tra Padre e Figlio esiste un rapporto di conoscenza reciproca ed esclusiva. La conoscenza non è primariamente di ordine intellettuale, ma profondamente interpersonale. Soltanto Gesù – Figlio conosce il Padre e per questo soltanto il Figlio può rivelare Dio come Padre. La rivelazione è conferita ai νήπιοι che diventano i partecipanti della conoscenza ma soltanto a causa dell'abilitazione di Gesù come Mediatore della rivelazione. La sua costante autorizzazione ha la base nell'esclusiva conoscenza del Padre. La sua preghiera come «sì» al Padre è un'attualizzazione dell'invariabile atteggiamento d'essere Figlio.

Nella terza strofa (v.28-30) in virtù del suo ruolo unico, Gesù – Mediatore della rivelazione del Padre, chiama al discepolato tutti coloro che sono stanchi, affaticati ed oppressi dal sistema legalistico ebraico. La chiamata al discepolato in 11,28a.29a è indirizzata al popolo d'Israele che era stanco ed oppresso soprattutto dal giogo del legalismo. Essa indica una ripresa dell'impegno di Gesù, mandato al popolo d'Israele (cf. 15,24) e nello stesso tempo rivela il paradosso messianico. Gesù è il Messia umile e mansueto (Mt 11,28-30), che non spezza la canna incrinata e non spegne il lucignolo fumigante (12,18-21); è il Messia della sottomissione volontaria (21,5) e della misericordia (9,13; 12,7), ma, nello stesso tempo, esige e provoca le scelte radicali. La chiamata è formulata con i tre imperativi (δεῦτε, ἄρατε, μάθετε) di fronte all'insistente ripetizione del pronome personale (πρός με, μου, ἀπ' ἐμοῦ). Questo manifesta chiaramente il fatto che è in gioco il rapporto personale con Gesù; un rapporto che, comunque, ha conseguenze escatologiche. I legami di ordine affettivo, personale e sociale, di fronte a un tale rapporto, passano in secondo piano. Il discepolato, al quale Gesù invita, esige l'orientamento di tutta la persona. Prendere il suo giogo significa accogliere la rivelazione del Padre presente nel Figlio «mite ed umile di cuore» (11,29b). Essere il suo discepolo significa ascoltarlo, imitarlo, seguirlo e vivere con Lui.

In conclusione si può dire che la preghiera del rendimento di grazie di Gesù al Padre per il suo disegno salvifico, rivelato secondo il suo beneplacito (11,25-26) manifesta l'unicità del suo rapporto, come Figlio, con Dio, Padre suo (11,25b.26) e nello stesso tempo palesa la sua conoscenza del beneplacito del Padre (11,26). Il mistero di tale singolare relazione tra il Figlio e il Padre che è caratterizzata della loro reciproca ed esclusiva conoscenza spiega in seguito la dichiarazione riguardante il rapporto reciproco ed esclusivo tra Padre e Figlio (11,27). Essa nello stesso tempo enuncia la piena autorizzazione del Figlio dal Padre suo (11,27a) di comunicare la rivelazione secondo la propria volontà (11,27d) la quale è, grazie alla sua singolare ed esclusiva relazione con il Padre, in totale armonia con il beneplacito del Padre (11,26). In virtù del suo ruolo di unico Mediatore della rivelazione del Padre (11,27d), che trova la sua fondatezza nell'unicità ed esclusività del rapporto con il Padre (11,27bc), Gesù, il Figlio di Dio, chiama al discepolato, cioè alla comunione con Lui (11,28-30). La preghiera del rendimento di grazie (11,25-26), nel brano chiamato «l'inno di giubilo» (11,25-30), lascia così intravedere qualcosa del mistero del rapporto tra Gesù, il Figlio e Dio, il Padre suo e nello stesso tempo palesa il modo col quale la rivelazione di Dio viene comunicata ed a chi viene destinata.

CAPITOLO II

La preghiera di Gesù nel Getsemani (Mt 26,36-46)

La seconda orazione di Gesù riportata nel primo vangelo è la preghiera di Gesù nel Getsemani (26,36-46). Essa antecede la sua imminente passione e morte e viene raccontata anche da altri due vangeli sinottici (Mc 14,32-42; Lc 22,39-46)[1]. Matteo e Marco situano la preghiera nel Getsemani, mentre per Luca essa avviene sul monte degli Ulivi. Nel centro del nostro interesse principale sarà di nuovo la lettura sincronica del testo[2]. Cercheremo di spiegare il brano della preghiera di

---

[1] Il quarto vangelo (18,1; 12,27; 18,11b) insieme alla Lettera agli Ebrei (4,7) riportano anche alcuni riferimenti a questo episodio.

[2] Non tratteremo per quanto riguarda la discussione della storia delle tradizioni nel nostro episodio e la questione che concerne la sua redazione. Si veda: J.W. HOLLERAN, *The Synoptic Gethsemane*, 146-169 che intraprende questa problematica nell'intero capitolo «Editorial History of Matthew 26,36-46». In questo capitolo egli presenta le tre ipotesi principali: A. Matthew's Complete Independence of Mark; B. Matthew's Literary Dependence on Mark; C. Matthew's Mediate Dependence on Mark. La sua conclusione viene formulata in modo seguente: «In the Gethsemane account, Matthew is not independent of Mark, and neither do they both depend upon a common document. Their identities show that Matthew is dependent upon Mark, yet not in the sense of immediate literary dependence, for their differences are best explained by a dependence mediated through the interplay of written and oral tradition within Matthew's community, especially in liturgical presentation and exposition. Whether or not Matthew had a copy of Mark's text at hand when he wrote cannot be decided, but it does not affect the hypothesis in either case. For if not, he was completely dependent upon its oral transmission in his community; and if so, he compared it with the oral presentation with which he was familiar and revised it in accord with this tradition». Degli studi recenti si possono nominare i seguenti: K.G. KUHN, «Jesus», 260-285; T. LESCOW, «Jesus», 141-159; R.S. BARBOUR, «Gethsemane», 231-251; E. LINNEMANN, «Gethsemane», , 11-40; M. GALIZZI, *Gesù*, 209-292; D.P. SENIOR, *The Passion Narrative*, 100-119; R. FELDMEIER, *Die Krisis*; T.

Gesù nel Getsemani sullo sfondo della sua struttura, dei suoi singoli termini e del suo contesto immediato e remoto nell'insieme del vangelo.

1. Il contesto del testo

1.1 *La struttura del contesto*

La preghiera di Gesù nel Getsemani (26,36-46) si trova nella terza parte del vangelo di Matteo (16,21–28,20)[3] che contiene tre sezioni: 1. Il cammino di Gesù verso Gerusalemme (16,21–20,24); 2. La sua attività nella città santa (21,1–26,1); 3. La sua passione e risurrezione (26,2–28,20)[4]. Il nostro testo fa parte della terza sezione ed appare nel ciclo del Getsemani (26,36-56)[5]. L'episodio nel Getsemani si trova dopo l'istituzione dell'eucaristia (26,26-30) con la quale è collegato con i 5 versetti intermedi sul cammino dal cenacolo al Getsemani, che contengono l'annuncio del fallimento e della nuova raccolta dei discepoli (26,31-35). Il ciclo del Getsemani è composto da due parti: 1. La preghiera di Gesù (26,36-46) e 2. L'arresto di Gesù (26,47-56).

1.2 *La delimitazione del testo*

La pericope «la preghiera di Gesù nel Getsemani» viene introdotta con la particella τότε (26,36a)[6], che ha la funzione di essere un'indicazione cronologica, e così separa il nostro testo da quello che lo precede. Mentre Luca dopo il racconto dell'ultima cena riporta immediatamente la scena della preghiera sul monte degli Ulivi, Marco e Matteo introducono una pericope della transizione tra il racconto dell'ultima cena e la scena della preghiera nel Getsemani.

L'uniformità stilistica del testo è palese già dal continuo racconto formato da frequenti agganci con la congiunzione καί (v. 36b.37/3x/.38.39a.39b.40a/bis/40b.41a.43a.44.45a.45b.45c – 16 volte). L'unità della pericope poi si basa sul suo nesso contesto semantico: il pensiero dominante è «il venire e l'andare di Gesù» (espresso con

---

SÖDING, «Gebet», 76-100; B. SOUNDERSON, «Gethsemane», 224-233; R.E. BROWN, *The Death*, 216-227.

[3] Per la strutturazione del primo vangelo si veda la struttura del contesto dell'inno di giubilo.

[4] Cf. A. SAND, *Das Evangelium*, 36s; ID., *Das Matthäus-Evangelium*, 42.

[5] Cf. J.P. MEIER, *The Vision*, 186.

[6] Mc 14,32 e Lc 22,39 sono collegati con il contesto precedente mediante un semplice καί.

ἔρχεται ed i suoi derivati 11 volte), il suo «pregare» (espresso con προσεύχεσθαι 5 volte; altrove si trova nel primo vangelo soltanto 10 volte), il «dormire» dei discepoli (espresso con καθεύδειν 3 volte) e l'esortazione di Gesù a vegliare (espresso con γρηγορεῖν 3 volte). L'unità della pericope si verifica anche dalla formula τότε ἔρχεται... καὶ λέγει al v. 36 ed al v. 45 che funge da un'inclusione dell'intera narrazione. Viene pure osservato che la formale corrispondenza tra l'inizio e la fine della pericope è apparente anche dagli ordini di Gesù καθίσατε (v. 36b) e ἐγείρεσθε (v. 46a) con i quali egli si rivolge ai discepoli. Questi verbi all'imperativo parimenti formano l'inclusione del nostro racconto.

L'esposizione dell'episodio seguente, l'arresto di Gesù (26,47-56), è comunque da tutti i sinottici indissociabilmente collegato con la nostra pericope, come conferma l'espressione ἔτι αὐτοῦ λαλοῦντος (Mc 14,43; Mt 26,47; Lc 22,47).

In conclusione, si può dire che la nostra pericope è separata dal testo precedente dall'arrivo di Gesù con i discepoli al Getsemani (v. 36) con cui si chiude la scena transitoria sul cammino dal cenacolo verso il monte degli Ulivi (v. 31-35) e dal testo seguente, con l'arrivo di Giuda (v. 47) che, chiudendo la scena della preghiera (v. 46), introduce quella dell'arresto.

2. La struttura del testo

I. I dati introduttivi della scena

Τότε ἔρχεται μετ' αὐτῶν ὁ Ἰησοῦς εἰς χωρίον λεγόμενον Γεθσημανί
[v. 36a]
καὶ λέγει τοῖς μαθηταῖς, Καθίσατε αὐτοῦ ἕως [οὗ] ἀπελθὼν ἐκεῖ προσεύξωμαι. [v. 36b]
καὶ παραλαβὼν τὸν Πέτρον καὶ τοὺς δύο υἱοὺς Ζεβεδαίου ἤρξατο λυπεῖσθαι καὶ ἀδημονεῖν. [v. 37]

II. La preghiera di Gesù al Padre e l'esortazione dei discepoli

τότε λέγει αὐτοῖς, Περίλυπός ἐστιν ἡ ψυχή μου ἕως θανάτου· μείνατε ὧδε καὶ γρηγορεῖτε μετ' ἐμοῦ. [v. 38]
(1) A καὶ προελθὼν μικρὸν ἔπεσεν ἐπὶ πρόσωπον αὐτοῦ προσευχόμενος [v. 39a]
καὶ λέγων, Πάτερ μου, εἰ δυνατόν ἐστιν, παρελθάτω ἀπ' ἐμοῦ τὸ ποτήριον τοῦτο· πλὴν οὐχ ὡς ἐγὼ θέλω ἀλλ' ὡς σύ.
[v. 39b]

B   καὶ ἔρχεται πρὸς τοὺς μαθητὰς καὶ εὑρίσκει αὐτοὺς καθεύδοντας, [v. 40a]
καὶ λέγει τῷ Πέτρῳ, Οὕτως οὐκ ἰσχύσατε μίαν ὥραν γρηγορῆσαι μετ' ἐμοῦ; [v. 40b]
γρηγορεῖτε καὶ προσεύχεσθε, ἵνα μὴ εἰσέλθητε εἰς πειρασμόν·
[v. 41a]
τὸ μὲν πνεῦμα πρόθυμον ἡ δὲ σὰρξ ἀσθενής. [v. 41b]
(2) A' πάλιν ἐκ δευτέρου ἀπελθὼν προσηύξατο [v. 42a]
λέγων, Πάτερ μου, εἰ οὐ δύναται τοῦτο παρελθεῖν ἐὰν μὴ αὐτὸ πίω, γενηθήτω τὸ θέλημά σου. [v. 42b]
B'   καὶ ἐλθὼν πάλιν εὗρεν αὐτοὺς καθεύδοντας, [v. 43a]
ἦσαν γὰρ αὐτῶν οἱ ὀφθαλμοὶ βεβαρημένοι. [v. 43b]
(3) A" καὶ ἀφεὶς αὐτοὺς πάλιν ἀπελθὼν προσηύξατο ἐκ τρίτου τὸν αὐτὸν λόγον εἰπὼν πάλιν. [v. 44]

III. Gesù ritorna ai discepoli e proclama la sua consegna

τότε ἔρχεται πρὸς τοὺς μαθητὰς [v. 45a]
καὶ λέγει αὐτοῖς, Καθεύδετε [τὸ] λοιπὸν καὶ ἀναπαύεσθε· [v. 45b]
ἰδοὺ ἤγγικεν ἡ ὥρα καὶ ὁ υἱὸς τοῦ ἀνθρώπου παραδίδοται εἰς
χεῖρας ἁμαρτωλῶν. [v. 45c]
ἐγείρεσθε ἄγωμεν· [v. 46a]
ἰδοὺ ἤγγικεν ὁ παραδιδούς με. [v. 46b]

La pericope è formata da 14 frasi narrative[7] e da 6 discorsi diretti (v. 36b.38.39b.40b-41.42b.45b-46).

Gesù solo è soggetto implicito dell'azione, come si vede già nella frase introduttiva (v. 36 ἔρχεται) e così diventa il personaggio centrale della pericope (eccetto v. 43b)[8]. I discepoli sono coinvolti nell'azione col ricorso parenetico espresso con l'imperativo γρηγορεῖτε (v. 38.41a) che sta in contrasto con il loro comportamento espresso con καθεύδοντας (v. 40a.43a). La pretesa formulata da Gesù di essere con Lui, che è enunciata tre volte, una volta con la formulazione narrativa μετ' αὐτῶν (v. 36a) e due volte con il discorso diretto μετ' ἐμοῦ (v. 38.40b), è comunque rifiutata dai discepoli.

Tutto il brano è dominato da Gesù che parla. Quattro volte parla (λέγει) ai discepoli (v. 36b.38.40b.45b) e tre volte si rivolge nella pre-

---

[7] v. 36a.37.39a.40a/due/.42a.43ab.44.45a e poi 4 formule introduttive dei discorsi diretti /τότε/ καὶ λέγει... (v. 36b.38.40b.45b).
[8] H. FRANKEMÖLLE, *Matthäus*, II, 454.

ghiera al Padre (v. 39b.42b.44), anche questa viene introdotta dal verbo λέγω. Nel testo è anche degno di nota l'alternarsi del presente storico con l'aoristo. Nonostante che il testo sia armonicamente concatenato insieme si può scoprire all'interno una struttura della pericope.

Vi sono i due indizi che segnalano l'articolazione del testo. In primo luogo viene osservato che la particella cronologica τότε che appare tre volte nella pericope (v. 36a.38.45a) indica la divisione generale del testo[9]. In secondo luogo la struttura della pericope si fonda sullo spostamento[10] di Gesù che si giustifica nel suo venire ed andare come abbiamo visto sopra. La scena mostra Gesù nei tre luoghi diversi che segnalano un movimento verso una sempre più intima comunione. Nel primo luogo Gesù abbandona il gruppo dei discepoli (v. 36) che non prendono più nessun ruolo nell'avvenimento seguente. Nel secondo luogo Gesù si separa dai tre intimi discepoli – Pietro e i due figli di Zebedeo (v. 37-38). Infine il terzo luogo, annunciato già al v. 36 con ἐκεῖ, diventa la meta del movimento di Gesù, il luogo della sua preghiera in solitudine (v. 39).

Questo movimento di Gesù però non finisce così, come propriamente ci si aspetterebbe. Egli ritorna ripetutamente tre volte dai suoi discepoli (v. 40-41.43.45-46) durante la sua preghiera, prima che arrivi il traditore.

---

[9] Cf. J. GNILKA, *Das Matthäusevangelium*, II, 409; H. FRANKEMÖLLE, *Matthäus*, II, 453-454; W. WIEFEL, *Das Evangelium*, 451. Poi per quanto riguarda gli atri autori recenti, essi differiscono nella maniera con la quale dividono il brano. R.E. BROWN, *The Death*, 108-109 presenta una struttura articolata in 4 parti: 1. Entry and preparations (26,36-38); 2. Jesus prays to the Father (26,39); 3. Jesus comes back to his disciples the first time (26,40-41); 4. Jesus comes back to his disciples the second and third times (26,42-46) mentre D.A. HAGNER, *Matthew 14-28*, 781 divide la pericope in 7 parti principali: 1. Jesus' and his disciples' entrance into the garden (26,36); 2. Jesus' and the inner circle of disciples' progression into the garden (26,37-38); 3. Jesus' first prayer (26,39-41); 4. Jesus' second prayer (26,42-43); 5. Jesus' third prayer (26,44); 6. The resignation (26,45a); 7. The imminent betrayal (26,45b-46). W.D. DAVIES – D.C. ALLISON, *A Critical*, III, 490 propongono una struttura del testo che è formata da una premessa (v. 36-38) e dalla triplice serie: le tre preghiere di Gesù (v. 39.42.44) ed i tre incontri tra Gesù e i discepoli (v. 40-41.43.45-46). R. MEYNET, *Jésus passe*, 48 infine articola il testo in 5 parti: in 2 parti limitrofe (v. 36; v. 45s) e in 3 parti centrali (v. 37-39; v. 40-42; 43s).

[10] La strutturazione della scena nel Getsemani sulla base del movimento di Gesù è proposta da alcuni autori per la pericope marciana: R. FELDMEIER, *Die Krisis*, 115-117; F. MARTIN, «Literary Theory», 582-587.

2.1 *I dati introduttivi della scena (v. 36s)*

La prima parte della pericope (v. 36-37) funge come un'introduzione a tutta la narrazione. Essa racconta l'entrata di Gesù e dei discepoli nel Getsemani (v. 36) e poi la separazione del gruppo ristretto di Pietro e dei due figli di Zebedeo dagli altri discepoli (v. 37). Essa è costituita dalle tre partizioni: dalle due frasi narrative (v. 36a.37) e da un discorso diretto (v. 36b), che si alternano. L'attività di Gesù che è caratterizzata dal suo movimento (ἔρχεται v. 36a; παραλαβών v. 39) forma un'inclusione della prima parte. L'espressione προσεύξωμαι (v. 36b) esprime il motivo di tutta l'attività di Gesù e nello stesso tempo annuncia il contenuto principale della parte centrale della pericope (v. 38-44). Al gruppo dei discepoli è richiesto di sedersi (καθίσατε v. 36b) mentre i tre discepoli scelti, Pietro e due figli di Zebedeo, Gesù li prende con sé (v. 37). Benché il ruolo dei discepoli sia secondario nella narrazione, la loro rilevanza è tuttavia sottolineata. Loro sono con Gesù (μετ' αὐτῶν v. 36a).

Questa parte espone la preparazione di Gesù alla preghiera attraverso il suo allontanamento dai discepoli (v. 36b) e la rivelazione del suo stato d'animo (v. 37).

2.2 *La preghiera di Gesù al Padre e l'esortazione dei discepoli (v. 38-44)*

La parte centrale (v. 38-44) è dominata dal discorso di Gesù che s'indirizza da un lato come preghiera al Padre (v. 39b.42b.44) e dall'altro come esortazione ai discepoli (v. 38.40b-41b). Sebbene i discorsi di Gesù abbiano due destinatari diversi, sono collegati insieme e formano un triplice rapporto Padre – Gesù – discepoli. Gesù si sottomette nella preghiera al Padre e così diventa un esempio per i discepoli. All'interno di questa parte si può identificare una struttura organizzata. Il testo si articola in dieci partizioni. Quattro di esse sono espresse nella forma di un discorso diretto (v. 38.39b.40b-41b.42b), le altre sei sono formulate con una frase narrativa (v. 39a.40a.42a.43a.b.44). L'enunciazione dello stato d'animo di Gesù e dell'esortazione alla vigilanza e presenza dei discepoli (v. 38) funge da intitolazione della parte[11]. La preghiera stessa si svolge nei tre passi. I discepoli sono coinvolti in essa. La preghiera di Gesù è espressa due volte con un discorso diretto (v. 39b.42b), una volta viene soltanto menzionata in modo riassuntivo

---

[11] J. GNILKA, *Das Matthäusevangelium*, II, 409.

(v. 44). Le scene dell'incontro di Gesù con i discepoli sono espresse nella forma narrativa tranne un discorso diretto (v. 40b-41). La struttura della parte si basa sul movimento di Gesù tra il luogo della sua preghiera (A/A'/A") e il luogo dove si trovano i discepoli che dormono (B/B'). Questa struttura è nella forma di un parallelismo con una dinamica della riduzione graduale del testo formulato. La prima partizione (v. 39a-41) informa sulla separazione di Gesù dai tre discepoli prediletti, sul suo atteggiamento durante la preghiera (v. 39a) e poi contiene una preghiera espressa in modo esteso (v. 39b), che è seguita da un incontro con i discepoli addormentati (v. 40a) e da una istruzione a loro espressa con la domanda, l'esortazione formulata con due imperativi e con la frase finale e la dichiarazione (v. 40b-41). La seconda partizione scalare (v. 42-43), informando di nuovo della separazione di Gesù dai discepoli (v. 42a), racchiude una preghiera ridotta, che è però ancora espressa come discorso diretto (v. 42b). Qui non si connette una nuova istruzione dei discepoli, ma soltanto viene riferito dell'incontro con loro (v. 43a) e della motivazione del loro sonno (v. 43b). La terza partizione (v. 44) contiene una preghiera soltanto nella forma di una menzione narrativa (v. 44), che non viene seguita da nessuna istruzione dei discepoli. Gesù si rivolge poi a loro nella scena di chiusura (v. 45-46).

Mentre la prima parte riferiva sulla preparazione di Gesù alla preghiera mediante la sua separazione dai discepoli (v. 36b) e sulla manifestazione del suo stato d'animo (v. 37), la seconda parte è caratterizzata dalla triplice preghiera di Gesù in solitudine (v. 39b.42b.44) e dalla ripetuta esortazione dei discepoli a vegliare (v. 38.41a) ed a pregare (v. 41a).

2.3 *Gesù ritorna ai discepoli e proclama la sua consegna (v. 45-46)*

La terza parte del brano (v. 45-46) forma un epilogo della pericope che racchiude una domanda[12] e due annunci espressi con ἰδού. La scena conclusiva richiama lo sviluppo della narrazione con l'espressione ἔρχεται πρὸς τοὺς μαθητὰς (v. 40.45) e con il verbo καθεύδειν (v. 40.43.45). In questa scena non appaiono i termini che richiamano in qualche modo la tristezza o la preghiera di Gesù nel Getsemani. Gesù, però, rimane sempre il personaggio principale. Nel testo in ogni modo

---

[12] Viene osservato che il v. 45b si potrebbe capire come un'esclamazione affermativa: Dormite e riposate! Sembra però meglio intendere la formulazione come una domanda, perché l'imperativo non regge con il versetto seguente (26,46). Inoltre Luca ha in 22,46 una domanda.

emerge un tema nuovo: l'ora, in cui il Figlio dell'Uomo sarà consegnato per mezzo di Giuda nelle mani dei peccatori (v. 45c). Il parallelismo formato da ἰδοὺ ἤγγικεν (v. 45c.46b) mette in rilievo l'atto centrale dell'ora, il Figlio dell'Uomo sarà consegnato. Questa realtà è espressa con un *passivum divinum* παραδίδοται (v. 45c). L'ora della consegna di Gesù dipende, allora, solo dalla signoria di Dio.

3. Spiegazione del testo

3.1 *La scena introduttiva – preparatoria della preghiera (v. 36-37)*

3.1.1 Gesù entra con i discepoli nel Getsemani (v. 36)

Dopo aver mangiato la pasqua con i suoi discepoli (26,26-30), Gesù giunge ad un podere chiamato Getsemani. Matteo descrive l'entrata di Gesù con i discepoli nel Getsemani con due frasi. La prima frase Τότε ἔρχεται μετ' αὐτῶν ὁ Ἰησοῦς εἰς χωρίον λεγόμενον Γεθσημανί (v. 36a) nella forma narrativa esprime l'arrivo di Gesù con i discepoli. La seconda frase è un discorso diretto di Gesù καὶ λέγει τοῖς μαθηταῖς, Καθίσατε αὐτοῦ ἕως [οὗ] ἀπελθὼν ἐκεῖ προσεύξωμαι (v. 36b) che enuncia il motivo della sua entrata nel Getsemani e il compito imposto da Gesù ai discepoli.

a) L'arrivo nel Getsemani

La pericope viene introdotta con una espressione transitiva τότε[13] che qui funge soltanto come un'indicazione cronologica[14]. Matteo generalmente con τότε (cf. 26,36.38.45) sostituisce καί di Marco (ad es. 14,32.34.41). L'espressione τότε ha una particolare rilevanza in tutta la sezione (26,2-28,20) dove si verifica la sua densa ricorrenza (Mt 22; Mc 0; Lc 2). Matteo così forma l'idea della continuità e ribadisce nello

---

[13] La particella τότε appare 90 volte in Mt (contro 6 volte in Mc e 15 volte in Lc) costituendo così una caratteristica matteana. Per Matteo l'espressione τότε insieme con le espressioni ἐν ἐκείνῳ τῷ καιρῷ, ἐν τῇ ἡμέρᾳ ἐκείνῃ, ἐν ἐκείνῃ τῇ ὥρᾳ, le costruzioni temporali dei participi etc. ha funzione di uno snodo tra i diversi avvenimenti nel vangelo e stabilisce una linea cronologica nella storia di Gesù (cf. G. STRECKER, *Der Weg*, 90-93).

[14] A.H. MCNEILE, «Τότε in St Matthew», 127-128 cerca di identificare τότε con il *waw* consecutivo in ebraico che però non giustifica pienamente l'uso di questa espressione da Matteo. L'indagine attenta comunque mostra che τότε viene adoperato in Matteo per collegare gli eventi nel vangelo sulla base temporalmente causale. Cf. W. SCHENK, *Die Sprache*, 446.

stesso tempo di non aver omesso niente nella narrazione[15]. La congiunzione τότε nel nostro versetto aiuta a completare la transizione dalla sala della cena al Getsemani.

Il movimento viene espresso con ἔρχεται che rammenta ἐξῆλθον in 26,30. Il verbo al singolare rende comprensibile il soggetto e con μετ' αὐτῶν accentua la distinzione tra i protagonisti della narrazione. Il soggetto di tutto il brano seguente, salvo v. 43b, diventa Gesù[16]. Matteo così mette in rilievo l'importanza della persona di Gesù e la sua centralità nella pericope[17]. Matteo predilige l'uso del termine Ἰησοῦς nel suo vangelo in confronto con gli altri sinottici (Mt 152; Mc 82; Lc 88). La persona di Gesù così viene messa in risalto e diventa il protagonista del suo racconto[18].

L'enfasi dell'unione di Gesù con i suoi discepoli evocata nella scena dell'ultima cena (cf. 26,29) e poi nella scena precedente (26,31) continua anche qui con l'espressione μετ' αὐτῶν[19].

L'espressione μαθητής «discepolo» ricorre 261 volte nel NT esclusivamente nei vangeli e negli Atti (Mt 72; Mc 46; Lc 37; Gv 78; At 28). Matteo adopera questo termine una volta in riferimento ai farisei (22,16), 3 volte in connessione con Giovanni Battista (9,14; 11,2; 14,12). Infine tutte le altre residue ricorrenze di μαθητής nel primo vangelo vengono applicate ai compagni di Gesù. Il discepolo non è semplicemente una persona innamorata dell'insegnamento del Maestro, ma è in prima linea chiamata ed inserita nel rapporto costante con Gesù[20]. Questo concetto ha delle sue specificità nel vangelo di Matteo. In primo luogo viene osservato che il termine μαθητής è riservato a un gruppo

---

[15] cf. W. SCHENK, *Die Sprache*, 446.

[16] Marco usa il plurale nel testo parallelo (ἔρχονται Mc 14,32).

[17] T. LESCOW, «Jesus», 153: «Damit ist vom ersten Satz an das Hauptinteresse auf Jesus gerichtet». Cf. E. LOHMEYER – W. SCHMAUCH, *Das Evangelium*, 360; A. SAND, *Das Evangelium*, 532; W. WIEFEL, *Das Evangelium*, 453.

[18] Cf. D.P. SENIOR, *The Passion Narrative*, 100: «The precision of Jesus as subject is in line with Matthew's general tendency to indicate the subject in a more definite fashion than Mark and, in this case, complementing a more explicit concentration on Jesus as the dominating figure in the Passion events»; X. LÉON-DUFOUR, «Jésus à Gethsémani», 261.

[19] A proposito della formulazione μετ' αὐτῶν W. GRUNDMANN, *Das Evangelium nach Matthäus*, 539 afferma: «Damit wird nicht nur die Hoheit Jesu hervorgehoben, sondern auch seine Gemeinschaft mit den Jüngern betont»; cf. E. KLOSTERMANN, *Das Matthäusevangelium*, 211; J. SCHNIEWIND, *Das Evangelium*, 259; H. FRANKEMÖLLE, *Matthäus*, II, 453.

[20] Cf. K.H. RENGSTORF, «μανθάνω κτλ», 444-460; G. BORNKAMM – G. BARTH – H.J. HELD, ed., *Überlieferung*, 40.

ristretto attorno a Gesù che era costituito da «i dodici»²¹. L'assoluta designazione οἱ δώδεκα ha meno importanza per Matteo (20,17; 26,14; 26,47) che per Marco (3,14.16; 4,10; 6,7; 9,35; 10,32; 11,11; 14,10.17.20.43). Ma quando l'espressione οἱ δώδεκα si riscontra unita alla forma plurale οἱ μαθηταί (10,1; 11,1) essa non determina soltanto il concetto del «discepolo» restringendolo al gruppo dei dodici, ma nello stesso tempo, viene esplicata da οἱ μαθηταί²². In secondo luogo viene messo in evidenza che le reazioni negative attribuite ai discepoli nel vangelo di Marco sono da Matteo modificate oppure omesse²³. Matteo d'altra parte enfatizza le qualità positive dei discepoli: il loro seguire Gesù (8,23; 9,19)²⁴ e soprattutto il loro capire²⁵. Secondo alcuni, Matteo così idealizza l'immagine dei discepoli²⁶. Questa conclusione però non è sufficientemente persuasiva. Si possono presentare almeno due argomenti contrari: 1. La mancanza della loro comprensione, in Marco, è cambiata in Matteo non sempre a causa dell'idealizzazione dell'immagine dei discepoli, ma perché il tema del non-capire in Marco non ha un ruolo centrale nella struttura di Matteo²⁷. 2. Si possono nominare cinque luoghi dove Matteo inserisce un rimprovero ai discepoli per mancanza della loro fede (14,31; 16,8; 17,20; 21,20; 28,17). Da questo si vede che l'immagine dei discepoli non è completamente idealizzata nel vangelo di Matteo. I discepoli dunque non sono cristiani ideali, ma i loro rappresentanti²⁸.

Matteo usa per introdurre il nome del posto, dove si svolgerà la scena, un participio λεγόμενον che è un tratto tipico del suo stile narra-

---

²¹ Cf. G. STRECKER, *Der Weg*, 191; U. LUZ, «Die Jünger», 142s.

²² L'alternante uso di οἱ μαθηταί (9,37) e di οἱ δώδεκα (10,1.2.5) potrebbe evidenziare la loro applicazione sinonimica nella narrazione matteana. Cf. G. STRECKER, *Der Weg*, 191; R. BULTMANN, *Die Geschichte*, 369s.381.390s; W. SCHENK, *Die Sprache*, 342.

²³ Cf. G. STRECKER, *Der Weg*, 193-194.

²⁴ Cf. ID., *Der Weg*, 193 Anm. 10.

²⁵ Questo contrasto del capire e non capire in Mt e Mc esplicitamente afferma G. Barth: «Während bei Mc. die Jünger bis zu Jesu Auferstehung gänzlich unverständig bleiben (Mc. 4,13; 6,51f; 7,18; 8,17-21; 9,6.10.32; 10,32), ist ihnen bei Mt. das Verstehen bereits gegeben.»; G. BORNKAMM – G. BARTH – H.J. HELD, ed., *Überlieferung*, 102. Cf. U. LUZ, «Die Jünger», 148.

²⁶ W.C. ALLEN, *A Critical*, XXXIII-XXXIV; M.-J. LAGRANGE, *Évangile selon Saint Matthieu*, LXVII-LXIX; E. KLOSTERMANN, *Das Matthäusevangelium*, 21.

²⁷ Cf. U. LUZ, «Die Jünger», 149ss.

²⁸ S. SCHULZ, *Die Stunde*, 219: «In den Jüngern sieht die nachösterliche Gemeinde ihre eigene gläubige Existenz vorgebildet». Cf. U. LUZ, «Die Jünger», 152.

tivo. Esso ricorre 13 volte nel suo vangelo mentre in Marco si trova soltanto una volta e in Luca due volte[29].

La scena della preghiera accade nel luogo (χωρίον)[30] chiamato Γεθσημανί (26,36), che specifica la direzione generale Ὄρος τῶν Ἐλαιῶν espressa nella pericope precedente (26,30). Fuori del nostro testo Γεθσημανί ricorre solo in Mc 14,32. Questo nome probabilmente riflette l'aramaico גַּת שְׁמָנִי[31] oppure l'ebraico גַּת שְׁמָנִין[32], col significato «frantoio delle olive», che comunque non contiene nessun significato teologico[33].

b) L'annuncio della preghiera

Dopo che Gesù è entrato con i discepoli nel podere del Getsemani, si rivolge a loro con un'esortazione: Καθίσατε αὐτοῦ ἕως [οὗ] ἀπελθὼν ἐκεῖ προσεύξωμαι (v. 36b). La distinzione tra i protagonisti: Gesù e discepoli, già indicata nella prima frase con ἔρχεται μετ' αὐτῶν viene qui sottolineata con i termini antitetici αὐτοῦ – ἐκεῖ e con il verbo ἀπελθών[34]. L'uso di αὐτοῦ come un avverbio è raro nel Nuovo Testamento dove appare soltanto 4 volte (oltre a questo versetto in Mt puramente in Lc 9,27; At 18,19; 21,4)[35]. Matteo usa sempre ὧδε per esprimere lo stesso avverbio[36]. Questo si verifica immediatamente anche nella nostra pericope nel v. 38. L'enigmatico e sorprendente uso di αὐτοῦ da parte di Matteo si potrebbe spiegare probabilmente come un'allusione all'AT. Il testo sul sacrificio di Isacco in Gn 22,5 (LXX) offre un forte parallelismo con il nostro testo. Questa innegabile somiglianza è confermata dai tre elementi comuni a Mt e al testo del Gn: 1. l'espressione topografica καθίσατε αὐτοῦ; 2. la formulazione con cui si sottolinea la separazione: ἕως [οὗ] ἀπελθὼν ἐκεῖ (cf. Gn 22,5

---

[29] Questa espressione introduce sia i nomi semitici (Mt 1,16; 2,23; 9,9; 26,3.14.36; 27,16.17.22.33) sia le loro traduzioni (Mt 4,18; 10,2; 27,33).
[30] Gv 18,1 parla di un giardino (κῆπος) sopra la valle del Cedron.
[31] W. SCHENK, «Γεθσημανί», 577.
[32] C. KOPP, Die heiligen Stätten, 388.
[33] Girolamo ha cercato di collegare Γεθσημανί con vallis pinguedinum – גֵּיא־שְׁמָנִים in Is 28,1; cf. G. DALMAN, Orte, 340. D.M. STANLEY, Jesus, 131 presuppone che esista un rapporto simbolico tra lo schiacciamento delle olive e l'agonia di Gesù. Queste supposizioni però non trovano nessuna giustificazione sia dal testo che dall'etimologia di Γεθσημανί.
[34] B. WEISS, Das Matthäus – Evangelium, 459.
[35] Cf. F. BLASS – A. DEBRUNNER – F. REHKOPF, Grammatik, § 103.
[36] 8,29; 12,6.41.42; 14,8.17.18; 16,28; 17,4(bis).17; 20,6; 22,12; 24,2.23(bis); 26,38; 28,6.

διελευσόμεθα ἕως ὧδε) e 3. il motivo della separazione – preghiera προσεύξωμαι (cf. Gn 22,5 προσκυνήσαντες). Quanto poi al contenuto delle due narrazioni, sia Abramo che Gesù sono nell'imminenza di offrire un sacrificio in obbedienza alla volontà di Dio[37]. In ogni modo c'è una differenza fondamentale tra questi due racconti: Abramo è pronto ad offrire Isacco come un sacrificio, mentre Gesù è colui che presenta il sacrificio ed al contempo è il sacrificio stesso[38]. Tali richiami ed allusioni all'AT sono comunque propri dello stile narrativo di Matteo[39].

3.1.2 Gesù con i tre discepoli (v. 37)

a) La separazione di Pietro e dei due figli di Zebedeo dagli altri discepoli

Quando Gesù con i discepoli arriva sul posto, li divide. Alla maggioranza di essi ordina di sedersi, mentre Egli si allontana per la preghiera, accompagnato da un gruppo ristretto dei discepoli: Pietro, Giacomo e Giovanni. Gli ultimi due Matteo li chiama «i due figli di Zebedeo» (cf. 20,20; 27,56)[40]. La presenza di Pietro e dei due figli di Zebedeo rievoca il testo 4,18-22, quando sono stati chiamati da Gesù, 17,1-8 l'evento della trasfigurazione e 20,20-28 dove i figli di Zebedeo chiedono di poter bere il calice di Gesù. Il parallelismo tra la pericope della trasfigurazione e quella del Getsemani lo si può vedere dall'uso del medesimo vocabolario[41]. Il gruppo ristretto dei tre oppure dei quattro

---

[37] Cf. A.H. MCNEILE, *The Gospel*, 389; A. SCHLATTER, *Der Evangelist*, 750; T. LESCOW, «Jesus», 153; M. GALIZZI, *Gesù*, 94; D.P. SENIOR, *The Passion Narrative*, 102; R.E. BROWN, *The Death*, 1435-1444; R.H. GUNDRY, *Matthew*, 531; W.D. DAVIES – D.C. ALLISON, *A Critical*, III, 494. Dall'altra parte la tipologia tra Gesù e Isacco è inverosimile secondo A. SAND, *Das Evangelium*, 532; cf. W. WIEFEL, *Das Evangelium*, 453 Anm. 8.

[38] A. STOCK, *The Method*, 404.

[39] N.A. DAHL, «Die Passionsgeschichte», 23: «Die für Matthäus besonderen oder bei ihm verdeutlichten Anspielungen auf das A.T. zeigen dabei, wie die Heranziehung von alttestamentlichen Texten eine Grundlage in schon existierenden Traditionen hat, ihrerseits aber auf die Ausformung der Berichte zurückwirkt».

[40] In Mc 14,33 i due figli di Zebedeo vengono chiamati con i propri nomi, mentre in Lc 22,40 non si adduce questa separazione dei discepoli.

[41] Si possono elencare le seguenti voci e tematiche che sono comuni sia all'episodio della trasfigurazione sia alla scena del Getsemani: παραλαμβανεῖν (17,1; 26,37); πρόσωπον αὐτοῦ (17,2; 26,39); Gesù parla con Mosè ed Elia in 17,3 e col Padre in 26,39; in 17,4 Pietro rivolge la parola a Gesù ed in 26,40 Gesù domanda a Pietro; in 17,5 Gesù viene proclamato come Figlio di Dio ed in 26,39.42 nomina Dio

discepoli intimi scompare in Mt 9,23 (cf. Mc 5,37) e in Mt 24,3 (cf. Mc 13,3), mentre rimane in Mt 17,1 e 26,37.

La subordinazione delle frasi fa parte dello stile matteano, ma nel nostro testo (v. 37) si trova l'unico caso in cui egli usa il verbo nel senso di prendere con sé per qualche cosa, in forma subordinata. In 17,1 e 20,17 si ha invece la paratassi. I discepoli sono così messi esplicitamente in secondo piano, mentre la persona di Gesù viene messa in rilievo. Il parallelismo tra la trasfigurazione e la scena del Getsemani, in ogni modo, mostra che i testimoni scelti, i tre discepoli prediletti, per la manifestazione della gloria di Gesù, sono destinati nello stesso tempo a condividere la manifestazione della sua tristezza, angoscia e preghiera.

b) La rivelazione del terrore

Matteo parla due volte dello stato d'animo di Gesù. La prima volta lo descrive con una frase narrativa, al v. 37: ἤρξατο λυπεῖσθαι καὶ ἀδημονεῖν. La seconda volta viene presentato da Gesù stesso con un discorso diretto: περίλυπός ἐστιν ἡ ψυχή μου ἕως θανάτου all'inizio della seconda parte del brano in v. 38[42].

La prima descrizione dello stato d'animo di Gesù contiene due verbi λυπεῖσθαι e ἀδημονεῖν. Il primo verbo λυπεῖσθαι appare 6 volte in Mt (in Mc soltanto 2 volte; ed in Lc non si trova) e viene usato per indicare la tristezza di Erode (14,9), dei discepoli (17,23; 26,22), dei conservi della parabola del servo spietato (18,31) e poi nel racconto del giovane ricco (19,22) ma soltanto nel Getsemani si parla della tristezza di Gesù (26,37)[43].

Il verbo ἀδημονεῖν è il secondo termine che esprime lo stato d'animo di Gesù. Esso ricorre nel NT soltanto 3 volte (Mc 14,33; Mt 26,37; Fil 2,26) e contiene un significato «essere inquieto o/e turbato», «avere paura o/e angoscia»[44]. Gesù che sta andando incontro al martirio, non è presentato come un eroe oppure come un martire, ma si mostra, nella sua passione, come un uomo[45].

---

come suo Padre. Cf. A. KENNY, «The Transfiguration», 444-452; W.D. DAVIES – D.C. ALLISON, *A Critical*, III, 495.

[42] Viene osservato che Luca omette queste due frasi nella sua narrazione.

[43] Cf. R. BULTMANN, «λύπη κτλ», 314-325; H. BALZ, «λύπη», 895-899.

[44] H.G. LIDDELL – R. SCOTT – H.S. JONES, *A Greek-English Lexicon*, 21: «to be sorely troubled or dismayed, be in anguish»; parimenti G. SCHNEIDER, «ἀδημονέω», 72; W. BAUER, *Griechisch-deutsches Wörterbuch*, 30.

[45] J. GNILKA, *Das Matthäusevangelium*, II, 411.

3.2 La preghiera di Gesù al Padre e l'esortazione dei discepoli addormentati (v. 38-44)

3.2.1 Lo stato d'animo di Gesù e l'esortazione alla vigilanza e presenza dei discepoli (v. 38)

La parte centrale del brano della preghiera di Gesù nel Getsemani si apre con il discorso diretto di Gesù con il quale egli si rivolge ai tre discepoli prescelti: Pietro ed i due figli di Zebedeo (v. 38). Esso è introdotto con la formulazione τότε λέγει αὐτοῖς e racchiude due frasi. La prima enuncia il suo stato d'animo: περίλυπός ἐστιν ἡ ψυχή μου ἕως θανάτου e la seconda è un'esortazione: μείνατε ὧδε καὶ γρηγορεῖτε μετ' ἐμοῦ. Il τότε con il quale Matteo inizia per ben 28 volte una proposizione che introduce questo discorso diretto (di cui 14 volte una parola di Gesù), serve a mettere maggiormente in rilievo il detto[46].

a) La formulazione: Περίλυπός ἐστιν ἡ ψυχή μου ἕως θανάτου.

Nella prima frase di questo discorso diretto Gesù esprime la sua angoscia: Περίλυπός ἐστιν ἡ ψυχή μου ἕως θανάτου. Si serve delle parole del Sal 42 (41 LXX),6.12; 43 (42 LXX),5[47] che nello stesso tempo anche ricordano i testi di Gio 4,9; Sir 37,2; 51,6.

Gesù incomincia il suo lamento con l'espressione περίλυπος «profondamente triste»[48] e così riprende il linguaggio della frase precedente dove appare λυπεῖσθαι. Nel Nuovo Testamento περίλυπος ricorre, tranne il nostro testo (par. Mc 14,34), soltanto in Mc 6,26 e Lc 18,23. Il testo di Mc 6,26 usa l'espressione περίλυπος allorché parla di Erode che divenne triste quando la figlia di Erodìade le chiese la testa di Giovanni il Battista mentre in Lc 18,23 esprime la tristezza di un notabile ricco alle richieste di Gesù. Ambedue volte per esprimere la tristezza viene usata la formulazione περίλυπος γενέσθαι, mentre in Mt 26,38 (par. Mc 14,34) l'espressione περίλυπος è collegata con ψυχή, che diventa triste e che si riferisce alla morte (ἕως θανάτου).

---

[46] Secondo R.E. BROWN, *The Death*, 154 Matteo con l'espressione τότε «gives the impression of another step in the anguish».

[47] Una prima osservazione da fare è che la formulazione interrogativa del salmo τί περίλυπος εἶ ψυχή viene adattata al contesto in una formula di constatazione. In secondo luogo poi si fa rilevare che nella narrazione del vangelo si trova un'aggiunta alla frase del salmo: ἕως θανάτου.

[48] Cf. H.G. LIDDELL – R. SCOTT – H.S. JONES, *A Greek-English Lexicon*, 1378; W. BAUER, *Griechisch-deutsches Wörterbuch*, 1286.

Relativamente all'interpretazione della formulazione ἕως θανάτου vi sono quattro possibili traduzioni suddivise dagli autori: 1. L'anima mia è avvilita da una tristezza che appare come il momento della morte (il senso comparativo)[49]. 2. L'anima mia è triste fino alla morte (il senso temporale)[50]; 3. L'anima mia è a tal punto triste che desidero di morire (il senso finale)[51]. 4. L'anima mia è avvilita da una tristezza mortale (il senso consecutivo)[52]. Il senso temporale concorda con il senso finale. Per quanto riguarda il senso temporale, esso sembra essere piuttosto banale: la morte diventa anticipata e desiderata a causa della liberazione dalla sofferenza (cf. Sal 42,6)[53]. Relativamente al senso finale si fa spesso riferimento ai personaggi afflitti dell'AT, come per es. Mosè (Nm 11,15), Elia (1Re 19,4) e Geremia (Ger 15,10; 20,14-18), che chiedono la liberazione per mezzo della morte[54]. Quest'interpretazione poi addirittura arriva all'affermazione, che Gesù ha domandato al Padre che gli accordasse di morire tranquillamente nel Getsemani prima del suo arresto[55]. Nonostante tutto bisogna avanzare un'obiezione contro il senso finale di ἕως θανάτου, che non regge con il contesto: Gesù non va a pregare per morire ma per essere liberato dalla morte[56].

---

[49] Cf. A.H. MCNEILE, *The Gospel*, 390; T. INNITZER, *Kommentar*, 123: «Meine Seele ist betrübt bis in den Tod, d.h. meine innere Betrübnis ist so groß, wie sie nur im Augenblicke des Todes sein kann, so mächtig und erschütternd, daß mein Herz brechen könnte».

[50] La traduzione della Volgata adopera questo senso: *usque ad mortem*. A. SCHLATTER, *Der Evangelist*, 751 è tra gli esegeti un seguace di tale interpretazione. La conferma con la seguente affermazione: «Das Leid ist so schwer, daß es nicht mehr getröstet werden kann, sondern bis zum Tode währt. Es ist der Anfang des Sterbens.».

[51] J. WELLHAUSEN, *Das Evangelium Marci*, 129 «daß ich tot sein möchte»; E. KLOSTERMANN, *Das Markusevangelium*, 150; R. BULTMANN, «λυπή κτλ», 325 Anm. 1; E. LOHMEYER, *Das Evangelium des Markus*, 314; E. SCHWEIZER, *Das Evangelium nach Markus*, 170; J. GNILKA, *Das Evangelium nach Markus*, II, 259; W. GRUNDMANN, *Das Evangelium nach Matthäus*, 539; J. GNILKA, *Das Matthäusevangelium*, II, 411.

[52] H.B. SWETE, *The Gospel*, 342; M.-J. LAGRANGE, *Évangile selon Saint Marc*, 362; J. SCHMID, *Das Evangelium nach Markus*, 216; P. GAECHTER, *Das Matthäus – Evangelium*, 864; M. GALIZZI, *Gesù*, 33; V. TAYLOR, *The Gospel*, 553; D.A. HAGNER, *Matthew 14-28*, 782.

[53] Cf. J. FINEGAN, *Die Überlieferung*, 70; T. BOMAN, «Der Gebetskampf», 271.

[54] Questo argomento sviluppa e si applica alla scena del Getsemani in D. DAUBE, «Death», 94-98.

[55] J. HÉRING, «Zwei exegetische Probleme», 68.

[56] R. PESCH, *Das Markusevangelium*, II, 389; R.E. BROWN, *The Death*, 155; W.D. DAVIES – D.C. ALLISON, *A Critical*, III, 496; H. FRANKEMÖLLE, *Matthäus*, II, 455.

Dunque, per quanto riguarda il significato dell'espressione περίλυπός ἐστιν ἡ ψυχή μου ἕως θανάτου si fa rilevare che bisogna cercarlo nell'ambito tra il senso comparativo e consecutivo che trova un buon supporto veterotestamentario in Gdc 16,16, dove Dalila importunava Sansone ed egli ne fu annoiato fino alla morte, in Sir 37,2 dove viene chiamato come dolore mortale una situazione quando un compagno o un amico si trasforma in nemico (cf. Sir 51,6)[57].

L'espressione περίλυπός ἐστιν ἡ ψυχή μου ἕως θανάτου nel nostro testo (v. 38) esprime che l'anima di Gesù è alla fine delle sue forze, non è più capace di essere il centro della vitalità ma è afflitta ed oppressa, viene toccata dai dolori della morte ed essa sperimenta l'estinzione mortale. Soltanto l'aiuto di Dio può elevarla di nuovo e riportarla alla piena vita. Il lamento di Gesù però non esprime soltanto il suo stato d'animo ma ha anche una rilevanza teologica – presenta Gesù umiliato[58].

In conclusione, si può dire che Matteo presenta Gesù con la tristezza e l'angoscia; in ogni modo Gesù non è per lui impotente, ma come uno che rinuncia ad usare del suo potere d'essere il Figlio di Dio e che sottomettendosi al disegno salvifico divino compie la volontà del Padre suo.

b) La situazione di Gesù ed il salmo 42-43

L'espressione περίλυπός ἐστιν ἡ ψυχή μου riflette chiaramente il detto del Sal 42 (41 LXX),6.12; 43 (42 LXX),5[59]. I salmi 42 e 43 formano un salmo[60] che appartiene ad un *Gattung* dei lamenti individuali[61]. I versetti 42 (41), 6.12; 43 (42), 5 formano nel salmo un ritornello che viene ripetuto 3 volte e nel quale l'orante pone una domanda[62] alla sua anima (נֶפֶשׁ): מַה־תִּשְׁתּוֹחֲחִי נַפְשִׁי וַתֶּהֱמִי עָלָי[63]. Questa do-

---

[57] Cf. A. FEUILLET, *L'agonie*, 82; R.E. BROWN, *The Death*, 155-156.
[58] Cf. K.H. SCHELKLE, *Die Passion*, 39-41.
[59] Comunque è difficile stabilire il grado della dipendenza del detto di Gesù dal Sal 42-43. Si tratta piuttosto di un eco che di una citazione; cf. G. DAUTZENBERG, *Sein Leben*, 131; V. TAYLOR, *The Gospel*, 553.
[60] Cf. H-J. KRAUS, *Psalmen*, 318.
[61] H. GUNKEL – J. BEGRICH, *Einleitung*, 172.
[62] La formula interrogativa del salmo è nel testo matteano, a causa di adattamento al contesto, modificata in una formulazione di constatazione.
[63] I LXX traducono questa triplice domanda ricorrente con ἵνα τί περίλυπος εἶ ψυχή καὶ ἵνα τί συνταράσσεις με. L'espressione περίλυπος nella connessione con ψυχή si trova soltanto qui (tre volte) nelle traduzioni greche dell'AT. Nei LXX ricorre περίλυπος soltanto 8 volte. Cf. C.A. WAHL, *Clavis*, 517-828.

manda poi si completa con un conforto di sé nella sicurezza di Dio: הוֹחִילִי לֵאלֹהִים כִּי־עוֹד אוֹדֶנּוּ יְשׁוּעֹת פָּנַי וֵאלֹהָי. La ragione della tristezza è infine Dio stesso, la sua inattività riguardo all'intralcio dell'orante, che lascia il nemico domandare schernevolmente אַיֵּה אֱלֹהֶיךָ (42/41/,4; 43/42/,11). I nemici dell'orante sono i potenti rappresentanti della morte. Il salmo esprime, in tutte le tre strofe, la tristezza (42,4.10; 43,2) dell'anima che ha sete di Dio. La tristezza ha la sua origine nell'insulto degli avversari, i quali dichiarano che Dio abbandona l'orante al suo destino. Per questo viene schernito l'orante, perché il suo Dio non lo difende dal languire.

La dipendenza lessicale del lamento di Gesù da Sal 41–42 (LXX), stabilita sopra, conferma anche la corrispondenza della situazione nella quale si trova l'orante del salmo e la situazione di Gesù descritta nella narrazione matteana. Anche Gesù si trova tra i traditori e malvagi (Sal 43,1). La gente, che si meravigliava del suo insegnamento (7,28), che lo celebrava (21,1-9), che lo riteneva come un profeta (21,26; cf. 26,5), si lascia sedurre e richiede la sua morte (27,20-23). Persino i suoi discepoli si scandalizzano di lui, fuggono (26,56) ed infine Pietro lo rinnega (26,70.72.74). Anche la domanda «dove è il tuo Dio?» ritorna esplicitamente oppure implicitamente nel racconto di Gesù (27,38-43.46) e così accentua la sua impotenza e la sofferenza come una reiezione. Come è nel Sal 41,10 (LXX) sembra anche qui l'agire di Dio contro Gesù, che è confermato non soltanto dall'uso del *passivum divinum* nelle predizioni della sua morte (Mt 16,21; 17,33; 20,18), ma anche dal calice del Padre (ποτήριον) che deve bere (Mt 26,39; cf. 20,22). In questa tenebrosa situazione Gesù grida poi sulla croce le stesse parole dal salmista Ηλι ηλι λεμα σαβαχθανι (Mt 27,46). Nonostante tutto l'orante, il giusto sofferente, nella sua desolazione ha una piena consapevolezza che la sua anima vedrà il volto di Dio. Questo comportamento della piena fiducia in Dio trova il parallelo anche in Gesù[64], poiché egli può chiamare Dio anche in questa situazione del suo abbandono e della sua passione come πάτερ μου (Mt 26,39.42).

Paragonando con Sal 41–42 (LXX) la preghiera di Gesù comincia già con questa dichiarazione che descrive lo stato d'animo di Gesù come sfondo del suo pregare. Il suo stato d'animo è, infatti, il motivo della sua preghiera ed anche della seguente esortazione rivolta ai discepoli μείνατε ὧδε καὶ γρηγορεῖτε μετ' ἐμοῦ (v. 38).

---

[64] Cf. H. FRANKEMÖLLE, *Matthäus*, II, 455.

c) L'appello alla vigilanza e presenza

Dopo aver comunicato ai tre discepoli i suoi sentimenti, Gesù li esorta: μείνατε ὧδε καὶ γρηγορεῖτε μετ' ἐμοῦ. L'espressione μείνατε ὧ δε rievoca καθίσατε αὐτοῦ in 26,36b indirizzato a tutti i discepoli. Entrambi verbi sono durativi e nella forma di un imperativo. Essi esprimono un connotato di una azione duratura. Il secondo termine usato per l'esortazione è γρηγορεῖτε μετ' ἐμοῦ. Esso è espresso con un imperativo presente che accentua la necessità della continuazione. Il pronome complementare μετ' ἐμοῦ corrisponde a μετ' αὐτῶν in 26,36a ed esprime la solidarietà. Lo stesso pensiero sulla vigilanza ritorna ancora nella domanda di Gesù rivolta a Pietro al plurale (v. 40b: γρηγορῆσαι μετ' ἐμοῦ) e poi nella sua seconda esortazione rivolta ai discepoli nella quale chiede loro oltre che vigilare anche di pregare (v. 41a: γρηγορεῖτε καὶ προσεύχεσθε).

Il verbo γρηγορεῖν, che appare 22 volte nel NT e ricorre 6 volte nel vangelo di Matteo (Mc 3; Lc 1), racchiude il significato di base di «vegliare»[65]. Esso appare 3 volte nella pericope del Getsemani (26,38.40b. 41a) e 3 volte nel discorso escatologico (24,42.43; 25,13). Il discorso escatologico esorta alla vigilanza poiché non si conosce «né il giorno né l'ora» (25,13) in cui verrà il Signore, mentre nell'episodio del Getsemani, Gesù esorta alla vigilanza a causa dell'ora in cui «il Figlio dell'Uomo sarà consegnato nelle mani dei peccatori (26,45; cf. 26,31).

Gesù non chiama a una semplice veglia, ma ad una veglia con Lui (v. 38: γρηγορεῖτε μετ' ἐμοῦ)[66]. Non si tratta soltanto di un vegliare fisico[67] ma di una comunione di Gesù con i discepoli[68]. Matteo rileva

---

[65] Cf. J.M. NÜTZEL, « γρηγορέω», 638.

[66] W. BAUER, *Griechisch-deutsches Wörterbuch*, 1029-1030: osserva che la particella μετά può indicare «die Gemeinschaft, innerhalb derer etwas geschieht» ed esprime anche «enge Gemeinschaft der Jünger mit Jesus».

[67] A.H. MCNEILE, *The Gospel*, 390.

[68] M. DIBELIUS, «Gethsemane», 77: «Dahinter (il complemento di μετ' ἐμοῦ) steht ein christologischer Gedanke. Das Wort "Wachen" bezeichnet keine vorbereitende Handlung mehr, sondern die Nachfolge im Dienst des Herrn Jesus». Una simile interpretazione si trova anche in B. WEISS, *Das Matthäus – Evangelium*, 459; M.-J. LAGRANGE, *Évangile selon Saint Matthieu*, 500; P. GAECHTER, *Das Matthäus – Evangelium*, 864; T. LESCOW, «Jesus», 154; E. KLOSTERMANN, *Das Matthäusevangelium*, 211; H. FRANKEMÖLLE, *Jahwebund*, 40-42; V. TAYLOR, *The Gospel*, 553; D.P. SENIOR, *The Passion of Jesus*, 78; W. GRUNDMANN, *Das Evangelium nach Matthäus*, 539; J.P. MEIER, *The Vision*, 186; J. GNILKA, *Das Matthäusevangelium*, II, 411; L. MORRIS, *The Gospel*, 668; W.D. DAVIES – D.C. ALLISON, *A Critical*, III, 496; W. WIEFEL, *Das Evangelium*, 453.

l'importanza di μετ' ἐμοῦ (v. 38.40b)[69] dall'uso delle espressioni che indicano un'unione di Gesù con i discepoli, anche solo nel capitolo 26[70]. Così si pone fortemente l'accento sulla notabilità di tale rapporto. Gesù mangia la Pasqua con i discepoli (26,18.20), promette loro di bere con essi il calice nel Regno dei cieli (26,29), viene con loro al Getsemani (26,36) ed esige che essi veglino con lui (26,28.40). I discepoli invece promettono la loro unione con Lui fino alla morte (26,33.35), ma non riescono a vegliare con Lui (26,40.43) e nel momento dell'arresto fuggono (26,56) e perfino lo rinnegano (26,70.72.74). Mentre quando si riferiscono le espressioni d'unione al traditore (26,21.23) oppure ai nemici (26,56), Matteo ne smorza l'espressione o non ne parla (cf. Mt 26,21 con Mc 14,18). Da tutto questo risulta palese che il ruolo principale dei discepoli nel vangelo di Matteo è quello di essere con Gesù. La loro missione è messa così in parallelo con la missione e col destino di Gesù.

3.2.2 Il ritiro di Gesù dai tre discepoli per pregare (v. 39a)

Dopo la lamentela e la esortazione ai tre discepoli prediletti Gesù si separa da loro nella solitudine per pregare. Il ritiro di Gesù Matteo lo formula con una frase narrativa καὶ προελθὼν μικρὸν ἔπεσεν ἐπὶ πρόσωπον αὐτοῦ προσευχόμενος (v. 39a) nella quale descrive l'atteggiamento di Gesù durante la sua preghiera. Esso viene caratterizzato da due condizioni: 1. la separazione dai discepoli e 2. il gettarsi per terra.

a) La separazione – solitudine

La separazione dai discepoli è espressa attraverso προελθὼν μικρὸν. Il verbo προέρχεσθαι ricorre 9 volte nel NT[71] e significa «antecedere, avanzarsi, venire in anticipo»[72]. L'avverbio complementare del verbo μικρόν appare nel NT 16 volte. Nella maggioranza delle ricorrenze esprime la temporaneità[73], in 2Cor 11,1.16 esprime l'ironia e finalmente nel nostro testo (Mt 26,39a) e nel passo parallelo Mc 14,35 ha un significato spaziale[74]. La formulazione προελθὼν μικρὸν contiene il

---

[69] Questo complemento non si trova nei passi paralleli né in Mc né in Lc.
[70] 26,18.20.21.23.29.31.33.35.36.38.40.69.71.73.
[71] Mt 26,39; Mc 6,33; 14,35; Lc 1,17; 22,47; At 12,10; 20,5.13; 2Cor 9,5.
[72] H. BALZ, «προέρχομαι», 372-373.
[73] Mt 26,73; Mc 14,70; Gv 13,33; 14,19; 16,16(bis).17(bis).18.19(bis); Eb 10,37.
[74] H. BALZ, «μικρόν», 1050.

significato di «avanzarsi un poco». La separazione per pregare oppure per contattare Dio è attestata anche dall'AT (Abramo: Gn 22,5; Mosè: Es 19,3; 24,2.14; il profeta: Ger 15,17)[75]. La solitudine diventa la migliore situazione per incontrare Dio nella preghiera (cf. Mt 14,23).

b) Il gettarsi per terra

L'atteggiamento di Gesù durante la preghiera enuncia l'espressione ἔπεσεν ἐπὶ πρόσωπον αὐτοῦ[76]. Si tratta di una forma usata per l'adorazione di Dio sia negli scritti veterotestamentari sia neotestamentari[77]. Gesù si prostra con la faccia a terra in un atteggiamento di umile preghiera e di adorazione[78]. Si tratta di un atto di sottomissione alla volontà del Padre che sottolinea il contesto con i dati delle Scritture (26,24.54.56). La prostrazione con la faccia a terra collega il lamento di Gesù con la sua preghiera implorante. Essa è una esemplificazione della sua afflizione che giustifica la preghiera ed espressione di un gesto dell'umiltà davanti al Padre.

3.2.3 La prima preghiera di Gesù (v. 39b)

Dopo la sua separazione da tutti i discepoli, Gesù, prostratosi con la faccia a terra, esprime la sua prima preghiera: Πάτερ μου, εἰ δυνατόν ἐστιν, παρελθάτω ἀπ' ἐμοῦ τὸ ποτήριον τοῦτο· πλὴν οὐχ ὡς ἐγὼ θέλω ἀλλ' ὡς σύ (v. 39b). Nella formulazione della preghiera si può indivi-

---

[75] Viene osservato che l'isolamento dell'orante nei salmi del lamento (Sal 27,10; 31,12; 69,9) è apportato da un altro motivo. I suoi amici fuggono via a causa dell'oltraggio all'orante.

[76] Il vangelo di Marco nel passo parallelo (14,35) usa una espressione diversa ἔπιπτεν ἐπὶ τῆς γῆς che significa negli scritti biblici pressoché senza eccezione la demolizione delle cose (cf. Am 3,14; Ez 38,20); il cadere mortale (cf. Gdc 3,25; 2Cr 20,24; 1Mac 6,4; Mt 10,29) ed il cadere dell'epilettico indemoniato (Mc 9,20). Luca invece in 22,41 adopera l'espressione θεὶς τὰ γόνατα che esprime negli Atti degli apostoli un umile atteggiamento dei cristiani durante la preghiera (cf. At 7,60; 9,40; 20,36; 21,5).

[77] Gn 17,3.17; Lv 9,24; Nm 16,22; 1Re 18,39; Ez 1,28; 9,8; 11,13; 43,3; Dn 8,17; 10,9; Tb 12,16; Mt 17,6; Ap 7,11. Questa espressione comunque può esprimere anche l'adorazione degli uomini (cf. 2Sam 9,6; 19,18; 1Re 18,7; Dn 2,46) e l'adorazione di Gesù (Lc 5,12; 17,16). Cf. B. WEISS, *Das Matthäus – Evangelium*, 460; M.-J. LAGRANGE, *Évangile selon Saint Matthieu*, 500; E. LOHMEYER – W. SCHMAUCH, *Das Evangelium*, 361; D.P. SENIOR, *The Passion Narrative*, 107; V. TAYLOR, *The Gospel*, 553; W. GRUNDMANN, *Das Evangelium nach Matthäus*, 539.

[78] J.P. MEIER, *The Vision*, 186; H. FRANKEMÖLLE, *Matthäus*, II, 455; W. WIEFEL, *Das Evangelium*, 453.

duare una seguente struttura articolata in quattro parti: 1. l'allocuzione (πάτερ μου); 2. la condizione (εἰ δυνατόν ἐστιν); 3. la richiesta (παρελθάτω ἀπ' ἐμοῦ τὸ ποτήριον τοῦτο); 4. la rassegnazione (πλὴν οὐχ ὡς ἐγὼ θέλω ἀλλ' ὡς σύ)[79].

a) L'allocuzione (πάτερ μου)

La preghiera di Gesù comincia con un'allocuzione. Mentre nel vangelo di Marco Gesù chiama Dio con la formulazione αββα ὁ πατήρ (Mc 14,36), Matteo usa l'espressione πάτερ μου e così omette αββα ed aggiunge il pronome personale μου. Egli, infatti, ha una tendenza ad evitare l'uso delle espressioni aramaiche[80]. La forma vocativa πάτερ ricorre 4 volte adoperata da Gesù stesso nel vangelo di Matteo[81]. La prima volta πάτερ appare nella preghiera «Padre nostro» in 6,9 con un pronome personale ἡμῶν. In 11,25 ricorre in una forma assoluta πάτερ mentre in 11,26 si usa in funzione di vocativo il nominativo ὁ πατήρ. Le ultime due forme vocative appaiono nella pericope del Getsemani (26,39.42) con il pronome personale complementare μου. Ma qual è il significato dell'allocuzione di Dio πάτερ μου in bocca a Gesù nel nostro brano?

Come nel testo dell'inno di giubilo (11,25s), anche qui, per capire il significato dell'appellativo di Gesù πάτερ μου, dobbiamo rivolgerci alla forma originale aramaica αββα (Mc 14,36) che esprime l'intima relazione famigliare di Gesù con Dio, Padre suo. Gesù rivolgendosi a Dio con l'appellativo πάτερ μου manifesta l'unicità ed esclusività del loro rapporto reciproco[82].

b) La condizione (εἰ δυνατόν ἐστιν)

Tra l'allocuzione di Dio con πάτερ μου e la propria richiesta Gesù pronuncia una condizione εἰ δυνατόν ἐστιν[83]. Essa assorbe sia l'espressione identica in Mc 14,35 che la ridondante πάντα δυνατά σοι

---

[79] W. WIEFEL, *Das Evangelium*, 453 divide la preghiera in tre parti: «es besteht in einer Anrede, einer bedingten Bitte und einer Unterwerfungserklärung».

[80] C.H. TURNER, «Marcan Usage», 154; J. FINEGAN, *Die Überlieferung*, 18; G. STRECKER, *Der Weg*, 21; R.S. BARBOUR, «Gethsemane», 248-250; D.P. SENIOR, *The Passion Narrative*, 107. J. JEREMIAS, *Abba*, 58 nota che πάτερ μου è «korrekte Wiedergabe des αββα (ὁ πατήρ) der Vorlage Mk 14,36».

[81] 6,9; 11,25; 26,39.42.

[82] Cf. P. GRELOT, *Dieu*, 183; H. FRANKEMÖLLE, *Matthäus*, II, 455.

[83] W.C. van UNNIK, «"Alles"», 28 chiama questa frase come *pars epica* tra l'*invocatio* e la *prex ipsa*.

in Mc 14,36[84]. Luca invece formula la condizione diversa εἰ βούλει (22,42). Mentre il testo parallelo di Marco (14,36) rievoca le formulazioni sull'onnipotenza di Dio sia nell'AT (Gn 18,14; Gb 10,13; 42,2; Zac 8,6) che nel NT (Mc 10,27 par. Mt 19,26; Lc 18,27), Matteo nella sua formulazione εἰ δυνατόν ἐστιν non mette in rilievo la potenza di Dio, ma il suo piano salvifico. Gesù pronunciando la formula εἰ δυνατόν ἐστιν rivela ed accentua il suo volere di compiere il piano salvifico di Dio. Questo suo fiducioso atteggiamento senza riserve verso il piano salvifico stabilito da Dio, Gesù poi lo conferma nuovamente alla fine della preghiera con una rassegnazione alla volontà del suo Padre: πλὴν οὐχ ὡς ἐγὼ θέλω ἀλλ' ὡς σύ.

c) La richiesta (παρελθάτω ἀπ' ἐμοῦ τὸ ποτήριον τοῦτο)

Gesù invece di parlare della sofferenza e della morte, parla di «calice». Il sorprendente termine ποτήριον riveste una grande rilevanza proprio durante la sua passione.

Il termine ποτήριον era nell'antichità greco-romana un motivo poetico prediletto che aveva prevalentemente un significato positivo, anche se qualche volta era collegato con il destino oppure con la morte[85]. Nei LXX dell'AT ποτήριον ricorre 32 volte. Esso funge 30 volte come traduzione di כוס[86]. In prevalenza ricorre con un significato metaforico 20 volte[87]: 3 volte nel senso positivo (Sal 16,5; 23,5; 116,13) e 17 volte nel senso negativo esprimendo il giudizio irato di Dio che viene seguito da una piaga (Sal 11,6; 75,9; Is 51,17/bis/.22/bis/ Ger 25,15.17.28; 49,12; 51,7; Lam 4,21; Ez 23,31.32.33/bis/; Ab 2,16)[88]. L'idea del calice dell'ira ha le sue origini già nel pensiero dell'antico oriente[89]. Quest'idea del giudizio divino punitivo appare come consegnare un

---

[84] È possibile che il pronome personale σοι nel vangelo di Marco sia stato conservato da Matteo nella sua allocuzione πάτερ μου; cf. E. KLOSTERMANN, *Das Mathäusevangelium*, 211.

[85] Cf. T. KLAUSER, «Becher», 47.

[86] Le due residue occorrenze di ποτήριον nei LXX si trovano in Est 1,7 e Lam 2,13. In Est 1,7 l'espressione ποτήριον è una traduzione di כְּלִי, mentre in Lam 2,13 la ricorrenza di ποτήριον è causata probabilmente da uno sbaglio dello scriba che ha scambiato la forma originale כְּיָם per כוס. Cf. W. RUDOLPH, *Das Buch*, 220.

[87] Il termine כוס prende 12 volte il significato immediato di vaso da bere. כוס comunque ricorre nell'AT 32 volte, perché in Is 51,17 nel *parallelismus membrorum* il secondo כוס viene tradotto per motivi stilistici con κόνδυ.

[88] Cf. C.E.B. CRANFIELD, «The Cup», 137-138; G. MAYER, «כוס», 107-111.

[89] Cf. A.T. HANSON, *The Wrath*, 27-36.

calice con un vino minaccioso⁹⁰. L'immagine metaforica di calice nell'AT riveste un significato predominante della punizione divina giudiziale per il peccato umano, più che una rilevanza connessa con la sofferenza oppure con la gioia di un destino⁹¹.

Nel NT la parola ποτήριον appare 31 volte. Anche qui come nell'AT il termine ricorre nel senso immediato di un vaso (Mc 7,4; 9,41; Mt 10,42; 23,25s; Lc 11,39); nei vangeli e nell'Apocalisse nel senso metaforico (Mt 20,22s; 26,39; Mc 10,38s; 14,36; Lc 22,42; Gv 18,11; Ap 14,10; 16,19; 17,4; 18,6) invece nel senso metonimico solo nella tradizione dell'ultima cena nei vangeli sinottici e nella lettera ai Corinzi (Mt 26,27; Mc 14,23; Lc 22,17.20/bis/; 1Cor 10,16.21/bis/; 11,25/bis/.26. 27.28)⁹². Ma quale è il significato di ποτήριον nel nostro testo?

Lo sfondo veterotestamentario offre almeno due interpretazioni per il nostro testo. 1. Il calice che Gesù deve bere è una metafora dell'ira divina, del giudizio di Dio sul mondo (cf. Sal 75,9; Ger 25,15ss; Ab 2,16)⁹³. 2. L'espressione ποτήριον rappresenta l'immagine di un destino negativo che è ricorrente anche nell'AT⁹⁴.

Non possiamo escludere l'influenza del pensiero veterotestamentario nelle parole di Gesù, ma dobbiamo far conto del suo contesto nell'interpretazione del nostro testo. Matteo adopera il termine ποτήριον 7 volte. L'espressione ποτήριον nel suo senso immediato come vaso ricorre in 10,42 e 23,25s, nel senso metonimico nella scena dell'ultima cena in 26,27 e poi le tre residue ricorrenze in 20,22s e 26,39 assumono il senso metaforico di un calice della passione. Nella scena sui figli di Zebedeo (20,22s) Gesù porge la domanda a loro riguardante il calice che egli sta per bere: δύνασθε πιεῖν τὸ ποτήριον ὃ ἐγὼ μέλλω πίνειν (20,22). Dopo la loro risposta affermativa Gesù promette loro il suo calice: τὸ μὲν ποτήριόν μου πίεσθε (20,23). Da questo risulta chiaro che i discepoli sono esortati a bere il calice della sofferenza che Gesù sta per bere. Sembra difficile pensare che i disce-

---

⁹⁰ L. GOPPELT, «πίνω κτλ», 150.
⁹¹ Cf. L. GOPPELT, «πίνω κτλ», 150.
⁹² Cf. H. PATSCH, «ποτήριον», 339-341; E.W. BULLINGER, *Figures*, 577.
⁹³ Cf. C.E.B. CRANFIELD, «The Cup», 138 afferma: «His cup is the cup of God's wrath against sin». Questa interpretazione poi viene seguita dagli altri: J.W. HOLLERAN, *The Synoptic Gethsemane*, 27-29; V. TAYLOR, *The Gospel*, 554; R. FELDMEIER, *Die Krisis*, 184; J. GNILKA, *Das Matthäusevangelium*, II, 412; W.D. DAVIES – D.C. ALLISON, *A Critical*, III, 497; W. WIEFEL, *Das Evangelium*, 454.
⁹⁴ Secondo Str-B, I, 836 l'immagine del calice appare nell'AT come un termine per esprimere «Geschick (Freude oder Leid)»; cf. M. BLACK, «The Cup», 195.

poli siano invitati a bere il calice dell'ira di Dio per il peccato, come parimenti ritenere che in Mt 26,39 si tratti di un calice differente da quello della scena sui figli di Zebedeo (20,22s). L'espressione ποτήριον nel nostro testo simboleggia il calice della passione e così esprime il destino doloroso di Gesù[95]. La passione di Gesù espressa con la metafora di ποτήριον comunque non significa un martirio trionfale[96] ma una esperienza dell'abbandono di Dio e della sofferenza. Gesù bevendo questo calice della passione diventa il portatore della riconciliazione e della pace per gli uomini. Nonostante tutto alcuni indizi dell'idea del giudizio divino nell'immagine di ποτήριον si possono poi trovare nel termine che esprime l'ora della consegna di Gesù nelle mani dei peccatori (26,45c) e nel detto sul giudizio (26,31), che è una citazione di Zc 13,7. Infine, viene osservato che all'immagine del calice dell'ira divina corrispondono le formulazioni di Paolo, che Cristo è diventato un peccatore (2Cor 5,21) e persino una maledizione (Gal 3,13).

In sintesi si può dire che nella preghiera di Gesù apparentemente è presente sia l'immagine del calice della sofferenza col destino mortale, sia gli accenni dell'immagine del calice col giudizio divino.

d) La rassegnazione (πλὴν οὐχ ὡς ἐγὼ θέλω ἀλλ' ὡς σύ)

Gesù conclude la sua prima preghiera con una rassegnazione: πλὴν[97] οὐχ ὡς ἐγὼ θέλω ἀλλ' ὡς σύ. La frase è espressa nella forma ellittica soltanto con un verbo che governa anche il pronome σύ. La forma lessi-

---

[95] Cf. H.A.W. MEYER, *Kritisch*, 503; B. WEISS, *Das Matthäus – Evangelium*, 461; L. GOPPELT, «πίνω κτλ», 153; A.T. HANSON, *The Wrath*, 127; M. GALIZZI, *Gesù*, 36.96; R. FABRIS, *Matteo*, 532; H. PATSCH, «ποτήριον», 340; G. MAIER, *Matthäus*, II, 382; J.P. HEIL, *The Death*, 45; A. STOCK, *The Method*, 404; R.H. GUNDRY, *Matthew*, 533; D.A. HAGNER, *Matthew 14-28*, 783.

[96] L'immagine del calice collegato con la passione e morte dei martiri appare nel giudaismo e poi anche più tardi nella chiesa primitiva (cf. MartPol 14,2). Cf. H.-W. SURKAU, *Martyrien*. Per quanto concerne il nostro testo si veda la pagina 85 in questa opera.

[97] Secondo F. BLASS – A. DEBRUNNER – F. REHKOPF, *Grammatik*, § 449,1 la congiunzione πλήν anziché ἀλλά in Mc 14,36 è espressione più comune per «comunque» in Mt e Lc. M.E. THRALL, *Greek Particles*, 69 osserva che πλήν dà il senso del conflitto possibile ma non inevitabile tra la richiesta e la volontà di Dio «If it is possible, let me escape suffering. *Nevertheless*, the will of God, not my own desire for escape, must be the determining factor» oppure potrebbe perfino integrare i due atteggiamenti della mente «If it is possible, let me escape suffering, *on condition that* the will of God may still be accomplished» (cf. Nm 36,6; Gs 1,17; Gdc 10,15; 1Re 12,24; 2Re 3,14; Ger 10,24); cf. J. GNILKA, *Das Matthäusevangelium*, II, 412; W.D. DAVIES – D.C. ALLISON, *A Critical*, III, 498.

cale ὡς...ὡς è abituale nel vangelo di Matteo (7,29; 10,16.25; 17,2) e rievoca l'espressione γενηθήτω τὸ θέλημά σου, ὡς ἐν οὐρανῷ καὶ ἐπὶ γῆς (6,10) del Padre nostro[98].

La rassegnazione di Gesù πλὴν οὐχ ὡς ἐγὼ θέλω ἀλλ' ὡς σύ, pronunciata nella sua preghiera, esprime la sua disponibilità ad assoggettare la sua volontà a quella del Padre. Gesù si presenta come colui che vuole compiere con la premura e con l'ubbidienza la volontà di Dio, in altre parole il disegno salvifico stabilito dal Padre suo[99]. L'importanza della volontà di Dio si vede dal fatto che questa tematica appare di nuovo nella seconda preghiera di Gesù con una formulazione più esplicita γενηθήτω τὸ θέλημά σου (v. 42b).

3.2.4 Gesù ed i discepoli addormentati (v. 40-41)

A differenza del testo precedente quest'unità è totalmente dedicata al comportamento dei discepoli. Gesù ritorna dopo la sua prima preghiera dai discepoli addormentati, si rivolge a Pietro (καὶ λέγει τῷ Πέτρῳ) e poi cambia il discorso al plurale ed interpella anche gli altri discepoli (v. 40b-41b)[100]. Il suo discorso contiene una domanda: Οὕτως οὐκ ἰσχύσατε μίαν ὥραν γρηγορῆσαι μετ' ἐμοῦ (v. 40b). Essa costata la debolezza dei discepoli e nello stesso tempo fa ricordare l'avvertimento iniziale di Gesù sulla veglia con Lui (v. 38). Dopo la domanda segue un'esortazione: γρηγορεῖτε καὶ προσεύχεσθε, ἵνα μὴ εἰσέλθητε εἰς πειρασμόν (v. 41a) nella quale Gesù istruisce come essi devono comportarsi nella situazione attuale. Il discorso poi finisce con una descrizione della condizione umana: τὸ μὲν πνεῦμα πρόθυμον ἡ δὲ σὰρξ ἀσθενής (v. 41b).

---

[98] W. WIEFEL, Das Evangelium, 454.
[99] Cf. W. GRUNDMANN, Das Evangelium nach Matthäus, 540; J. GNILKA, II, Das Matthäusevangelium, 412.
[100] Il fatto che Gesù si rivolge con la domanda a Pietro (26,40b) potrebbe indicare che egli incontra soltanto i tre discepoli intimi (cf. H.A.W. MEYER, Kritisch, 503; T. ZAHN, Das Evangelium, 702; P. GAECHTER, Das Matthäus – Evangelium, 865; E. LOHMEYER – W. SCHMAUCH, Das Evangelium, 361; J.W. HOLLERAN, The Synoptic Gethsemane, 75; A. FEUILLET, L'agonie, 102; G. MAIER, Matthäus, II, 383; J.P. MEIER, The Vision, 187; R.E. BROWN, The Death, 194; H. FRANKEMÖLLE, Matthäus, II, 455), ma il contesto narrativo con l'espressione πρὸς τοὺς μαθητὰς (26,40a) lascia intravedere che Gesù incontra tutti i discepoli (cf. E. SCHWEIZER, Das Evangelium nach Matthäus, 323; J. GNILKA, Das Matthäusevangelium, II, 412; U. LUCK, Das Evangelium, 288; R.H. GUNDRY, Matthew, 533; D.A. HAGNER, Matthew 14-28, 783; W. WIEFEL, Das Evangelium, 454).

a) La funzione di Pietro

Il discepolo Pietro appare nel primo vangelo 23 volte (Mc 20 volte; Lc 19 volte) e riveste una grande importanza in tutto il vangelo. Pietro è il primo discepolo chiamato da Gesù (4,18), Gesù è ospite nella sua casa (8,14), Pietro è nominato come il primo tra i discepoli (10,2), cammina sulle acque per incontrare Gesù (14,28s). Egli è il portavoce dei discepoli (15,15; 17,4; 19,27 cf. 17,24; 18,21) e confessa che Gesù è Figlio del Dio vivente (16,16). Gesù vuole edificare su di lui la sua chiesa (16,18), ma nello stesso tempo lo ripudia per il suo ragionare (16,23). Pietro comunque sta nel centro dell'attenzione anche per le sue affermazioni: egli non si scandalizzerà mai di Gesù (26,33) e non lo rinnegherà (26,35). Nel nostro testo quando Gesù ritorna dai discepoli addormentati si rivolge a Pietro[101]. Quando Gesù fu arrestato, Pietro lo segue ancora come unico dei discepoli (26,58), lo rinnega tre volte (26,70.72.74), ma poi si pente con una reazione emozionale (26,75). Matteo in 12,32 però presenta la possibilità promessa del perdono a colui che parlerà contro il Figlio dell'Uomo. Nonostante tutto Pietro è presente tra gli undici nell'incontro con Gesù risorto sul monte in Galilea (28,16). Da tutto questo si vede l'importanza di Pietro nel vangelo di Matteo come lo conferma anche la nostra pericope. Per Matteo Pietro diventa il rappresentante dei discepoli[102].

b) La domanda di Gesù

L'interesse di Matteo non si ferma a Pietro ma si estende a tutti i discepoli, come lo comprova anche la questione di Gesù al plurale: Οὕτως οὐκ ἰσχύσατε μίαν ὥραν γρηγορῆσαι μετ' ἐμοῦ (v. 40b).

---

[101] D.M. STANLEY, *Jesus*, 178 presuppone: «Matthew hints that Peter was the only one Jesus found awake.

[102] Cf. H.A.W. MEYER, *Kritisch*, 403: «an *ihn* richtete er die *allen* geltenden Worte»; J. SCHMID, *Das Evangelium nach Matthäus*, 254-260; M. GALIZZI, *Gesù*, 132; D.P. SENIOR, *The Passion Narrative*, 109; D.M. STANLEY, *Jesus*, 178; G. MAIER, *Matthäus*, II, 383; J.P. MEIER, *The Vision*, 187; R.H. GUNDRY, *Matthew*, 533-534; W.D. DAVIES – D.C. ALLISON, *A Critical*, III, 498; W. WIEFEL, *Das Evangelium*, 454. G. STRECKER, *Der Weg*, 205 parla persino della sua rilevanza tipologica: «Die Gestalt des Petrus sprengt den Rahmen der historischen Einmaligkeit der Leben-Jesu-Situation; sie hat primär nicht historische, sondern typologische Bedeutung; in ihr konkretisiert sich das Christsein des einzelnen in der Gemeinde, für das demnach das Nebeneinander von "negativen" und "positiven" Elementen charakteristisch zu sein scheint».

Il richiamo di Gesù ai discepoli di non essere sufficientemente forti espresso con il verbo ἰσχύειν potrebbe rievocare la parabola di un uomo forte (ἰσχυρός) e di uno che voleva legarlo (Mt 12,29). Questa parabola parla di una lotta tra Satana che è forte e Gesù che è però più forte.

Il verbo γρηγορεῖν nel NT appare quasi sempre con un riferimento a un atteggiamento spirituale, che deve impedire la tentazione soprattutto nelle prove dei fedeli[103]. La narrazione matteana accentua l'importanza di tale atteggiamento, come documenta l'appello alla vigilanza nel discorso escatologico di Gesù (24,42; 25,13) illustrato dall'immagine del ladrone (24,43s), del servo fidato e prudente (24,45-51) e delle dieci vergini (25,1-13). In questa ottica bisogna leggere anche il nostro testo.

Per quanto riguarda poi la particella finale μετ' ἐμοῦ, la quale era già presente nel v. 38, essa enfatizza il legame tra Gesù ed i discepoli e nello stesso tempo esprime la pretesa della solidarietà che Gesù pone ai suoi discepoli. Questa espressione fa anche risuonare un'avvertenza di Gesù in Mt 12,30: «chi non è con me è contro di me».

Riguardo all'espressione ὥρα si può dire ciò che segue: nell'uso non-biblico ὥρα significa un certo periodo temporale senza l'esatta determinazione della sua lunghezza[104]; la formulazione μίαν ὥραν[105] nel nostro testo si potrebbe capire col significato storico, cioè come una lunghezza temporale[106], oppure potrebbe racchiudere anche un connotato escatologico[107]. In quest'ora uno potrebbe entrare nella tentazione, Gesù stesso voleva essere preservato da essa. L'ora della consegna (v. 45c) era il motivo principale della sua preghiera.

c) L'esortazione dei discepoli

La domanda rivolta da Gesù ai discepoli è seguita da una esortazione alla vigilanza e alla preghiera: γρηγορεῖτε καὶ προσεύχεσθε, ἵνα μὴ εἰσέλθητε εἰς πειρασμόν (v. 41a).

Nonostante la sua previsione che tutti i discepoli si scandalizzeranno di Lui e si disperderanno (26,31) Gesù pone sempre la speranza in essi (26,36b.38.41a). I discepoli devono essere partecipi del suo destino. Le

---

[103] Cf. Mt 24,42s; Mc 13,35s; At 20,23; 1Ts 5,6; 1Pt 5,8; Ap 3,3.
[104] H.G. LIDDELL – R.H. SCOTT – H.S. JONES, *A Greek-English Lexicon*, 2035; cf. G. DELLING, «ὥρα κτλ», 675-681.
[105] L'espressione μίαν ὥραν nel senso temporale ricorre in Ap 17,12; 18,10.19.
[106] P. GAECHTER, *Das Matthäus – Evangelium*, 865; H. GIESEN, «ὥρα», 1212.
[107] R.E. BROWN, *The Death*, 196; A. STOCK, *The Method*, 404.

esigenze di Gesù si intensificano. Mentre la prima volta Gesù chiede ai tre discepoli prediletti di stare e di vegliare con lui (v. 38), adesso, dopo la sua prima preghiera, egli esorta tutti i discepoli. Gesù non chiama i discepoli soltanto alla veglia ma anche alla preghiera (v. 41a).

La combinazione del vegliare e pregare ha origine nei salmi (42,9; 63,7; 77,3; 119,55.62.148) ed è attestata anche negli scritti di Qumran (1QS 6,7-8) e del Nuovo Testamento (Lc 2,37; At 16,25)[108]. Questa esortazione al vegliare e pregare comunque non esprime una pietà oppure una ascesi, ma è dovuta alla tentazione incombente. La richiesta di vegliare e pregare è formulata con la frase finale ἵνα μή[109] εἰσέλθητε εἰς πειρασμόν (cf. ad es. Lc 22,32; 1Cor 7,5). Essa viene intesa come la motivazione e l'intenzione del vegliare e pregare[110] e nello stesso tempo come il contenuto della preghiera (cf. Mc 13,18; Lc 22,40)[111]. Che cosa significa essa? Chi è l'autore della tentazione (πειρασμός)? Qual è il suo rilievo nella scena del Getsemani?

+ *Il significato generale e l'autore di* πειρασμός.

La parola πειρασμός racchiude generalmente il significato di «esame», «prova», «tentazione»[112]. Essa proviene dalla radice πειρα che ha come il termine נסה dell'AT il significato di base di «provare, tentare»[113].

Vi sono i due principali significati teologici del concetto πειρασμός/πειράζειν: 1. Le prove ordinarie della vita umana nei confronti con Dio e 2. le prove finali escatologiche.

1. L'AT presenta l'immagine di Dio come colui che mette alla prova. In Gn 22,1 Abramo viene provato da Dio, poi nel deserto viene messo alla prova il popolo eletto da Lui (Es 34,28; cf. Dt 6–8) e in 1Re 19,8

---

[108] Cf. E. LÖVESTAM, *Spiritual Wakefulness*, 64-67.

[109] La congiunzione ἵνα μή introduce nel NT in prevalenza una frase finale negativa; cf. F. BLASS – A. DEBRUNNER – F. REHKOPF, *Grammatik*, § 369.

[110] H.A.W. MEYER, *Kritisch*, 505; J. MORISON, *A Practical*, 548; R.H. GUNDRY, *Matthew*, 534; D.A. HAGNER, *Matthew 14-28*, 783; W.D. DAVIES – D.C. ALLISON, *A Critical*, III, 499.

[111] H.J. HOLTZMANN, *Die Synoptiker*, 175. L. MORRIS, *The Gospel*, 669, Anm. 81: «may introduce the content (= "that", as in 24,20) or the purpose (= "so that", as in v. 5) of their prayer».

[112] W. BAUER, *Griechisch-deutsches Wörterbuch*, 1291.

[113] Cf. H. SEESEMANN, «πεῖρα κτλ», 23-37; G. GERLEMAN, «נסה», 69-71; W. POPKES, «πειράζω», 151-158; F.J. HELFMEYER, «נסה», 473-487.

viene tentato Elia. Anche nel NT i cristiani non sono preservati dalle tentazioni che provano la loro fedeltà a Dio (Gc 1,2.13-14; 1Tm 6,9).

2. Nel NT l'espressione appare molte volte in connessione con la prova finale escatologica che comprenderà anche il giudizio divino (Eb 4,15; 5,8-9; Ap 2,10; 7,14; 1Pt 4,12; 2Pt 2,4-9). La lotta tra Gesù e Satana è palese soprattutto nel vangelo di Luca (cf. 4,13; 23,3.21; 22,53). Dio concede questa grande lotta affinché Gesù, il Figlio suo possa essere vittorioso: χωρὶς ἁμαρτίας (Eb 4,15; cf. 5,8-9).

Questi due significati di πειρασμός non sono comunque totalmente indipendenti nel NT, perché le tentazioni della vita quotidiana sono in relazione con la prova finale definitiva[114].

Per quanto riguarda la questione dell'autore di πειρασμός, si possono distinguere tre gruppi principali nell'AT. Dio veniva spesso descritto come colui che mette alla prova (ad. es. Gn 22,1; Es 15,25; 16,6; 20,20; Dt 4,34), oppure gli esseri umani sono indicati come i tentatori (Sap 3,5; 11,9; Sir 2,1; 33,1; 44,20) ed infine Satana si presenta come un tentatore (Gb 1,6-2,14; Mt 4,3; Lc 8,12s; 1Cor 7,5; 2Cor 2,11; 1Ts 3,5).

+ *Il senso della locuzione:* ἵνα μὴ εἰσέλθητε εἰς πειρασμόν.

La parola πειρασμός ricorre 21 volte nel NT. Nei vangeli appare soltanto 9 volte (Mt 2; Mc 1; Lc 6). Eccetto il nostro passo, Matteo usa questa parola soltanto nella preghiera «Padre nostro» (6,13). Il verbo πειράζειν della stessa radice ricorre 38 volte nel NT. Nei vangeli sinottici poi appare 12 volte (Mt 6; Mc 4; Lc 2). Per quanto riguarda la narrazione matteana, essa presenta Gesù tentato dal diavolo nel deserto per diventare infedele e disobbediente alla sua missione messianica (4,1.3) e poi adopera il verbo πειράζειν in senso profano negli scontri tra Gesù e farisei (16,1; 19,3; 22,18; 22,35), sadducei (16,1) ed erodiani (22,18)[115].

L'unico passo parallelo del nostro testo (v. 41a) nel vangelo di Matteo ove ricorre la parola πειρασμός è il passo della preghiera «Padre nostro» (6,13) nel quale viene adoperata in senso escatologico (cf. 1Cor 10,13; Ap 3,10)[116], anche se non si può escludere la presenza di un

---

[114] La dualità del significato potrebbe essere spiegata dalla tendenza dell'adoperare πειρασμός senza un articolo.

[115] Cf. H. SEESEMANN, «πεῖρα κτλ», 28.

[116] R.E. BROWN, *New Testament Essays*, 252: «*peirasmos* means the final trial brought on by Satan's attack»; J. JEREMIAS, *Abba*, 170 «die endzeitliche Anfechtung». Cf. W. WIEFEL, *Das Evangelium*, 136.

aspetto della tentazione quotidiana[117]. Apparentemente il verbo εἰσφέρειν in Mt 6,13 (Lc 11,4) è un verbo causativo (*Hiphil*) di בוא, come εἰσέρχεσθαι nel nostro testo (v. 41a) è la sua forma semplice (*Qal*)[118]. L'invocazione μὴ εἰσενέγκῃς ἡμᾶς εἰς πειρασμόν della preghiera «Padre nostro» esprime dunque la stessa intenzione dell'esortazione di Gesù ai discepoli nel Getsemani. Ma come si potrebbe caratterizzare la tentazione dalla quale Gesù mette in guardia i discepoli? Vi sono due caratteristiche dell'espressione πειρασμός nella scena del Getsemani: 1. l'aspetto della tentazione escatologica[119] 2. l'aspetto della tentazione ordinaria[120].

La prima caratteristica di πειρασμός la si può dedurre dalla formula εἰσέλθητε εἰς. L'autore del primo vangelo usa costantemente l'espressione εἰσέλθητε εἰς come un termine tecnico per «entrare nel regno dei cieli» (5,20; 7,21; 18,3; 19,23s; cf. 22,12; 23,13; 25,10. 21.23)[121]. Da questo risulta chiaro che per Matteo εἰσέρχεσθαι εἰς πειρασμόν costituisce una antitesi della salvezza escatologica.

La seconda caratteristica di πειρασμός risulta chiara dal contesto immediato. La tentazione in questione è quella della defezione e del fallimento. I discepoli nel loro sonno si mostrano come dei falliti (26,40a). Il fallimento dei discepoli è dimostrato anche dall'atteggiamento di Pietro dopo la prima predizione della passione (16,23) oppure dalla domanda dei discepoli: «Chi è il più grande nel regno dei cieli?»

---

[117] E. SCHWEIZER, *Das Evangelium nach Matthäus*, 98 giustifica la sua posizione nel modo seguente: «Aber schon daß der Artikel fehlt, also nicht von "der" einen, großen Versuchung die Rede ist, spricht deutlich dagegen»; cf. M.-J. LAGRANGE, *Évangile selon Saint Matthieu*, 131; A. SAND, *Das Evangelium*, 128; U. LUZ, *Das Evangelium*, I, 348; H. FRANKEMÖLLE, *Matthäus*, I, 253; R.H. GUNDRY, *Matthew*, 109.

[118] Cf. J. CARMIGNAC, «"Fais que nous n'entrions pas dans la tentation"», 224-226; J. JEREMIAS, *Abba*, 169; A. FEUILLET, *L'agonie*, 108s.

[119] Cf. K.G. KUHN, «Πειρασμός», 200-222; R.S. BARBOUR, «Gethsemane», 247; W. GRUNDMANN, *Das Evangelium nach Markus*, 402; J.W. HOLLERAN, *The Synoptic Gethsemane*, 37-39; M. DIBELIUS, «Gethsemane», 72; W. POPKES, «πειράζω», 158; R.E. BROWN, *The Death*, 197; D.A. HAGNER, *Matthew 14-28*, 783-784; W. WIEFEL, *Das Evangelium*, 454.

[120] Cf. J. MORISON, *A Practical*, 548; A. PLUMMER, *An Exegetical*, 371; A.H. MCNEILE, *The Gospel*, 391; H. SEESEMANN, «πεῖρα κτλ», 31; P. GAECHTER, *Das Matthäus – Evangelium*, 865s; W. HENDRIKSEN, *The Gospel*, 919; F.W. BEARE, *The Gospel*, 515; D. PATTE, *The Gospel*, 369; J. GNILKA, *Das Matthäusevangelium*, II, 412; L. MORRIS, *The Gospel*, 669s; R.H. GUNDRY, *Matthew*, 109.

[121] Cf. J. SCHNEIDER, «ἔρχομαι κτλ», 674-675; J.W. HOLLERAN, *The Synoptic Gethsemane*, 165, Anm. 94.

(18,1ss). L'avvilimento, l'umiliazione e la passione di Gesù che devono incombere secondo la volontà di Dio diventano il motivo del loro fallimento e della loro defezione.

Quest'avversità e questa tentazione si possono superare soltanto con l'atteggiamento di veglia e di preghiera, in altre parole con l'orientamento a Dio e la comunione con lui, dato che nella tentazione l'uomo si trova indifeso ed inerme. Per non entrare nella tentazione è necessario vivere nella comunione con Dio. Gesù, nel suo agire nel Getsemani, diventa il modello del rapporto fiducioso stretto con Dio che sia i discepoli che i cristiani devono imitare.

Infine se la esortazione sulla tentazione formulata con la costruzione grammaticale di ἵνα μή e l'aoristo congiuntivo segnala il contenuto del verbo reggitore nella frase, poi nel nostro testo il non entrare nella tentazione sarebbe il motivo del vegliare e l'oggetto del pregare. Gesù insegna ai suoi discepoli già nella preghiera «Padre nostro» a pronunciare la stessa supplica μὴ εἰσενέγκῃς ἡμᾶς εἰς πειρασμόν (6,13). Gesù con il suo atteggiamento nella preghiera nel Getsemani mostra ai discepoli come bisogna pregare e vegliare per non entrare nella tentazione. Egli così diventa per i discepoli e anche per tutti i cristiani, un esempio nel combattere l'avversità nei momenti della prova nella vita. La tentazione è, infatti, una caratteristica dell'esistenza dei cristiani nel mondo[122].

d) Le condizioni dei discepoli

L'esortazione ai discepoli da parte di Gesù è seguita da una aggiunta: τὸ μὲν πνεῦμα πρόθυμον ἡ δὲ σὰρξ ἀσθενής (v. 41b) che esprime le condizioni nelle quali si trovano i discepoli. La frase è formulata con un antitetico *parallelismus membrorum* che esprime le condizioni antropologiche del pericolo della tentazione. Il contrasto tra πνεῦμα e σάρξ viene precisato con gli attributi πρόθυμος e ἀσθενής.

Si tratta dell'unico caso nei vangeli sinottici (Mt 26,41; par. Mc 14,38) dove si parla del contrasto tra πνεῦμα e σάρξ (cf. Gv 6,63). L'origine di quest'aforisma lo si può cercare nell'ambiente elleni-

---

[122] K.G. KUHN, «Πειρασμός», 202.

stico[123], nella teologia paolina[124], ma anche nel giudaismo e nei testi di Qumran[125].

Dall'ambiente veterotestamentario viene presentato come testo parallelo Sal 51,14 dove l'orante sta chiedendo uno «spirito pronto» da Dio[126]. Il Sal 51,14 parla tuttavia di uno spirito pronto di cui Dio dota l'uomo. In Mt 26,41 l'uomo ha già uno «spirito pronto» ma deve ancora pregare per raggiungere il suo scopo. Dall'altra parte nel testo veterotestamentario manca l'antitesi «spirito» e «carne» che è caratteristica per il nostro testo[127]. In Mt 26,41b si tratta comunque di un spirito umano, come si vede dall'attributo πρόθυμον[128].

Per quanto riguarda la concezione paolina tra spirito e corpo proveniente dall'ellenismo, il testo di Paolo più vicino al pensiero di Matteo è Rm 7,23-25 ove si parla della opposizione tra il νοῦς che vuole il bene ma non riesce ad imporsi contro la σάρξ la quale ostacola questo sforzo[129].

Relativamente al nostro brano i concetti di πνεῦμα e σάρξ prendono le mosse dalla tradizione biblica, ma con una impronta ascetica. La «carne» così indica la fragilità umana e di conseguenza l'inclinazione al peccato che è in antitesi con l'uomo nel suo legame con Dio. Questa fragilità della carne può essere corroborata unicamente dalla forza che viene dalla relazione con Dio, lo spirito. In Mt 26,41b πνεῦμα significa uno spirito umano che spinge l'uomo ad agire secondo la volontà di Dio (cf. 1QH 13,18-19)[130], mentre l'espressione σὰρξ ἀσθενής significa l'uomo nella sua incapacità e debolezza di seguire Gesù e nella sua

---

[123] Ad. es.: W. BOUSSET, *Kyrios*, 232-237.

[124] Ad es.: W.L. KNOX, *Some Hellenistic Elements*, 3; D. LÜHRMANN, *Das Markusevangelium*, 244.

[125] K.G. KUHN, «Πειρασμός», 200-222; ID., «Jesus», 275; W.D. DAVIES, «Paul», 157-182.

[126] Il concetto di Dio che dota l'uomo con lo «spirito pronto» appare nelle promesse veterotestamentarie come ad es.: Ger 24,7; 31,33; 32,39; Ez 36,25ss.

[127] Cf. K.G. KUHN, «Jesus», 277s.

[128] Cf. LOHMEYER, *Das Evangelium des Markus*, 317.

[129] K.G. KUHN, «Πειρασμός», 214; ID., «Jesus», 275; R. FELDMEIER, *Die Krisis*, 206.

[130] Cf. H.A.W. MEYER, *Kritisch*, 504; J. MORISON, *A Practical*, 548; B. WEISS, *Das Matthäus - Evangelium*, 461; R. SCHNACKENBURG, *Matthäusevangelium*, II, 263s; J. GNILKA, *Das Matthäusevangelium*, II, 412; L. MORRIS, *The Gospel*, 670; R.E. BROWN, *The Death*, 200; R.H. GUNDRY, *Matthew*, 534; W.D. DAVIES – D.C. ALLISON, *A Critical*, III, 499.

inclinazione al peccato[131]. Questo afferma sia il contesto immediato che parla dei discepoli e della loro incapacità di vegliare con Gesù (v. 40a.43a.45b), perché i loro occhi si erano appesantiti (v. 43b), sia il contesto remoto del primo vangelo, specialmente quando viene presentato Pietro che è pronto con la sua mente a morire con Gesù (26,35). Anche gli altri discepoli affermano questo, ma poi falliscono tutti per la loro fragilità umana.

Gesù ritornando ai tre discepoli li esorta a vegliare ed a pregare per non entrare nella tentazione di un fallimento della fede in Lui che sta per affrontare la passione. Loro devono attraverso la veglia e la preghiera rimanere uniti a Dio che sta compiendo il suo volere secondo il disegno salvifico stabilito da Lui. La motivazione del vegliare e del pregare non è la debolezza del corpo[132], ma l'imminenza della tentazione di scandalizzarsi di Gesù.

3.2.5 La seconda preghiera di Gesù (v. 42)

La seconda preghiera di Gesù viene presentata con una frase introduttiva: πάλιν ἐκ δευτέρου ἀπελθὼν προσηύξατο (v. 42a). Essa descrive il secondo allontanamento[133] di Gesù dai discepoli (ἀπελθών; cf. v. 44) per pregare.

Mente Marco nel suo vangelo indica la seconda preghiera di Gesù soltanto con una semplice constatazione προσηύξατο τὸν αὐτὸν λόγον εἰπών (14,39), Matteo presenta la seconda preghiera di Gesù nella forma di un discorso diretto: Πάτερ μου, εἰ οὐ δύναται τοῦτο παρελθεῖν ἐὰν μὴ αὐτὸ πίω, γενηθήτω τὸ θέλημά σου (v. 42b)[134].

La formula ἐκ δευτέρου (v. 42a) esprime il fatto che si tratta della seconda preghiera. L'enumerazione della preghiera appare poi ancora in v. 44: ἐκ τρίτου[135]. Matteo ponendo l'accento sulle tre partenze di Gesù per pregare accentua la tematica principale sulla presentazione della scena nel Getsemani che è la preghiera di Gesù. Marco invece nel suo

---

[131] Cf. R. FABRIS, *Matteo*, 533; J. GNILKA, *Das Evangelium nach Markus*, II, 262; ID., *Das Matthäusevangelium*, II, 412; L. MORRIS, *The Gospel*, 670; D.A. HAGNER, *Matthew 14-28*, 784; W.D. DAVIES – D.C. ALLISON, *A Critical*, III, 499.

[132] Così W.H. KELBER, «Mark 14,32-42», 183.

[133] L'espressione ἐκ δευτέρου è pleonastica dopo l'avverbio πάλιν, ma corrisponde a ἐκ τρίτου nel v. 44 (cf. Gv 21,16; At 10,15). Cf. H.A.W. MEYER, *Kritisch*, 504.

[134] Nel vangelo di Luca Gesù prega soltanto una volta (cf. 22,39-46).

[135] L'uso di ἐκ per indicare un tempo ripetuto è relativamente infrequente nel NT. In Matteo tale uso ricorre soltanto due volte in 26,42.44. Cf. W. BAUER, *Griechisch-deutsches Wörterbuch*, 475.

vangelo mette in rilievo i tre ritorni di Gesù ai discepoli addormentati (cf. 14,41)[136]. La tematica che insiste sulla necessità della preghiera ripetuta, si ritrova anche nel giudaismo[137].

La seconda preghiera di Gesù è un adattamento della prima come illustra lo schema seguente:

La prima preghiera	La seconda preghiera
πάτερ μου	πάτερ μου
εἰ δυνατόν ἐστιν	εἰ οὐ δύναται
παρελθάτω ἀπ' ἐμοῦ τὸ ποτήριον τοῦτο	τοῦτο παρελθεῖν ἐὰν μὴ αὐτὸ πίω
πλὴν οὐχ ὡς ἐγὼ θέλω ἀλλ' ὡς σύ	γενηθήτω τὸ θέλημά σου

Il confronto delle due preghiere mostra alcune somiglianze e diversità tra loro. Gesù comincia la preghiera con la stessa allocuzione della preghiera antecedente: πάτερ μου. Poi egli enuncia la condizione nella quale collega il secondo e il terzo elemento della preghiera precedente. Il verbo παρελθεῖν non costituisce più come nella prima preghiera (v. 39b) una richiesta di Gesù al Padre, ma forma parte della protasi. L'unica richiesta di Gesù al Padre è infatti la formulazione γενηθήτω τὸ θέλημά σου. La seconda preghiera consiste dunque di tre parti: 1. l'allocuzione: πάτερ μου; 2. la condizione: εἰ οὐ δύναται τοῦτο παρελθεῖν ἐὰν μὴ αὐτὸ πίω; 3. la richiesta: γενηθήτω τὸ θέλημά σου. Rivolgendosi a Dio con l'appellativo πάτερ μου, Gesù esprime lo stretto ed intimo rapporto che esiste tra Dio, suo Padre, e lui, suo Figlio (cf. l'allocuzione della prima preghiera in 26,39b).

a) la condizione (εἰ οὐ δύναται τοῦτο παρελθεῖν ἐὰν μὴ αὐτὸ πίω)

La intensificazione della preghiera è conseguita con l'espressione negativa: εἰ οὐ δύναται[138]. Essa accenna che Gesù ha cominciato a ca-

---

[136] Cf. B. WEISS, *Das Matthäus – Evangelium*, 460; J.W. HOLLERAN, *The Synoptic Gethsemane*, 79; D.P. SENIOR, *The Passion Narrative*, 113; R.E. BROWN, *The Death*, 206-207; R.H. GUNDRY, *Matthew*, 534-535.

[137] Str-B, II, 994-995.

[138] Cf. T. ZAHN, *Das Evangelium*, 701; A. PLUMMER, *An Exegetical*, 370; W.C. ALLEN, *A Critical*, 279-280; G. STRECKER, *Der Weg*, 183; D.P. SENIOR, *The Passion Narrative*, 112; J. GNILKA, *Das Matthäusevangelium*, II, 413; L. MORRIS, *The Gospel*, 670; D.A. HAGNER, *Matthew 14-28*, 784. La posizione contraria sostiene W.D. DAVIES – D.C. ALLISON, *A Critical*, III, 500.

pire il suo silenzioso Padre dopo la prima preghiera. Bisogna, infatti, che si compia la volontà del Padre suo. L'impreteribile risolutezza di Gesù a compiere la volontà del Padre è espressa da Matteo con la formula ἐὰν μή[139]. Il destino della passione di Gesù espresso nella prima preghiera col termine ποτήριον (v. 39b) adesso rievoca il verbo πίω.

b) la richiesta (γενηθήτω τὸ θέλημά σου)

L'espressione γενηθήτω τὸ θέλημά σου che concerne l'effettuazione della volontà del Padre, Gesù la riprende letteralmente dalla preghiera del Padre nostro (6,10)[140]. La preghiera di Gesù giunge al suo apice in questa formulazione, più di questo non si può chiedere al Padre[141].

Mentre la narrazione dal punto di vista soteriologico raggiunge il suo apice nel testo 26,45 che parla della consegna di Gesù da parte del Padre[142], cristologicamente la narrazione culmina nella formula della seconda preghiera di Gesù γενηθήτω τὸ θέλημά σου (26,42b)[143]. Ma cosa si intende sotto l'espressione θέλημα del Padre? Matteo spesso spiega l'agire di Gesù semplicemente come qualcosa che deve avvenire (16,21; 26,54.56). Gesù è colui che compie ogni giustizia (3,15; cf. 27,19) presentandosi nel battesimo, e che è venuto a portare a compimento la Legge e i Profeti (5,17) nell'avvilimento della passione (26,56). Egli è un umile re (21,5), colui che ha potere (26,53.61) e che è Figlio di Dio (26,63; 27,54; cf. 27,17.22). Matteo in ogni caso presenta Gesù continuamente nell'avvilimento, nell'umiltà e nell'essere disprez-

---

[139] Matteo adopera questa espressione 8 volte nel suo vangelo: 5,20; 6,15; 10,13; 11,6; 12,29; 18,3.35; 26,42. K. BEYER, *Semitische Syntax*, 139s dimostra che l'espressione greca non si dovrebbe tradurre come una frase fortemente condizionata, ma come una potenziale accettante «exzeptives "außer" an Stelle von adversativem "sondern"», riflettendo l'espressione ebraica אלא. La frase in questo caso sarebbe più subordinata alla frase principale riguardante la volontà del Padre. La traduzione letterale poi sarebbe: «Wenn er mich nicht verschonen kann, außer ich habe ihn zuvor getrunken, so geschehe dein Wille».

[140] La formulazione riguardante la volontà del Padre nella prima preghiera πλὴν οὐχ ὡς ἐγὼ θέλω ἀλλ' ὡς σύ (v. 39b) richiama la preghiera «Padre nostro» nella particella ὡς.

[141] P. BONNARD, *L'Évangile*, 384 spiega bene lo sviluppo dell'atteggiamento di Gesù verso la volontà del suo Padre: «Jésus ne passe pas de la désobéissance à l'obéissance mais d'une obéissance qui aurait pu être glorieuse à l'obéissance de la croix».

[142] Secondo T. LESCOW, «Jesus», 157: «V. 45 ist der Skopus der Erzählung».

[143] H.A.W. MEYER, *Kritisch*, 504; B. WEISS, *Das Matthäus – Evangelium*, 461; J.W. HOLLERAN, *The Synoptic Gethsemane*, 77.

zato. Anche il binomio di «grandezza – umiltà» confermano le citazioni dall'AT che Matteo adopera (ad es. in 9,17 si cita Is 53,4 e in 12,18-21 si cita Is 42,1-4)[144]. Perché tutto questo deve accadere? Tutto il primo vangelo da una risposta chiara: ciò è secondo le Scritture[145], in altre parole secondo la volontà di Dio. L'oggetto del volere del Padre è chiaro: Gesù deve bere il calice della sofferenza come uno che è percosso da Dio nell'abbassamento e nell'umiliazione totale.

Vi sono alcuni testi nel vangelo di Matteo che parlano di θέλημα τοῦ πατρός μου (7,21; 12,50; 18,14; 21,31). In 7,21; 12,50 e 21,31 si parla del fare (ποιεῖν) la volontà del Padre, dove il soggetto del fare è l'uomo. In 18,14 la relazione verbale è espressa con εἶναι e così in questo caso il soggetto della volontà diventa il Padre. Ma chi è il soggetto in 6,10 e 26,42 della volontà dove la relazione verbale appare con γενηθήτω? Dal testo della scena del Getsemani è chiaro che il contenuto del volere del Padre sia la passione del «bere il calice» (v. 39a.42b). Questo poi è confermato dal contesto con la citazione dall'AT in 26,31 (Zc 13,7) sul percuotere il pastore. Gesù perciò invocando il Padre con le espressioni πλὴν οὐχ ὡς ἐγὼ θέλω ἀλλ' ὡς σύ (v. 39b) e γενηθήτω τὸ θέλημά σου (v. 42b) chiede a lui di agire secondo il suo volere e di realizzare il suo disegno salvifico secondo la sua volontà[146]. Gesù aderisce alla volontà ed all'agire salvifico del Padre. Tutto questo si compie in una solitudine totale e nell'abbandono di Gesù, che manifesta l'unicità della relazione che esiste tra Gesù e il Padre suo.

Per quanto riguarda il rapporto tra le due formulazioni identiche γενηθήτω τὸ θέλημά σου in 6,10 e 26,42 vi sono molti autori che suggeriscono che il linguaggio ed il contenuto della preghiera «Padre nostro» ha influenzato la formulazione matteana di questa preghiera di Gesù nel Getsemani[147]. Esiste in ogni modo anche la proposta contraria: Matteo

---

[144] H.J. Held afferma in G. BORNKAMM – G. BARTH – H.J. HELD, ed., *Überlieferung*, 250 che Matteo «zeigt den Christus als den Herrn im hoheitsvollen Sinn des Wortes, und doch bezeichnet er ihn gerade darin als den, der dem Willen Gottes entspricht».

[145] 1,22s; 2,15.17s.23; 4,14-16; 8,17; 12,18-21; 13,35; 21,4s; 27,9; cf. U. LUZ, *Das Evangelium*, I, 134.

[146] J. KNABENBAUER, *Commentarius*, II, 463: «Proinde, uti sua oratione significat quam acerbus sit calix passionis, ita simul maxima humilitate et obedientia se solum Patris beneplacito obsequi velle protestatur».

[147] Cf. B. WEISS, *Das Matthäus – Evangelium*, 461; W.C. ALLEN, *A Critical*, 279; A.H. MCNEILE, *The Gospel*, 392; G. STRECKER, *Der Weg*, 183; G. BORNKAMM – G. BARTH – H.J. HELD, ed., *Überlieferung*, 135 Anm. 3; T. LESCOW, «Jesus», 156; E. LOHMEYER – W. SCHMAUCH, *Das Evangelium*, 362; M. GALIZZI, *Gesù*, 114; E.

e Luca hanno impostato la loro formulazione della preghiera «Padre nostro» sulla base della tradizione che derivava dalla preghiera nel Getsemani[148]. Sembra, infatti, più logico presupporre che Matteo presenti Gesù che prega nel Getsemani nello stesso modo in cui Egli stesso aveva ordinato ai suoi discepoli.

Matteo così presenta Gesù come un esempio della preghiera che egli stesso ha insegnato ai discepoli[149]. Gesù si presenta come uno che ha piena consapevolezza di tutto ciò che sta per accadere. La sua volontà è in completa armonia con quella del Padre.

3.2.6 Il secondo incontro di Gesù con i discepoli addormentati (v. 43)

Mentre Matteo presenta la seconda preghiera di Gesù con le parole del discorso diretto, non si interessa di inserire un discorso esortativo di Gesù ai discepoli quando Egli li trova la seconda volta addormentati. Matteo presenta il secondo incontro di Gesù con i discepoli soltanto con le due frasi narrative. Nella prima costata il loro sonno continuo καὶ ἐλθὼν πάλιν εὗρεν αὐτοὺς καθεύδοντας, (v. 43a) e nella seconda frase spiega il motivo del loro sonno ἦσαν γὰρ αὐτῶν οἱ ὀφθαλμοὶ βεβαρημένοι. (v. 43b).

a) Il sonno continuo dei discepoli

Nella frase narrativa sul ritorno di Gesù verso i discepoli dopo la seconda preghiera καὶ ἐλθὼν πάλιν εὗρεν αὐτοὺς καθεύδοντας, (v. 43a), Matteo enfatizza il loro sonno. Laddove in Mc 14,40 πάλιν si trova

---

SCHWEIZER, *Das Evangelium nach Matthäus*, 323; J. SCHNIEWIND, *Das Evangelium*, 260; J. GRUNDMANN, *Das Evangelium nach Matthäus*, 540; J. GNILKA, *Das Matthäusevangelium*, II, 412; L. MORRIS, *The Gospel*, 670; U. LUCK, *Das Evangelium*, 289; R.H. GUNDRY, *Matthew*, 534; D.A. HAGNER, *Matthew 14-28*, 784.

[148] S. van TILBORG, «A Form-Criticism», 94-105.

[149] B. WEISS, *Das Matthäus – Evangelium*, 461; A. PLUMMER, *An Exegetical*, 370; W.C. ALLEN, *A Critical*, 280; M.-J. LAGRANGE, *Évangile selon Saint Matthieu*, 501; G. STRECKER, *Der Weg*, 183; T. LESCOW, «Jesus», 155-156; E. LOHMEYER – W. SCHMAUCH, *Das Evangelium*, 362; R.S. BARBOUR, «Getsemane», 238; E. KLOSTERMANN, *Das Matthäusevangelium*, 211; D.P. SENIOR, *The Passion Narrative*, 112; J. SCHNIEWIND, *Das Evangelium*, 260; W. GRUNDMANN, *Das Evangelium nach Matthäus*, 540; J.P. HEIL, *The Death*, 48; J.P. MEIER, *The Vision*, 188; R.H. GUNDRY, *Matthew*, 534; D.A. HAGNER, *Matthew 14-28*, 784; W.D. DAVIES – D.C. ALLISON, *A Critical*, III, 500; H. FRANKEMÖLLE, *Matthäus*, II, 455; W. WIEFEL, *Das Evangelium*, 454. J. GNILKA, *Das Matthäusevangelium*, II, 413 giustamente afferma su Gesù pregante: «Eindringlicher konnte die Vorbildhaftigkeit seiner Gebetshaltung kaum vorgeführt werden».

davanti ἐλθών e così accentua il ritorno di Gesù ai discepoli, in Mt 26,43 πάλιν davanti a εὗρεν ribadisce il fatto che Gesù trova i discepoli addormentati[150]. Il sonno continuo dei discepoli racchiude ovviamente sia il rilievo simbolico, sia un carattere della debolezza fisica. Esso li rende impreparati ad affrontare la tentazione[151]. Matteo così crea il contrasto tra l'incapacità di pregare e vegliare dei discepoli addormentati e la solitudine di Gesù nella preghiera. Il sonno dei discepoli in ogni modo fa parte del piano salvifico stabilito dal Padre.

b) La motivazione del sonno dei discepoli

La costruzione perifrastica, ἦσαν γὰρ αὐτῶν οἱ ὀφθαλμοὶ βεβαρημένοι (v. 43b)[152] composta dall'imperfetto del verbo εἰμι e il participio perfetto del verbo βαρέω[153], esprime la motivazione del sonno continuo dei discepoli. Quale è il significato dell'espressione riguardante la motivazione del sonno dei discepoli?

Il verbo βαρέω ricorre nel NT 6 volte[154] ed in Matteo è un *hapax legomenon*. Esso viene usato nel NT soltanto in senso traslato e solo al passivo «essere caricato; essere oppresso»[155]. Paolo usa il verbo βαρέω per esprimere il peso o tormento insopportabile (2Cor 1,8; 5,4; 1Tm 5,16; cf. anche Lc 21,34). La restante ricorrenza di βαρέω tranne che nel nostro testo, si trova in Lc 9,32 ove questo verbo appare nella scena della trasfigurazione sulla montagna. I tre discepoli prediletti sono oppressi dal sonno. La situazione dei discepoli nella scena della trasfigurazione corrisponde a quella degli stessi tre discepoli nel Getsemani, dove il verbo viene adoperato a proposito dell'appesantimento delle palpebre. L'espressione οἱ ὀφθαλμοὶ βεβαρημένοι probabilmente ha la funzione di un'illustrazione della debolezza umana dei discepoli (v.

---

[150] B. WEISS, *Das Matthäus – Evangelium*, 461; E. KLOSTERMANN, *Das Matthäusevangelium*, 211; M. GALIZZI, *Gesù*, 101; D.P. SENIOR, *The Passion Narrative*, 113; R.H. GUNDRY, *Matthew*, 534. Vi sono alcuni che collegano πάλιν con ἐλθών precedente; ad es.: J. MORISON, *A Practical*, 549; W.C. ALLEN, *A Critical*, 280; W. HENRIKSEN, *The Gospel*, 919; L. MORRIS, *The Gospel*, 670.

[151] R.E. BROWN, *The Death*, 205.

[152] V. TAYLOR, *The Gospel*, 45 presenta una statistica di queste costruzioni perifrastiche (Mc 16 volte; Mt 3 volte; Lc 28 volte; Gv 10 volte).

[153] Mentre nel passo parallelo di Marco (14,40) il verbo è composto καταβαρυνεῖν, Matteo preferisce usare i verbi semplici. Cf. D.P. SENIOR, *The Passion Narrative*, 113.

[154] Mt 26,43; Lc 9,32; 21,34; 2Cor 1,8; 5,4; 1Tm 5,16.

[155] Cf. G. SCHRENK, «βαρέω κτλ», 556-559; H. BALZ, «βαρέω», 475; W. BAUER, *Griechisch-deutsches Wörterbuch*, 267.

41b: ἡ δὲ σὰρξ ἀσθενής), come anche dimostra il testo di Gn 48,10 dove gli occhi di Israele erano offuscati dalla vecchiaia (יִשְׂרָאֵל כָּבְדוּ מִזֹּקֶן וְעֵינֵי)[156].

La reazione di Gesù al comportamento dei discepoli è sorprendente. Egli non sveglia i discepoli, ma riconosce in questo fatto una conformità alla volontà del Padre suo. Egli deve da solo affrontare la passione ed altresì Egli, come Figlio dell'Uomo, deve essere consegnato da solo nelle mani dei peccatori (v. 45c). La solitudine di Gesù, al tempo stesso unione con il Padre suo nella preghiera, è ancora più esplicitamente manifestata nel testo che segue.

3.2.7 La terza preghiera di Gesù (v. 44)

Nel versetto 44, Matteo costata espressamente con la formulazione καὶ ἀφεὶς αὐτοὺς πάλιν ἀπελθὼν προσηύξατο ἐκ τρίτου che Gesù si è allontanato di nuovo dai discepoli per pregare. La terza preghiera di Gesù poi viene formulata con un discorso indiretto: τὸν αὐτὸν λόγον εἰπὼν πάλιν. Da questa formulazione risulta chiaro che il suo contenuto potrebbe essere identico a quello della seconda preghiera (v. 42b)[157].

L'espressione ἀφείς segna un progresso sia nell'azione che nella preghiera di Cristo. L'allontanarsi di Gesù non è soltanto espresso con ἀπελθών (vv. 36.42) oppure con προελθών (v. 39) ma con la frase ἀφεὶς αὐτοὺς πάλιν ἀπελθών. La formulazione ἀφείς sottolinea il distacco di Gesù dai discepoli e nello stesso tempo aumenta il senso di volontarietà della sua solitudine[158]. La solitudine di Gesù viene ribadita anche dal fatto che quando Gesù ritornando dai discepoli, li trova di nuovo addormentati, non li esorta più alla veglia ed alla preghiera, ma li abbandona di nuovo e va a pregare.

L'importanza del numero tre è palese negli scritti biblici[159]. Le tre preghiere di Gesù sono messe nel parallelismo antitetico con i tre rinnegamenti di Pietro. L'espressione numerica accentua l'intensità del

---

[156] Cf. A. SCHLATTER, *Der Evangelist*, 753; R.E. BROWN, *The Death*, 206.

[157] Cf. D.A. HAGNER, *Matthew 14-28*, 784; W. WIEFEL, *Das Evangelium*, 454.

[158] Nel primo vangelo si riscontra il senso della volontarietà dal verbo ἀφίημι quando i discepoli abbandonano ogni cosa per seguire il Maestro (4,20.22) e debbono decidersi ad abbandonare i Farisei (15,14).

[159] Ad es.: In Nm 24,10 Balaam benedice Israele tre volte; in 1Sam 3,8 Dio chiama Samuele tre volte per nome; in 1Sam 20,41 Davide si prostra tre volte con la faccia a terra e in 2Cor 12,8 Paolo prega tre volte il Signore; cf. Sal 55,18.

pregare di Gesù[160]. Con la terza preghiera la narrazione raggiunge il suo sviluppo totale. Matteo con la formulazione τὸν αὐτὸν λόγον εἰπὼν πάλιν[161] in cui non vengono più riportate le parole di Gesù, mette in rilievo l'intensità e profondità della preghiera stessa. Essa ha come risultato il suo abbandono totale al Padre. Matteo riportando tre volte il ritiro di Gesù alla preghiera ribadisce che Gesù vuole affrontare la passione soltanto quando è evidente che si tratta della volontà del Padre[162]. Matteo così esprime non soltanto l'accettazione della volontà del Padre da parte di Gesù, ma rileva anche la solitudine di Gesù stabilita dal Padre[163]. La terza preghiera di Gesù diventa l'orazione *par excellence*. Il suo scopo è di far comprendere la volontà del Padre ed abilitare Gesù ad attuarla.

3.3 La scena conclusiva: Gesù ritorna ai discepoli e proclama la sua consegna (v. 45-46)

Il quadro finale della preghiera di Gesù nel Getsemani viene descritto nella narrazione matteana con i due avvenimenti: 1. l'incontro di Gesù con i discepoli addormentati (v. 45a-b) e 2. la proclamazione di Gesù circa l'ora della sua consegna (v. 45c-46).

3.3.1 L'incontro di Gesù con i discepoli (v. 45a-b)

Matteo presenta l'incontro di Gesù con i discepoli dopo la sua terza preghiera con una frase narrativa formulata nel senso puramente informativo τότε ἔρχεται πρὸς τοὺς μαθητὰς καὶ λέγει αὐτοῖς (v. 45a) e con un discorso diretto rivolto ai discepoli Καθεύδετε [τὸ] λοιπὸν καὶ ἀναπαύεσθε (v. 45b).

---

[160] GNILKA, *Das Matthäusevangelium*, II, 413.

[161] L'espressione πάλιν ricorre 4 volte nei versetti 42-44. Secondo A.H. MCNEILE, *The Gospel*, 392 la ripetizione di πάλιν sottolinea «mournful force» della scena. Matteo comunque adopera due volte (v. 42a.44/prima ricorrenza/) πάλιν per ribadire le partenze di Gesù per pregare, una volta (v. 43a) per mettere un'enfasi sul sonno continuo dei discepoli e l'ultima volta alla fine del v. 44 l'avverbio πάλιν sottolinea ciò che la terza preghiera di Gesù esprime lo stesso contenuto come la preghiera precedente – la sua totale rassegnazione alla volontà del Padre (v. 42b; cf. v. 39b). Cf. E. SCHWEIZER, *Das Evangelium nach Matthäus*, 323.

[162] Cf. B. GERHARDSSON, «Jésus», 216-217.

[163] M. GALIZZI, *Gesù*, 101.

a) Il ritorno Gesù ai discepoli

La scena di chiusura comincia con una frase narrativa che descrive l'incontro di Gesù con i discepoli τότε ἔρχεται πρὸς τοὺς μαθητάς. La particella introduttiva τότε[164] è una particolarità matteana[165]. L'espressione τότε conclude la scena, riassume tutto ciò che in essa è stato detto dei discepoli ed esemplifica il motivo del pregare di Gesù e delle sue esortazioni ai discepoli. Matteo con l'espressione πρὸς τοὺς μαθητάς[166] descrive esplicitamente il ritorno di Gesù a tutti i discepoli[167] e così rievoca l'inizio della pericope che presenta la venuta di Gesù con tutti i discepoli nel Getsemani (v. 36) e nello stesso tempo fa allusione alla formulazione sul ritorno di Gesù ai discepoli dopo aver pregato per la prima volta (v. 40a).

b) Il discorso rivolto ai discepoli

Gesù ritornato ai discepoli si rivolge a loro con un discorso diretto che viene introdotto con la formula καὶ λέγει αὐτοῖς: Καθεύδετε [τὸ] λοιπὸν καὶ ἀναπαύεσθε. Questa è difficile da interpretare, perché dal punto di vista grammatica le vi sono tre possibilità; la frase può essere letta nel modo: 1. indicativo[168], 2. interrogativo[169] oppure 3. imperativo[170]. Il contesto della frase comunque rende inverosimile interpretare i verbi nell'imperativo a causa dell'esortazione di Gesù ai discepoli γρηγορεῖτε καὶ προσεύχεσθε in 26,41a (cf. 26,38) ed anche a causa

---

[164] Nel passo parallelo del vangelo di Marco viene adoperato il semplice καί.

[165] Matteo conclude spesso con la particella τότε una pericope (cf. 4,11; 16,12.20; 13,43; 17,13; 26,45).

[166] Marco riporta soltanto un pronome personale αὐτοῖς con il quale sottintende i discepoli.

[167] J.W. HOLLERAN, The Synoptic Gethsemane, 79.

[168] Ad. es.: R.H. GUNDRY, Matthew, 535 chi non esclude anche l'interpretazione dei verbi nel modo interrogativo.

[169] A. PLUMMER, An Exegetical, 371; E. LOHMEYER – W. SCHMAUCH, Das Evangelium, 362; E. KLOSTERMANN, Das Markusevangelium, 151; M. GALIZZI, Gesù, 102; J.W. HOLLERAN, The Synoptic Gethsemane, 52; V. TAYLOR, The Gospel, 556; J. GNILKA, Das Matthäusevangelium, II, 413; D.A. HAGNER, Matthew 14-28, 784; W.D. DAVIES – D.C. ALLISON, A Critical, III, 501.

[170] H.A.W. MEYER, Kritisch, 504; B. WEISS, Das Matthäus – Evangelium, 462; T. ZAHN, Das Evangelium, 703; A.H. MCNEILE, The Gospel, 392; M.-J. LAGRANGE, Évangile selon Saint Marc, 391; F.V. FILSON, A Commentary, 279; H. FENDRICH, «λοιπός», 890; L. MORRIS, The Gospel, 671; W. WIEFEL, Das Evangelium, 454. Essi giustificano la loro interpretazione con l'affermazione che si tratta di un commando permissivo.

dell'ordine seguente di Gesù ἐγείρεσθε ἄγωμεν· in 26,46a. Delle altre interpretazioni la seconda, che vede nella frase, una domanda, sembra essere più probabile. Questo è verificato anche dal contesto prossimo del testo.

Viene osservato che il discorso rivolto da Gesù ai suoi discepoli dopo la sua prima preghiera (v. 40b-41) funge da testo parallelo per il discorso conclusivo di Gesù rivolto ai discepoli dopo la sua terza preghiera. Si fa rilevare che il discorso di Gesù rivolto ai discepoli dopo la sua prima preghiera contiene una domanda (v. 40b) e un'esortazione all'imperativo (v. 41). La scena conclusiva, infatti, presenta anche una domanda (v. 45b) che viene seguita da una esortazione all'imperativo (v. 46a). Va pure notato che il significato dell'avverbio [τὸ] λοιπόν nel testo comprova l'interpretazione della formulazione καθεύδετε [τὸ] λοιπὸν καὶ ἀναπαύεσθε come una domanda. Il termine λοιπόν ha un senso principale di «d'allora innanzi, in avvenire, in più»[171], ma nel greco ellenistico ha formato un senso derivato «così, allora, pertanto, tanto» che è diventato predominante nell'uso[172]. In questo senso l'avverbio λοιπόν viene adoperato anche nel nostro testo[173]. In conclusione, si può dire che Gesù dopo aver pregato la terza volta, ritorna ai discepoli e pone loro una domanda riprensiva e monitoria che riguarda la loro incapacità di vegliare e pregare con Lui.

3.3.2 Gesù proclama l'ora della sua consegna (v. 45c-46)

I versetti 45c-46, che annunciano la consegna del Figlio dell'Uomo, sono le ultime parole rivolte da Gesù ai discepoli prima della sua morte. Essi creano una struttura simmetrica. Nel centro delle frasi parallele ἰδοὺ ἤγγικεν ἡ ὥρα καὶ ὁ υἱὸς τοῦ ἀνθρώπου παραδίδοται εἰς χεῖρας ἁμαρτωλῶν. (v. 45c) e ἰδοὺ ἤγγικεν ὁ παραδιδούς με. (v. 46b) che enunciano il compimento del destino di Gesù si trova l'ultima esortazione che Gesù rivolge ai discepoli ἐγείρεσθε ἄγωμεν· (v. 46a).

---

[171] W. BAUER, *Griechisch-deutsches Wörterbuch*, 974.

[172] Cf. A.N. JANNARIS, «Misreadings», 428-431; M.E. THRALL, *Greek Particles*, 25 afferma: «In later Greek, however, λοιπόν, with or without the definite article, becomes little more than a connecting particle used in the same way as οὖν»; cf. F. BLASS – A. DEBRUNNER – F. REHKOPF, *Grammatik*, 160, § 3.

[173] Cf. J.W. HOLLERAN, *The Synoptic Gethsemane*, 51; R.E. BROWN, *The Death*, 208; W.D. DAVIES – D.C. ALLISON, *A Critical*, III, 501.

CAP. II: LA PREGHIERA DI GESÙ NEL GETSEMANI (MT 26,36-46) 101

a) L'ora della consegna del Figlio dell'Uomo

Gesù enuncia l'ora della consegna del Figlio dell'Uomo con la frase: ἰδοὺ ἤγγικεν ἡ ὥρα καὶ ὁ υἱὸς τοῦ ἀνθρώπου παραδίδοται εἰς χεῖρας ἁμαρτωλῶν. (v. 45c). Il contenuto sul quale Gesù ha pregato tre volte, viene formulato esplicitamente da Gesù stesso: ὁ υἱὸς τοῦ ἀνθρώπου παραδίδοται εἰς χεῖρας ἁμαρτωλῶν. Ma quale è il significato di questa frase?

+ *L'avvicinamento dell'ora*

Gesù esprime l'annuncio dell'avvicinamento dell'ora con la formulazione ἰδοὺ ἤγγικεν ἡ ὥρα. Il primo concetto da interpretare è la particella dimostrativa ἰδού «ecco» (v. 45c.46b) che ricorre 62 volte in Matteo (Mc 7; Lc 57)[174] e che riveste nella narrazione matteana una funzione introduttiva di una tematica importante[175]. Nel nostro testo Matteo adopera l'espressione enfatica ἰδού all'inizio della frase[176] e così acquista importanza sia per la consegna del Figlio dell'Uomo sia per il tema dell'ora.

Il secondo concetto delle frasi che riguardano l'annuncio dell'ora della consegna di Gesù è l'espressione ἤγγικεν ἡ ὥρα. Il verbo ἐγγίζω che ricorre 42 nel NT con il significato soltanto intransitivo «avvicinarsi»[177] viene adoperato da Matteo 7 volte[178] (Mc 3; Lc 18) sempre in questo suo senso primario[179]. La formulazione ἤγγικεν ἡ ὥρα ha un carattere della predizione finale della passione ed esprime la piena consapevolezza di Gesù sulla sua consegna e sul suo destino che sta per compiersi. Egli aderisce interamente senza riserve all'azione del Padre

---

[174] Cf. G. SCHNEIDER, «ἰδού», 424-425.
[175] Cf. P. FIEDLER, *Die Formel*, 51-59; A. VARGAS-MACHUCA, «(Καὶ) ἰδού», 233-244; W. SCHENK, *Die Sprache*, 296-298.
[176] Nel testo di Marco si trova in mezzo alla frase dopo l'annuncio dell'avvicinamento dell'ora.
[177] Cf. D. DORMEYER, «ἐγγίζω», 894-896.
[178] Nel senso neutrale esprimendo l'avvicinamento di Gesù e dei suoi discepoli a Gerusalemme ἐγγίζω appare in 21,1. Tre volte poi riveste una caratteristica escatologica nelle formule della predicazione di Giovanni Battista (3,2), Gesù (4,17) e del discorso missionario di Gesù ai discepoli (10,7). La ricorrenza di ἐγγίζω nella parabola dei vignaioli omicidi (21,34) e poi due volte prima dell'arresto nel Getsemani (25,45s) hanno già un connotato della tematica della passione.
[179] L'affermazione di W.R. HUTTON, «The Kingdom», 90 che il verbo ἐγγίζω significa «arrivare» è senza qualsiasi fondatezza.

ed alla sua volontà come ha espresso anche nella sua preghiera con γενηθήτω τὸ θέλημά σου (v. 42b).

+ La consegna del Figlio dell'Uomo

Gesù formula il contenuto dell'ora con l'espressione καὶ ὁ υἱὸς τοῦ ἀνθρώπου παραδίδοται εἰς χεῖρας ἁμαρτωλῶν. Questa frase suscita le seguenti domande: che cosa esprime la formulazione παραδιδόναι εἰς χεῖρας τινος? Quale funzione ha nel testo l'uso del concetto ὁ υἱὸς τοῦ ἀνθρώπου? Chi sono i riceventi della consegna?

La formula παραδιδόναι εἰς χεῖρας τινος non è accertata nel greco puro[180] e si tratta di un ebraismo[181]. Di testi paralleli se ne trovano nella letteratura talmudica[182]. Il soggetto della consegna è di regola Dio. Nell'AT la formulazione viene adoperata nel linguaggio della guerra santa[183] e nelle formulazioni dei processi giudiziari tra Dio ed Israele[184]. L'espressione παραδιδόναι εἰς χεῖρας τινος significa principalmente la consegna alla disposizione del potere dell'altro, quale conseguenza ha in prevalenza l'annientamento oppure almeno la repressione. Si tratta di un atto giudiziale[185].

Nel NT il verbo παραδιδόναι «consegnare» ricorre 119 volte, il più delle volte nei Vangeli (Mt 31; Mc 20; Lc 17; Gv 15) e negli Atti 13 volte[186]. Si fa rilevare che il cospicuo numero delle ricorrenze di παραδιδόναι nel NT si riferisce alla passione di Gesù[187]. Lo stesso anche risulta per la narrazione matteana. Matteo usando il verbo παραδιδόναι prevalentemente al passivo enuncia la passione di Gesù (17,22; 20,18s; 26,2.45)[188]. Questi testi senza un soggetto esplicito si riportano a Dio[189] come al soggetto della consegna (*passivum divi-*

---

[180] H. BÜCHSEL, «δίδωμι κτλ», 172.
[181] F. BLASS – A. DEBRUNNER – F. REHKOPF, *Grammatik*, § 217,2.
[182] Cf. A. SCHLATTER, *Der Evangelist*, 537s.
[183] Cf. G. von RAD, *Der Heilige Krieg*, 7-9; E. LIPINSKI, «יהן», 699.
[184] Cf. H. WEIPPERT, «Jahwekrieg», 396-409.
[185] W. POPKES, *Christus*, 25.
[186] ID., «παραδίδωμι», 43.
[187] Per uno studio minuzioso dell'uso di παραδιδόναι nel NT si veda W. POPKES, *Christus*, 133-295.
[188] Il verbo παραδιδόναι appare anche nei testi che si riferiscono alla consegna dei discepoli di Gesù (10,17.19.21) oppure di Giovanni Battista (4,12). Il destino dei discepoli e di Giovanni Battista è così messo in parallelo con quello di Gesù.
[189] L'apostolo Paolo chiama esplicitamente Dio come soggetto della consegna di Gesù in Rm 8,32.

num)¹⁹⁰. Vi sono anche i passi dove l'azione del consegnare si riferisce a Giuda (10,4; 26,15s; 21.23.24.25.46.48; 27,3s) oppure ai sommi sacerdoti ed agli anziani del popolo (27,2.18) ed a Pilato (27,26). Come bisogna interpretare l'espressione παραδιδόναι εἰς χεῖρας τινος nel nostro testo?

Questa formulazione appare oltre che nel nostro testo, in Matteo soltanto in 17,22¹⁹¹ ed essa ha le sue origini nel mondo semitico dell'AT dove esprime il giudizio divino sia verso i nemici sia verso il suo popolo eletto. Il connotato del giudizio divino comunque appare anche nel NT dove Gesù viene presentato come colui che morì per i peccatori e ha preso su di sé la divina maledizione (cf. Rm 8,3; 2Cor 5,21; Gal 3,13). Lo stesso vale anche per i testi ove si parla della consegna di Gesù da parte di Dio¹⁹² ed in tal modo bisogna anche interpretare il nostro testo.

Per quanto riguarda poi lo scopo della consegna, si fa rilevare che il narratore del vangelo di Matteo, lo precisa con l'espressione σταυρωθῆναι in 26,2¹⁹³. La consegna¹⁹⁴ e la crocifissione¹⁹⁵ così appaiono i termini centrali della narrazione matteana della passione.

Per quanto concerne l'oggetto della consegna, essa si riferisce a Gesù che viene nominato come ὁ υἱὸς τοῦ ἀνθρώπου¹⁹⁶. Risulta chiaro che nel NT l'espressione ὁ υἱὸς τοῦ ἀνθρώπου è identica con la persona di Gesù. Essa viene adoperata in prevalenza come l'autoindicazione. Nei

---

¹⁹⁰ J. JEREMIAS, *Neutestamentliche Theologie*, I, 281.

¹⁹¹ Tranne i passi paralleli (Mc 9,31; 14,41; Lc 9,44) la formula appare poi nel NT soltanto in Lc 24,7; At 21,11; 28,17.

¹⁹² W. POPKES, *Christus*, 236 lo conferma: «Aber auch da, wo nur von Jesu Dahingabe durch Gott die Rede ist, mußte bei einem, dem die atl.-jüdische Tradition vertraut war, der Gedanke mitschwingen, dass dieser göttliche Akt nicht ohne eine bestimmte Motivation geschehen konnte; und am nächsten lag fraglos der Gedanke, daß sich hier eine unerhörte Manifestation des göttlichen Zorns vollzog».

¹⁹³ Marco descrive lo scopo della consegna soltanto generalmente con ἀποκτενοῦσιν (10,34).

¹⁹⁴ L'uso del verbo παραδιδόναι nel racconto della passione in Matteo: 26,2.15.16.21.23.24.25.45.46.48; 27,2.3.4.18.26.

¹⁹⁵ L'uso del verbo σταυρόω nel racconto della passione in Matteo: 26,2; 27,22.23.26.31.35.38.

¹⁹⁶ Nonostante i numerosi studi sul tema «Figlio dell'Uomo» la questione sull'origine del termine ed il suo significato originale rimane fino ad oggi controversa. Un riassunto della bibliografia (fino 1970) per questa tematica è riportata da J.W. HOLLERAN, *The Synoptic Gethsemane*, 57-59 Anm. 339. La letteratura per gli studi recenti si trova ad es. in: J.R. DONAHUE, «Recent Studies», 484-498; M. CASEY, «Method», 17-43.

vangeli sinottici appare l'espressione ὁ υἱὸς τοῦ ἀνθρώπου nelle frasi sul «Figlio dell'Uomo» terrestre (Mc 2; Mt 7; Lc 8), sofferente (Mc 4; Mt 6; Lc 3) – eventualmente sofferente e risorto (Mc 5; Mt 4; Lc 3), escatologico (Mc 3; Mt 13; Lc 10)[197]. Viene osservato che la caratteristica principale di ὁ υἱὸς τοῦ ἀνθρώπου nel NT è la sua autorità. Anche nel momento in cui Gesù affronta la consegna, che lo conduce alla passione, Matteo mostra Gesù con piena autorità[198]. Il suo agire è conforme al piano salvifico stabilito dal Padre come risulta chiaro anche dalla sua preghiera (26,42b).

Dell'enunciato sulla consegna del «Figlio dell'Uomo» adesso resta ancora da interpretare il ruolo dei suoi riceventi. Nella narrazione matteana vi sono quattro gruppi come «riceventi» della consegna: gli uomini (17,22), i sommi sacerdoti e gli scribi (20,18), i pagani (20,19) e i peccatori (26,45). Nel nostro testo Matteo afferma esplicitamente che: il Figlio dell'Uomo sarà consegnato nelle mani degli ἁμαρτωλῶν. Chi sono questi ἁμαρτωλοί? L'espressione ἁμαρτωλός ricorre nei LXX e nel giudaismo prevalentemente nella forma sostantiva come un equivalente dell'ebraico רָשָׁע e indica al modo giudaico, sia il nemico connazionale sia anche in riferimento alla Torà, il nemico pagano come «empio colpevole; malfattore». Esso diventa un *terminus technicus* per «i pagani»[199]. Nel NT il concetto ἁμαρτωλός è presente 47 volte (in prevalenza nei sinottici 29 volte) e riprende il significato veterotestamentario «peccatore, peccaminoso»[200]. La rilevanza del nostro testo la si capisce in modo migliore nel contesto di tutto il vangelo. In 16,23 Matteo presenta Gesù che ripudia il pensare secondo gli uomini perché sta contro il ragionare di Dio. Pietro, che rappresenta il pensare secondo gli uomini, viene designato come Satana. La tradizione umana è spesso messa in antitesi con la parola di Dio (cf. 15,1-20). Da questo brusco contrasto tra Dio e gli uomini, diventa palese che Gesù può parlare allo stesso modo della consegna del Figlio dell'Uomo nelle mani degli uomini (17,22) e nelle mani dei peccatori (26,46). I peccatori non sono

---

[197] Cf. F. HAHN, «υἱός», 928.

[198] H.E. TÖDT, *Der Menschensohn*, 200: «Die Souveränität des Vorherwissens und des Dahingehens Jesu wird durch den Menschensohnnamen hervorgehoben, und die Passionsbotschaft wird so mit dem Menschensohngedanken verknüpft». Cf. J.W. HOLLERAN, *The Synoptic Gethsemane*, 65; R.E. BROWN, *The Death*, 213.

[199] Cf. K.H. RENGSTORF, «ἁμαρτωλός κτλ», 324-330.

[200] P. FIEDLER, «ἁμαρτωλός», 158.

soltanto quelli rappresentati dal popolo (Mt 20,18)[201] e dai soldati romani (At 2,23) e pagani (Mt 20,19 cf. Gal 2,15)[202] che agiscono immediatamente, ma i peccatori rappresentano tutti quelli che si sono allontananti da Dio, che si oppongono a Lui e che hanno rifiutato Gesù come il Messia – il Figlio di Dio[203]. Gesù è in quel momento consegnato da Dio a tutti gli uomini, nessuno escluso, poiché tutti lo hanno abbandonato. La solitudine di Gesù nella preghiera si manifesta anche nella sua consegna.

b) L'esortazione di Gesù ai discepoli

Per quanto riguarda la formulazione all'imperativo ἐγείρεσθε ἄγωμεν· (v. 46a) si fa rilevare che essa esprime la volontà di Gesù d'incontrarsi con Giuda. L'atteggiamento di Gesù è tutt'altro che ritirarsi. Quest'esortazione finale è, all'interno del racconto della passione, l'ultimo invito di Gesù rivolto ai discepoli. Innanzitutto, è assai eloquente che si tratta dell'ultimo tentativo da parte di Gesù rivolto ai discepoli per renderli partecipi del suo destino.

L'espressione ἐγείρεσθε ἄγωμεν· (v. 46a) non è soltanto un'esortazione implicita ai discepoli, ma anche un ultimo atto decisionale di Gesù di fronte al suo compito messianico. Così Gesù enuncia la sua voglia di aderire al volere del Padre compiendo il suo disegno salvifico[204]. Questa espressione richiama le formulazioni nelle preghiere di Gesù riguardanti la volontà del Padre πλὴν οὐχ ὡς ἐγὼ θέλω ἀλλ' ὡς σύ (v. 39b) γενηθήτω τὸ θέλημά σου (v. 42b). In conclusione, si può dire che la chiusura della pericope diventa per questo suo senso e disposizione una sintesi dell'intera narrazione.

c) L'avvicinamento del traditore

L'ultima frase della pericope ἰδοὺ ἤγγικεν ὁ παραδιδούς με forma un parallelismo con la formula ἰδοὺ ἤγγικεν ἡ ὥρα[205]. Queste frasi in tal modo lasciano trasparire che il momento dell'ora è inseparabilmente

---

[201] H.A.W. MEYER, *Kritisch*, 505; B. WEISS, *Das Matthäus – Evangelium*, 462; P. GAECHTER, *Das Matthäus – Evangelium*, 867; J. SCHNIEWIND, *Das Evangelium*, 260; L. MORRIS, *The Gospel*, 671; D.A. HAGNER, *Matthew 14-28*, 785.
[202] A.H. MCNEILE, *The Gospel*, 393; K.H. RENGSTORF, «ἁμαρτωλός κτλ», 332; W.D. DAVIES – D.C. ALLISON, *A Critical*, III, 501.
[203] J.W. HOLLERAN, *The Synoptic Gethsemane*, 66; G. MAIER, *Matthäus*, II, 388; R.E. BROWN, *The Death*, 211; W. WIEFEL, *Das Evangelium*, 455.
[204] Cf. C.S. KEENER, *A Commentary*, 639.
[205] J. GNILKA, *Das Matthäusevangelium*, II, 413s.

connesso con il tradimento di Giuda. Così si prepara già la tematica della pericope seguente, che narra il tradimento di Giuda e l'arresto di Gesù (26,47-56).

Matteo presenta Giuda nel vangelo sempre con un riferimento al suo tradimento (10,4; 26,15s; 21.23.24.25.46.48; 27,3s). La consegna di Giuda non è nient'altro che la conseguenza della consegna divina. Nel momento in cui Dio ha ritirato la sua mano protettrice da Gesù, egli viene consegnato ai peccatori (cf. Sal 71,10s)[206]. Giuda diventa un prototipo di coloro che condannano Gesù e non vogliono accettarlo come il Messia.

Dalla narrazione matteana risulta chiaro che vi sono due soggetti del consegnare: 1. il Padre consegna Gesù affinché dia la sua vita in riscatto per molti (20,28) e 2. i peccatori, in concreto nel nostro testo Giuda, che lo consegnano perché non vogliono riconoscerlo come Messia[207]. L'agire del Padre tende alla salvezza, mentre quello dei peccatori alla propria condanna. È verosimile in ogni caso che Matteo abbia voluto indicare semplicemente con l'espressione ἰδοὺ ἤγγικεν ὁ παραδιδούς με (v. 46b) come si concretizzi nella storia il piano salvifico, secondo la volontà di Dio, al quale Gesù ha aderito con incrollabile risolutezza nelle sue preghiere (v. 39b.42b). In conclusione, bisogna riconoscere che il Padre è colui che consegna Gesù, egli è il Signore della storia e del piano salvifico, mentre gli uomini ne sono soltanto lo strumento (cf. 26,24).

4. Osservazioni conclusive

La preghiera nel Getsemani (26,36-46) è la seconda preghiera (dopo l'inno di giubilo in 11,25s) di Gesù nel vangelo di Matteo. Gesù pronuncia questa preghiera immediatamente prima del suo arresto (26,47-56). Innanzitutto viene osservato che Matteo, più di tutti i sinottici, drammatizza l'episodio di Gesù nel Getsemani. Egli mette in rilievo la dinamica del racconto con la sua struttura ordinata ed accentua più di tutti la figura di Gesù e dei discepoli, che sono i due principali attori della narrazione. Al centro di tutti gli avvenimenti si trova la persona di Gesù che rivolge le preghiere al Padre suo (v. 39b.42b.44) ed esorta i discepoli (v. 36b.38.40b-41.45b-46). Il secondo attore della scena sono i discepoli che sono inattivi negli avvenimenti, ma nonostante tutto, sono sempre messi in relazione con Gesù.

---

[206] Cf. R. FELDMEIER, *Die Krisis*, 224.
[207] Cf. M. GALIZZI, *Gesù*, 102.

Nella prima parte della pericope (v. 36s) Matteo descrive l'entrata di Gesù e dei discepoli nel Getsemani (v. 36) e poi la separazione del gruppo ristretto di Pietro e dei due figli di Zebedeo dagli altri discepoli (v. 37). La parte centrale (v. 38-44) che viene introdotta con un riferimento sullo stato d'animo di Gesù (v. 38) è caratterizzata dalla triplice preghiera di Gesù, espressa con le formule ἐκ δευτέρου (v. 42a) e ἐκ τρίτου (v. 44) che diventa sempre più sintetica. Le tre preghiere di Gesù nella solitudine (v. 39b.42b.44) sono sempre seguite dagli incontri di Gesù con i discepoli addormentati (v. 40a-41.43.45), che sono esortati da lui a vegliare (v. 38.40-41). Le tre preghiere hanno lo scopo di far comprendere a Gesù la volontà del Padre e renderlo capace di realizzarla. Il risultato delle preghiere è il suo totale abbandono alla volontà del Padre. L'ora del suo arresto e il calice della sofferenza che fanno parte del disegno salvifico di Dio, rientrano tra i motivi della sua preghiera. Nella scena finale (v. 45-46) Gesù, liberato dalla paura e dall'angoscia mediante la preghiera, riconosce nell'avvicinarsi del traditore il compimento della volontà del Padre.

Per quanto riguarda la persona di Gesù, Matteo descrive nella scena del Getsemani in primo luogo il suo stato d'animo e il suo atteggiamento durante la preghiera, poi in secondo luogo, presenta alcune caratteristiche del suo modo di pregare.

Matteo riferisce due volte sullo stato d'animo di Gesù durante la preghiera. La prima volta lo descrive con una frase narrativa informando che Gesù esprime la sua preghiera nella tristezza e nell'angoscia (v. 37). La seconda volta Gesù stesso afferma che la sua anima è triste fino alla morte (v. 38). Lo stato d'animo di Gesù caratterizza la sua preghiera. Egli sta andando incontro alla passione, non come un eroe oppure un martire, ma come un uomo che deve soffrire rigettato da tutti, che prova l'angoscia e la tristezza di fronte al suo destino. Gesù rinuncia a tutto il suo potere e consegna se stesso con umiltà e piena fiducia al progetto del Padre e così si rende disponibile alla sua volontà.

L'atteggiamento di Gesù durante la preghiera racchiude due connotati. Gesù prega nella solitudine appartato da tutti. La sua completa separazione per incontrare Dio nella preghiera rileva la fondatezza e l'importanza di quel momento e nello stesso tempo lascia trasparire l'esclusività del suo rapporto con Dio, Padre suo. Il secondo tratto esteriore del comportamento di Gesù durante la preghiera esprime l'atteggiamento della prostrazione con la faccia a terra (v. 39a), con la quale egli esprime la sua umile sottomissione alla volontà del Padre suo.

Per quanto poi concerne le caratteristiche principali del modo di pregare di Gesù, esse si possono rintracciare dal contenuto delle sue preghiere.

In primo luogo, le preghiere di Gesù evidenziano il modo con cui Egli si rivolge a Dio quando prega. L'appellativo πάτερ μου (v. 39b.42b) nella sua preghiera manifesta l'intima familiarità di Gesù con Dio, suo Padre. Nominando Dio πάτερ μου, Gesù esprime la sua sconfinata fiducia in Lui e l'unicità del rapporto tra di loro. Gesù mostra in questo modo l'immagine di Dio come Padre che i discepoli devono accogliere.

La seconda caratteristica della preghiera di Gesù nel Getsemani è data dal suo contenuto riguardante la volontà del Padre. Nella sua prima preghiera, nonostante la richiesta che passi da lui il calice della sofferenza, Gesù consegna completamente il suo destino al piano salvifico stabilito dal Padre suo (v. 39b). Con la condizione εἰ δυνατόν ἐστιν della sua preghiera Gesù rivela la sua piena coscienza del piano salvifico divino, che Egli vuole compiere. Va notato che la sua seconda preghiera si intensifica. Gesù esprimendo la condizione negativa εἰ οὐ δύναται manifesta la disposizione del suo animo a compiere la volontà del Padre silenzioso. Con la richiesta della preghiera Gesù esprime la sua impermutabile risolutezza d'adempiere la volontà del Padre suo. Essa enuncia il desiderio di Gesù che sia fatta la volontà del Padre suo (v. 42b). Egli aderendo alla volontà del Padre si presenta come colui che nel suo agire, nella passione e morte, adempie ogni giustizia (3,15; cf. 27,19).

Per quanto riguarda il ruolo dei discepoli durante la preghiera di Gesù nel Getsemani, essi sono chiamati a stare con Lui (v. 36a.38.40b.46a) e così essere partecipi della sua veglia e preghiera (v. 38.40b.41a). Il desiderio di Gesù è di condividere con i discepoli l'esperienza del Getsemani. Essi sono chiamati da Gesù a partecipare alla sua sofferenza nel momento in cui precede il suo arresto. L'invito a vegliare con Lui, è un *Leitmotiv* della narrazione che enfatizza l'intenzione di Gesù di rendere i discepoli partecipi della sua sofferenza. La preghiera e la veglia sono le condizioni necessarie per rimanere nella comunione con Dio e per affrontare la tentazione. Soltanto la comunione con Gesù fa di loro i veri discepoli.

Il comportamento dei discepoli nel Getsemani comunque lascia trasparire il participio presente καθεύδοντας (v. 40a.43a) che indica il loro sonno continuo e descrive la loro incapacità a comprendere il destino di Gesù. Esso, infatti, rivela la loro impreparazione nel momento della tentazione e della sofferenza. La fuga e rinnegamento dei discepoli sono soltanto le conseguenze del loro sonno e del cedimento al πειρασμός. Il loro non-vegliare e non-pregare causano la violazione del loro rapporto con Dio.

Nella narrazione matteana l'immagine di Gesù, che si sottomette nella preghiera alla volontà del Padre, diventa per i discepoli un esempio del vero rapporto verso Dio che è caratterizzato con l'assoluta fiducia e con la prontezza ad accettare completamente la sua volontà. Nell'immagine di Gesù orante Matteo mostra ai discepoli un vivo esempio del modo di pregare. La situazione di Gesù nel Getsemani è stata il momento più adatto per mostrare a loro come bisogna mettere in pratica l'insegnamento sulla preghiera «Padre nostro» (6,9-13). Soltanto un fiducioso rapporto verso Dio come un Padre in ogni momento della vita, infatti, abilita l'uomo a vivere nella comunione con Lui, malgrado qualsiasi tentazione, e soltanto la costante unione con Lui, attraverso la preghiera, dona la forza d'accogliere senza riserve la sua volontà.

La preghiera di Gesù nel Getsemani infine finisce con l'annuncio dell'ora della consegna. Gesù viene descritto con un atteggiamento della volontarietà e della donazione. Egli non è travolto dagli avvenimenti, ma li affronta volontariamente (v. 46). La sua umiliazione porta il trionfo, la salvezza.

Capitolo III

La preghiera di Gesù sulla croce (Mt 27,45-56)

Matteo riporta la terza preghiera di Gesù nella narrazione sulla sua morte (27,45-56; cf. Mc 15,33-41; Lc 23,44-49). Il racconto è incentrato sulla preghiera di Gesù espressa come un duplice grido. Il primo grido, del quale vengono riportate le parole di Gesù, esprime la fiduciosa preghiera di Gesù a Dio che lo consegna alla morte: περὶ δὲ τὴν ἐνάτην ὥραν ἀνεβόησεν ὁ Ἰησοῦς φωνῇ μεγάλῃ λέγων, Ηλι ηλι λεμα σαβαχθανι; τοῦτ' ἔστιν, Θεέ μου θεέ μου, ἱνατί με ἐγκατέλιπες; (v. 46). Gesù così manifesta la sua somma obbedienza alla volontà di Dio e nello stesso tempo proclama la sua divina figliolanza. Matteo ritiene il secondo grido, non articolato, che precede la morte stessa di Gesù: ὁ δὲ Ἰησοῦς πάλιν κράξας φωνῇ μεγάλῃ (v. 50a) come un'altra fiduciosa preghiera di Gesù rivolta a Dio nel momento culminante dell'abbandono, quando Gesù sente l'imminenza della sua morte.

Relativamente alla questione sinottica è possibile stabilire ciò: Il testo di Matteo è per la maggior parte conforme al racconto di Mc 15,33-41 e presenta la stessa strutturazione. L'unica differenza incisiva tra il testo di Matteo e Marco consiste nel fatto che Marco riporta degli eventi soprannaturali che accompagnano la morte di Gesù, soltanto lo squarciamento del velo del tempio (Mc 15,38). Per quanto riguarda poi il testo parallelo del vangelo di Luca (23,44-49), esso mostra certe differenze nella struttura della narrazione. In Luca manca 1. il grido d'abbandono: «Mio Dio, mio Dio...» (Mc 15,34; par. Mt 27,46), 2. l'incomprensione di ελωι/ηλι- Ἠλίαν degli astanti (Mc 15,35; par. Mt 27,47); 3. il dare da bere con l'aceto (Mc 15,36a; Mt 27,48; cf. Lc 23,36); 4. l'ironica espressione ἴδωμεν εἰ ἔρχεται Ἠλίας (Mc 15,36b; par. Mt 27,49). Luca, (differentemente da Matteo e Marco), racconta il fatto dello squarciamento del velo del tempio prima della morte di Gesù, subito dopo la menzione sul buio (23,45). La più grande differenza tra la narrazione di Luca e degli altri due sinottici si trova in ogni modo nella formulazione della preghiera di Gesù prima della sua morte (Lc 23,46) e nella menzione della conversione della folla (23,48).

Per quanto riguarda la nostra indagine sul testo della preghiera di Gesù sulla croce, noi, non ci occuperemo della problematica che si riferisce all'origine ed alla storia della trasmissione della forma testuale e della questione che concerne la sua redazione[1], ma il nostro interesse si concentrerà di nuovo sulla lettura sincronica del testo matteano.

1. Il contesto del testo

1.1 *La struttura del contesto*

La preghiera di Gesù sulla croce si trova nella terza parte del vangelo di Matteo (16,21–28,20)[2] e fa parte della sua terza sezione (26,2–28,20) che presenta la passione e la risurrezione di Gesù[3]. Il nostro testo appare nella terza sezione sulla passione e risurrezione e fa parte della pericope sulla *via crucis* e sulla crocifissione (27,31b-56). Questa pericope contiene tre partizioni. La prima partizione presenta i soldati, che portano Gesù per crocifiggerlo insieme con i due ladroni (27,31b-38). La seconda partizione (27,39-44) racconta lo scherno e l'oltraggio di Gesù in croce da parte dei tre gruppi: 1. i passanti; 2. le tre frazioni del sinedrio: i sommi sacerdoti, gli scribi e gli anziani; 3. i ladroni crocifissi. La terza partizione, infine, descrive la morte di Gesù ed i fenomeni che l'accompagnano (27,45-56)[4]. La preghiera di Gesù in croce si trova in quest'ultima partizione.

---

[1] Per la problematica che riguarda l'origine della formulazione si veda: W.J. KENNEALLY, «"Eli"», 124-129; F. ZIMMERMANN, «The Last Words», 465-466; A. GUILLAUME, «Mt. xxvii,46», 78-87; H. SAHLIN, «Zum Verständnis», 62-66; K. STENDAHL, *The School*, 83-87; M. REHM, «Eli», 275-278; J. GNILKA, «"Mein Gott"», 294-297; R.H. GUNDRY, *The Use*, 63-66; D.P. SENIOR, *The Passion Narrative*, 294-297; R.E. BROWN, *The Death*, 1051-1058.

[2] Per la strutturazione del primo vangelo si veda la struttura del contesto dell'inno di giubilo.

[3] La terza parte del vangelo di Matteo si sviluppa nelle tre sezioni: 1. il cammino di Gesù verso Gerusalemme (16,21–20,24); 2. la sua attività nella città santa (21,1–26,1); 3. la sua passione e risurrezione (26,2–28,20). Cf. A. SAND, *Das Evangelium*, 36s; ID., *Das Matthäus-Evangelium*, 42.

[4] Cf. J. GNILKA, *Das Matthäusevangelium*, II, 468.

1.2 La delimitazione del testo

La pericope della preghiera di Gesù sulla croce (27,45-56) forma una unità evidente[5]. In primo luogo viene osservato che la particella δέ all'inizio della pericope segnala il contrasto tra il testo precedente che parla dello scherno e dell'oltraggio di Gesù in croce (27,39-44) e il nostro brano che parla di un buio che annuncia il giudizio divino ed il dispiacere di Dio (27,45). Va pure notato che Matteo adopera di nuovo all'inizio della pericope seguente, sulla sepoltura di Gesù (27,57-61), la particella δέ per esprimere il contrasto tra il nostro testo che parla degli avvenimenti accaduti durante il giorno (27,45), mentre la sepoltura si è attuata di sera (27,57). In secondo luogo la presenza dei personaggi nel testo conferma anche l'unità della pericope. Mentre nel testo precedente (27,39-44) appaiono come attori principali: i passanti; i sommi sacerdoti, gli scribi, gli anziani ed i ladroni, che deridono Gesù crocifisso, che viene presentato soltanto passivo, nella nostra pericope gli attori principali sono: Gesù (27,46.50) e il suo Dio (27,45.51-52). Come la struttura del testo mostrerà, tutto si concentra sulla persona di Gesù (27,50), che dà la sua vita sulla croce compiendo la volontà di Dio. Nel testo successivo sulla sepoltura di Gesù poi, gli attori principali sono Giuseppe da Arimatèa (27,57-60) e Pilato (27,58). Maria Maddalena e l'altra Maria, che sono i testimoni della morte di Gesù sulla croce (27,56) e poi anche della sua sepoltura (27,61), collegano il nostro testo con il testo seguente.

2. La struttura del testo

Il nostro testo forma una struttura che contiene le due triadi[6] intorno al versetto 50 che descrive il momento della morte di Gesù.

A ’Από δὲ ἕκτης ὥρας σκότος ἐγένετο ἐπὶ πᾶσαν τὴν γῆν ἕως ὥρας ἐνάτης. [v. 45]

---

[5] Cf. W. TRILLING, *Das Evangelium*, II, 330; J. SCHMID, *Das Evangelium nach Matthäus*, 373; E. LOHMEYER – W. SCHMAUCH, *Das Evangelium*, 393; W. GRUNDMANN, *Das Evangelium nach Matthäus*, 560; J. GNILKA, *Das Matthäusevangelium*, II, 468; W.D. DAVIES – D.C. ALLISON, *A Critical*, III, 607
[6] Cf. E. LOHMEYER – W. SCHMAUCH, *Das Evangelium*, 393; W. GRUNDMANN, *Das Evangelium nach Matthäus*, 560; J. GNILKA, *Das Matthäusevangelium*, II, 468; W.D. DAVIES – D.C. ALLISON, *A Critical*, III, 607.

B περὶ δὲ τὴν ἐνάτην ὥραν ἀνεβόησεν ὁ Ἰησοῦς φωνῇ μεγάλῃ λέγων, Ηλι ηλι λεμα σαβαχθανι; τοῦτ' ἔστιν, Θεέ μου θεέ μου, ἱνατί με ἐγκατέλιπες; [v. 46]

C τινὲς δὲ τῶν ἐκεῖ ἑστηκότων ἀκούσαντες ἔλεγον ὅτι Ἠλίαν φωνεῖ οὗτος. [v. 47] καὶ εὐθέως δραμὼν εἷς ἐξ αὐτῶν καὶ λαβὼν σπόγγον πλήσας τε ὄξους καὶ περιθεὶς καλάμῳ ἐπότιζεν αὐτόν. [v. 48] οἱ δὲ λοιποὶ ἔλεγον, Ἄφες ἴδωμεν εἰ ἔρχεται Ἠλίας σώσων αὐτόν. [v. 49]

ὁ δὲ Ἰησοῦς πάλιν κράξας φωνῇ μεγάλῃ ἀφῆκεν τὸ πνεῦμα. [v. 50]

A' Καὶ ἰδοὺ τὸ καταπέτασμα τοῦ ναοῦ ἐσχίσθη ἀπ' ἄνωθεν ἕως κάτω εἰς δύο καὶ ἡ γῆ ἐσείσθη καὶ αἱ πέτραι ἐσχίσθησαν, [v. 51] καὶ τὰ μνημεῖα ἀνεῴχθησαν καὶ πολλὰ σώματα τῶν κεκοιμημένων ἁγίων ἠγέρθησαν, [v. 52] καὶ ἐξελθόντες ἐκ τῶν μνημείων μετὰ τὴν ἔγερσιν αὐτοῦ εἰσῆλθον εἰς τὴν ἁγίαν πόλιν καὶ ἐνεφανίσθησαν πολλοῖς. [v. 53]

B' Ὁ δὲ ἑκατόνταρχος καὶ οἱ μετ' αὐτοῦ τηροῦντες τὸν Ἰησοῦν ἰδόντες τὸν σεισμὸν καὶ τὰ γενόμενα ἐφοβήθησαν σφόδρα, λέγοντες, Ἀληθῶς θεοῦ υἱὸς ἦν οὗτος. [v. 54]

C' Ἦσαν δὲ ἐκεῖ γυναῖκες πολλαὶ ἀπὸ μακρόθεν θεωροῦσαι, αἵτινες ἠκολούθησαν τῷ Ἰησοῦ ἀπὸ τῆς Γαλιλαίας διακονοῦσαι αὐτῷ· [v. 55] ἐν αἷς ἦν Μαρία ἡ Μαγδαληνὴ καὶ Μαρία ἡ τοῦ Ἰακώβου καὶ Ἰωσὴφ μήτηρ καὶ ἡ μήτηρ τῶν υἱῶν Ζεβεδαίου. [v. 56]

Una prima osservazione da fare è che, come si vede, vi è un parallelismo tra v. 45 e vv. 51-53; si tratta dei testi che raccontano gli eventi soprannaturali. Il testo A (v. 45) riporta la descrizione del buio e così crea il clima nel quale Gesù pronuncia la sua preghiera prima di morire, mentre l'unità A' (vv. 51-53) contiene una serie di sette frasi che descrivono gli eventi straordinari che fungono da risposta divina alla preghiera di Gesù nel momento della sua morte: lo squarciamento del velo del tempio, il terremoto, la spaccatura delle pietre, l'apertura dei sepolcri, la risurrezione dei santi morti, il loro ingresso in Gerusalemme, la loro apparizione a molti.

In secondo luogo si fa rilevare che similmente anche nei v. 46 e v. 54 c'è un parallelismo. Ambedue testi (B) e (B') infatti parlano della divinità di Gesù. La preghiera del grido: «Dio mio, Dio mio, perché mi hai abbandonato» (v. 46), anche se si tratta di una citazione del salmo 22, esprime il rapporto filiale di Gesù con Dio, Padre suo. La morte di Gesù e gli avvenimenti straordinari portano il centurione e gli altri soldati a confessare la divina figliolanza di Gesù. Da questo risulta chiaro che ambedue i brani (B) e (B') formano un parallelismo sinonimico come lo confermano anche le espressioni nel testo: Ηλι ηλι – Θεέ μου Θεέ μου in v. 46 e θεοῦ υἱός in v. 54.

L'ultima osservazione da fare è che, come si vede, anche nei brani C (vv. 47-49) e C' (vv. 55-56) c'è un parallelismo. Essi parlano della reazione degli astanti alla preghiera di Gesù in croce ed alla sua morte conseguente. L'espressione ἐκεῖ «là» (v. 47.55) che informa sulla loro presenza vicino alla croce e le espressioni ἀκούσαντες (v. 47) e θεωροῦσαι (v. 55) che descrivono la loro testimonianza della crocifissione attestano il parallelismo di questi due testi (C) e (C'). Tutto il brano viene poi incentrato sul versetto 50, il punto culminante di tutta la narrazione, che descrive il momento della morte di Gesù.

3. Spiegazione del testo

3.1 Segno straordinario che precede la preghiera (v. 45)

Matteo esprime la situazione nella quale Gesù pronuncia la sua preghiera in croce con la frase Ἀπὸ δὲ ἕκτης ὥρας σκότος ἐγένετο ἐπὶ πᾶσαν τὴν γῆν ἕως ὥρας ἐνάτης (v. 45).

Nell'AT il buio inconsueto viene adoperato da Dio. In Gn 1,2-3 il buio caotico precede la creazione di Dio, in Es 10,21-23 il buio per tre giorni su tutta la terra è presentato come una piaga dell'esodo. Anche nel contesto del buio della prima Pasqua si potrebbe vedere un parallelismo con il nostro testo[7]. E poi, in modo particolare, ci sono dei testi che parlano del «giorno del Signore» come il giorno del giudizio e della punizione che viene collegato con le tenebre misteriose (Is 5,30; 13,10s; Ger 15,9; Sof 1,15; Gl 2,2.10; 3,4; Am 8,9-10). Sullo sfondo veterotestamentario si può affermare che quelli che scherniscono Gesù e chiedono da lui un segno, ottengono il segno da Dio, in questo buio che diventa il preludio del giudizio escatologico sul mondo[8] come anche

---

[7] IRENEO, *Adversus haereses*, 4.10.1.
[8] Cf. P. BONNARD, *L'Évangile*, 405; D.P. SENIOR, *The Passion Narrative*, 294; G. MAIER, *Matthäus*, II, 455; J.P. MEIER, *The Vision*, 203; L. MORRIS, *The Gospel*, 720; U. LUZ, *Die Jesusgeschichte*, 153; R.H. GUNDRY, *Matthew*, 572; D.A. HAGNER, *Matthew 14-28*, 844; W.D. DAVIES – D.C. ALLISON, *A Critical*, III, 622; W. WIEFEL, *Das Evangelium*, 480; C.S. KEENER, *A Commentary*, 685; R. MEYNET, *Jésus passe*, 290.

conferma il contesto del vangelo (24,29). Le tenebre così diventano per Matteo il simbolo della morte e del male e dell'assenza di Dio (4,16; 6,23; 8,12; 22,13; 25,30)[9]. La crocifissione di Gesù diventa la massima espressione del male umano e la menzione del buio nella narrazione mette in rilievo la partecipazione di Dio alla sofferenza di Gesù.

Per quanto riguarda il termine γῆ che significa sia «il mondo» sia «la terra»[10] rimane controverso se Matteo descrive il buio su tutto il mondo[11] oppure se pensa soltanto alla terra di Giuda (cf. 9,26.31; vangelo di Pietro 5,15)[12]. Matteo adopera la parola γῆ senza alcuna precisazione nel senso di tutta la terra del mondo (cf. 5,13.18.35; 6,10.19; 11,25; 12,42; 24,30.35; 28,18). Quando egli usa l'espressione γῆ nel senso della terra limitata, essa viene sempre seguita da una parola complementare che la precisa (cf. 2,6.20.21; 4,15; 10,15). Matteo specifica l'espressione γῆ con un aggettivo πᾶς laddove nel vangelo di Marco appare l'aggettivo ὅλος (15,33). La differenza tra questi due aggettivi è minima, ὅλος riveste il significato di «integro»[13], mentre πᾶς esprime piuttosto un astratto «tutto»[14]. D'altra parte sembra che Matteo non adoperi πᾶς mai per la spazialità mentre ὅλος appare con questo uso[15]. Il termine πᾶς in senso spaziale, nella narrazione matteana, lo si potrebbe spiegare sullo sfondo dell'AT dove πᾶς riveste frequentemente questo senso[16]. Come allora bisogna capire la frase intera riguardante l'oscurità su tutta la terra?

---

[9] H. FRANKEMÖLLE, *Matthäus*, II, 499.
[10] Cf. H. SASSE, «γῆ κτλ», 676-680; H.G. LIDDELL – R. SCOTT – H.S. JONES, *A Greek-English Lexicon*, 347; A. KRETZER, «γῆ», 592-593; W. BAUER, *Griechisch-deutsches Wörterbuch*, 315.
[11] H.A.W. MEYER, *Kritisch*, 538; J. MORISON, *A Practical*, 597; B. WEISS, *Das Matthäus – Evangelium*, 492; P. BONNARD, *L'Évangile*, 405; W. HENDRIKSEN, *The Gospel*, 970; D. HILL, *The Gospel*, 354; J. GNILKA, *Das Matthäusevangelium*, II, 474; R.H. GUNDRY, *Matthew*, 572.
[12] T. ZAHN, *Das Evangelium*, 713; A. PLUMMER, *An Exegetical*, 398; J. KNABENBAUER, *Commentarius*, II, 539; Str-B, I, 1041; E. KLOSTERMANN, *Das Markusevangelium*, 166; M.-J. LAGRANGE, *Évangile selon Saint Matthieu*, 530; P. GAECHTER, *Das Matthäus – Evangelium*, 927; L. MORRIS, *The Gospel*, 720; D.A. HAGNER, *Matthew 14-28*, 843.
[13] Cf. H.G. LIDDELL – R. SCOTT – H.S. JONES, *A Greek-English Lexicon*, 1218; W. BAUER, *Griechisch-deutsches Wörterbuch*, 1144s.
[14] Cf. H.G. LIDDELL – R. SCOTT – H.S. JONES, *A Greek-English Lexicon*, 1345; W. BAUER, *Griechisch-deutsches Wörterbuch*, 1274-1278.
[15] 4,24; 9,26.31; 14,35; 16,26; 24,14; 26,13.
[16] Gn 41,46; Es 9,22s; 10,14.22; 11,6; Lv 25,24; Gc 11,21; 2Re 15,29; Gdt 1,9.

CAP. III: LA PREGHIERA DI GESÙ SULLA CROCE (MT 27,46-56)

In conclusione, si può ritenere, sullo sfondo veterotestamentario e sulla base del contesto di tutta la narrazione del primo vangelo, che Matteo intenda con l'espressione ἐπὶ πᾶσαν τὴν γῆν tutta la terra del mondo e che il termine σκότος manifesti in prima linea il giudizio escatologico divino.

3.2 La preghiera – il grido dell'abbandono (v. 46)

Matteo formula la preghiera di Gesù in croce come un grido d'abbandono: περὶ δὲ τὴν ἐνάτην ὥραν ἀνεβόησεν ὁ Ἰησοῦς φωνῇ μεγάλῃ λέγων, Ηλι ηλι λεμα σαβαχθανι; τοῦτ' ἔστιν, Θεέ μου θεέ μου, ἱνατί με ἐγκατέλιπες[17]. La preghiera viene introdotta con una frase narrativa che esprime il suo momento temporale e il suo modo di pronunciarla: περὶ δὲ τὴν ἐνάτην ὥραν ἀνεβόησεν ὁ Ἰησοῦς φωνῇ μεγάλῃ λέγων. La preghiera sola poi viene formulata come una citazione dall'AT: Ηλι ηλι λεμα σαβαχθανι; τοῦτ' ἔστιν, Θεέ μου θεέ μου, ἱνατί με ἐγκατέλιπες. Si tratta di una citazione originale del Sal 22,2 in ebraico nella forma traslitterata della traduzione greca. Il testo di 26,46 è l'uso più oscuro dell'AT nella narrazione matteana sulla passione[18]. Sia il testo originale traslitterato, sia la sua traduzione, divergono dal testo ebraico dell'AT e anche dai LXX. Al centro della nostra attenzione non sarà la questione delle varianti testuali, ma cercheremo piuttosto di capire il senso del testo nel suo contesto.

3.2.1 L'introduzione

La frase introduttiva della preghiera περὶ δὲ τὴν ἐνάτην ὥραν ἀνεβόησεν ὁ Ἰησοῦς φωνῇ μεγάλῃ λέγων riporta i due dati: 1. la circostanza temporale della preghiera; 2. il modo di espressione della preghiera.

a) Il dato cronologico

Il narratore del primo vangelo introduce la preghiera di Gesù in croce con una indicazione temporale περὶ δὲ τὴν ἐνάτην ὥραν. La formulazione temporale con περί è una costruzione tipica nel vangelo di

---

[17] Risulta insostenibile una supposizione che vede in questa preghiera nella forma di un grido (v. 46) una esemplificazione del grido a gran voce prima di morire (v. 50). Cf. C.G. MONTEFIORE, *Synoptic Gospels*, I, 387; T.A. BURKILL, «Mark's Philosophy», 262 Anm. 2.
[18] Cf. K. STENDAHL, *The School*, 85.

Matteo (cf. 20,3.5.6.9). Essa esprime un'approssimazione temporale[19], mentre il vangelo di Marco con la costruzione nel dativo τῇ ἐνάτῃ ὥρᾳ indica un tempo preciso. La menzione dell'ora nona si riferisce al testo precedente, ma allo stesso tempo, con tutta probabilità, indica il momento della morte di Gesù[20].

b) Il modo d'espressione della preghiera

Matteo esprime la dicitura della preghiera con la frase narrativa ἀνεβόησεν ὁ Ἰησοῦς φωνῇ μεγάλῃ λέγων[21]. Essa fa rilevare le due caratteristiche del modo di pregare di Gesù, che sono evidentemente connesse con la situazione dell'orante sulla croce.

In primo luogo l'espressione verbale ἀνεβόησεν lascia trasparire il modo di pregare di Gesù in croce. Il verbo ἀναβοάω è un *hapax legomenon* nel NT, ma compare 46 volte nei LXX e viene spesso usato per esprimere il grido di preghiera rivolto a Dio (Es 2,23; 14,10; Nm 20,16; Dt 26,7; Gs 24,7; 1Re 17,20; 18,36; Ne 9,27s; Gdt 4,9; 5,12; 7,19; Gio 1,14; 3,8; Zc 6,8; Ez 9,8; 11,13). Matteo adopera nel nostro testo il verbo nel suo senso veterotestamentario. Il testo parallelo di Marco riporta la forma semplice[22] di questo verbo βοάω «chiamare, gridare, mandare un urlo»[23], che è una espressione comune del NT, dove ricorre 12 volte. Il narratore del primo vangelo usando la forma composta ἀναβοάω di questo verbo rafforza la drammaticità della preghiera.

In secondo luogo il modo di pregare di Gesù poi viene caratterizzato con l'espressione φωνῇ μεγάλῃ che ricorre ancora nel testo seguente (27,50). Il significato principale della parola φωνή è «suono, tono»[24]. L'espressione φωνῇ μεγάλῃ nell'AT viene riferita sia a Dio Legislatore (Dt 5,22) ed al giudizio divino (1Sam 7,10; Sal 29,7; Ger 25,30; Gl

---

[19] B. WEISS, *Das Matthäus – Evangelium*, 493; J. FINEGAN, *Die Überlieferung*, 32; M.-J. LAGRANGE, *Évangile selon Saint Matthieu*, 530; D.P. SENIOR, *The Passion Narrative*, 294; R.H. GUNDRY, *Matthew*, 573. W.D. DAVIES – D.C. ALLISON, *A Critical*, III, 623 pensano che il dato temporale impreciso alluda al fatto che Gesù pregherebbe nell'ora della preghiera pomeridiana.

[20] G. ROSSÉ, *Il grido*, 29.

[21] Il participio che introduce un discorso diretto è una costruzione semitica nel NT adoperata circa 63 volte nel primo vangelo. Cf. D.P. SENIOR, *The Passion Narrative*, 33.

[22] B. WEISS, *Das Matthäus – Evangelium*, 493 ritiene che l'uso del verbo semplice ἐβόησεν nel testo di Marco è causato dall'omissione di αν- dopo ὥραν.

[23] Cf. E. STAUFFER, «βοάω», 624-627; H. BALZ, «βοάω», 536.

[24] Cf. H.G. LIDDELL – R. SCOTT – H.S. JONES, *A Greek-English Lexicon*, 1967s; O. BETZ, «φωνή», 272-294; W. BAUER, *Griechisch-deutsches Wörterbuch*, 1967s.

2,12; 4,16; Am 1,2) sia alla voce umana che implora (1Sam 4,5) o ringrazia (1Re 8,55; 2Cr 20,19) Dio.

Nel NT questa formulazione appare 26 volte[25]. Le ricorrenze si trovano prevalentemente in Ap (13 volte). In Ap 6,10 le anime dei martiri chiedono a grande voce la giustizia di Dio. La moltitudine degli angeli loda Dio con φωνῇ μεγάλῃ in Ap 5,12 oppure annuncia l'ora del giudizio divino (Ap 14,7.9; cf. 8,13; 14,18). L'espressione comunque viene adoperata anche altrove per esprimere la preghiera. Gli Atti degli apostoli presentano la preghiera di Stefano nel momento della sua lapidazione anche con l'espressione φωνῇ μεγάλῃ (7,60). Nel vangelo di Giovanni la voce del Figlio dell'uomo fa sì che quelli che sono nelle tombe la sentono (5,28) e la grande voce (φωνῇ μεγάλῃ) di Gesù chiama Lazzaro dalla tomba (11,43). Matteo adopera l'espressione φωνῇ μεγάλῃ soltanto due volte nel suo vangelo. Il soggetto dell'azione è ogni volta Gesù. La prima ricorrenza di questa espressione appare nell'introduzione alla preghiera di Gesù in croce (27,46), il secondo uso della formula lo si ritrova nella descrizione del suo ultimo grido prima di morire (27,50).

In base all'uso veterotestamentario di φωνῇ μεγάλῃ e alle sue ricorrenze nel NT si potrebbe affermare che il narratore, adoperando questa espressione in 27,46, sottolinei il carattere implorativo della preghiera di Gesù e nello stesso tempo accenni al suo connotato apocalittico e giudiziario come lo conferma anche il suo contesto che descrive le circostanze del momento della preghiera nel linguaggio escatologico[26].

3.2.2 La formulazione della preghiera

Matteo, così come Marco, presenta la preghiera di Gesù nella forma di un grido nelle due versioni: 1. la formulazione ebraico-aramaica traslitterata in greco: Ηλι ηλι λεμα σαβαχθανι e 2. la seguente traduzione in greco: Θεέ μου θεέ μου, ἱνατί με ἐγκατέλιπες. Che si tratti di una traduzione, il narratore lo esprime con l'espressione τοῦτ' ἔστιν.

Dal fatto che Matteo inserisce dopo il testo nella forma traslitterata dell'ebraico-aramaico la sua traduzione in greco, si potrebbe presupporre che i destinatari del vangelo non erano più capaci di capire la frase nella sua forma semitica.

---

[25] Mt 27,46.50; Mc 1,26; 5,7; 15,34; Lc 4,33; 8,28; 19,37; 23,46; Gv 11,43; At 7,57.60; 8,7; Ap 5,2.12; 6,10; 7,2.10; 8,13; 10,3; 14,7.9.15.18; 16,17; 19,17.
[26] Cf. R.E. BROWN, *The Death*, 1044s.

Va notato che vi sono, probabilmente, due ragioni per cui Matteo usa l'espressione ebraico-aramaica traslitterata: 1. si tratta delle ultime parole di Gesù prima di morire che rivestono una grande importanza; 2. senza questa espressione sarebbe incomprensibile il testo seguente su Elia.

a) La formulazione ebraico-aramaica

La preghiera di Gesù in croce, che è una citazione del Sal 22, sia nel vangelo di Matteo sia nel vangelo di Marco, viene espressa primariamente nella forma semitica traslitterata. Le formulazioni in Matteo e in Marco divergono e nello stesso tempo nessuna di esse corrisponde al testo dell'AT.

Mt: Ηλι ηλι λεμα σαβαχθανι
Mc: Ελωι ελωι λεμα σαβαχθανι
TM: אֵלִי אֵלִי לָמָה עֲזַבְתָּנִי

Non cercheremo di risolvere la questione della versione originale del testo, ma la nostra attenzione si concentrerà sul senso del testo di Matteo. La frase Ηλι ηλι λεμα σαβαχθανι è una traslitterazione greca del testo formulato in ebraico e in aramaico. L'allocuzione Ηλι ηλι è considerata come una traslitterazione dell'ebraico אֵלִי אֵלִי «mio Dio, mio Dio»[27]. Anche se appare l'espressione אֵלִי nel targum di Sal 22,2 e la sua forma semplice אֵל attesta l'aramaico avanti Cristo (ad es. 4Q246)[28], sembra probabile che Matteo abbia voluto esprimere almeno il nome di Dio nella lingua sacra, che è l'ebraico[29]. La seguente domanda λεμα σαβαχθανι è poi una traslitterazione greca del testo aramaico לְמָא שְׁבַקְתַּנִי «perché mi hai abbandonato?». Sembra che Gesù abbia citato Sal 22,1 in aramaico e non in ebraico. Matteo probabil-

---

[27] H.A.W. MEYER, *Kritisch*, 538; E. LOHMEYER – W. SCHMAUCH, *Das Evangelium*, 394; E. SCHWEIZER, *Das Evangelium nach Matthäus*, 336; D.P. SENIOR, *The Passion Narrative*, 295; G. MAIER, *Matthäus*, II, 455; J. GNILKA, *Das Matthäusevangelium*, II, 475; L. MORRIS, *The Gospel*, 720 Anm. 83; R.E. BROWN, *The Death*, 1052; R.H. GUNDRY, *Matthew*, 573; W. WIEFEL, *Das Evangelium*, 480.
[28] Cf. G. DALMAN, *Die Worte Jesu*, 43; J.R. HARRIS, «Traces», 374; M. REHM, «Eli», 275-278; R. GUNDRY, *The Use*, 64; W.D. DAVIES – D.C. ALLISON, *A Critical*, III, 624.
[29] Un simile adattamento del testo nel primo vangelo si potrebbe vedere nella preghiera «Padre nostro» (6,9), dove Matteo ha cambiato l'allocuzione più antica πάτερ (Lc 11,2) che rappresenta in aramaico αββα, con la formula πάτερ ἡμῶν ὁ ἐν τοῖς οὐρανοῖς che è corrispondente all'uso sinagogale.

mente ha cambiato l'allocuzione aramaica di Marco Ελωι ελωι in ebraico Ηλι ηλι, per fornire una verosimile spiegazione a causa dell'incomprensione della preghiera di Gesù da parte degli astanti nel versetto successivo[30]. Nonostante le divergenze nelle tradizioni risulta chiaro che Gesù in croce esprime la citazione dell'inizio del Salmo 22.

b) La traduzione greca

La preghiera del Sal 22 di Gesù in croce nella forma ebraico-aramaica viene seguita sia da Matteo sia da Marco con una traduzione greca. Matteo introduce la traduzione con la formula τοῦτ' ἔστιν e così differisce dal testo marciano che riporta l'espressione ὅ ἐστιν μεθερμηνευόμενον (Mc 15,34)[31]. Nella traduzione del testo di Sal 22 Matteo e Marco non si accordano e nello stesso tempo nessuno di loro segue precisamente la traduzione del testo dei LXX.

Mt: Θεέ μου θεέ μου, ἱνατί με ἐγκατέλιπες
Mc: Ὁ θεός μου ὁ θεός μου, εἰς τί ἐγκατέλιπές με
LXX: Ὁ θεὸς ὁ θεός μου πρόσχες μοι ἵνα τί ἐγκατέλιπές με

Tutti e due gli evangelisti omettono l'espressione πρόσχες μοι del testo dei LXX. Oltre a ciò Matteo diverge dai LXX e da Marco per l'uso della forma vocativa Θεέ μου θεέ μου, che è raramente usata nei LXX e nel NT è un *hapax legomenon*[32]. Sembra verosimile che Matteo adoperando l'allocuzione nella forma vocativa cerchi di collegare la preghiera di Gesù in croce con quella nel Getsemani, dove anche Gesù comincia la preghiera con un'allocuzione in forma vocativa: πάτερ μου (26,36.42). Nella seconda parte della citazione Matteo, usando la congiunzione ἱνατί, non migliora il linguaggio di Marco[33], che adopera la

---

[30] B. WEISS, *Das Matthäus – Evangelium*, 493; T. ZAHN, *Das Evangelium*, 714; W.C. ALLEN, *A Critical*, 294-295; A.H. MCNEILE, *The Gospel*, 421; G. DALMAN, *Jesus-Jeschua*, 185; J. FINEGAN, *Die Überlieferung*, 32-33; F. ZIMMERMANN, «The Last Words», 456; K. STENDAHL, *The School*, 85; J. GNILKA, «Mein Gott», 294-297; E. LOHMEYER – W. SCHMAUCH, *Das Evangelium*, 394; V. TAYLOR, *The Gospel*, 593; R.H. GUNDRY, *Matthew*, 573; D.A. HAGNER, *Matthew 14-28*, 844.

[31] Il testo precedente Mt 27,33 presenta una simile differenza dal testo parallelo in Mc 15,22.

[32] Cf. K. STENDAHL, *The School*, 86; R.H. GUNDRY, *The Use*, 66 Anm. 2; W. SCHENK, *Die Sprache*, 285; F. BLASS – A. DEBRUNNER – F. REHKOPF, *Grammatik*, § 147,5.

[33] Cf. K. STENDAHL, *The School*, 86; GUNDRY, *The Use*, 66; D.P. SENIOR, *The Passion Narrative*, 297; M. BLACK, *An Aramaic Approach*,122s.

congiunzione εἰς τί³⁴, ma si adatta al testo dei LXX³⁵. Tutte queste variazioni, comunque, non portano nessuna differenza fondamentale per quanto riguarda il significato del contenuto del testo.

3.2.3 Il significato della preghiera

Gesù nella sua preghiera sulla croce recita le parole iniziali del Sal 22: «Dio mio, Dio mio, perché mi hai abbandonato?», come confermano tutte le tradizioni del testo. Al centro della nostra indagine sta il significato di questo grido di Gesù, che è più provocatorio della questione delle tradizioni differenti del testo trasmesso. Come bisogna interpretarlo? Con la citazione del Salmo 22 Gesù non esprime soltanto una preghiera a memoria nel momento dell'angoscia³⁶, neanche lo stato della disperazione e della perdita³⁷. Va pure notato che l'affermazione, la quale vede nel testo di Mt 26,46 un esempio della pratica giudaica, che citando la prima riga del salmo intende esprimere il messaggio che si trova in tutto il salmo³⁸, non è convincente e trascura il prudente uso dell'AT nel vangelo di Matteo. Ovviamente, non si può negare la rilevanza del contenuto intero del salmo e del suo significato per l'interpretazione della preghiera di Gesù in croce³⁹, ma non è possibile trascurare il rilievo delle singole espressioni della preghiera e le circostanze nelle quali è stata pronunciata.

a) L'allocuzione (Ηλι ηλι)

L'espressione «Dio mio» appare circa 130 volte nell'AT, generalmente nella forma אֱלֹהַי. La formulazione «Dio mio» viene adoperata nei vari contesti e così racchiude i diversi significati: 1. L'annotazione

---

³⁴ In 26,8 Matteo segue Mc 14,4 usando εἰς τί.
³⁵ R.E. Brown, *The Death*, 1054; W.D. Davies – D.C. Allison, *A Critical*, III, 624.
³⁶ Cf. B. Gerhardsson, «Jésus», 222s.
³⁷ Cf. D.H.C. Read, «The Cry», 260-262; T. Boman, «Das letzte Wort», 103-119.
³⁸ E. Stauffer, *Jesus*, 106: «Es ist der Psalm 22, den der Gekreuzigte betet. Markus führt nach jüdischer Zitationsweise nur den Anfangsvers des Psalmes an. Jesus aber betet vermutlich den ganzen Psalm, zumindest bis zu der Klage über den Durst, wahrscheinlich bis zum friedevollen Schußvers (Ps 22,32)». Cf. J. Pobee, «The Cry», 93; R. Pesch, *Das Markusevangelium*, II, 494.
³⁹ A. Deissler, «"Mein Gott"»,
120 molto apprezza l'importanza del salmo 22: «einer der wichtigsten und "repräsentativsten" Stücke des Psalters. Er wird damit zugleich zu einem exemplarischen "Lehrstück" für das Sprechen aller betenden Gläubigen zu Gott hin und über Gott». Cf. J. Gnilka, *Das Matthäusevangelium*, II, 475.

di un'immagine di Dio oppure di un idolo (Gn 31,30); 2. L'indicazione di Dio venerato, messo in contrasto con gli altri dei (Nm 22,18); 3. l'appartenenza e confessione del parlante a Dio (Dt 4,5); 4. l'uso nella preghiera come un'allocuzione (1Re 17,20s); 5. l'espressione della relazione nella preghiera tra l'orante e Dio (Sal 145,1); 6. l'approfondimento della celebrità e notabilità (Sal 104)[40].

Nel NT l'espressione «Dio mio» con 11 ricorrenze non è assai frequente. Paolo si appella al suo Dio nella sua evangelizzazione (2Cor 12,21; Fil 4,19; cf. Ap 3,2.12) e nelle preghiere di ringraziamento con l'allocuzione «Dio mio» (Rm 1,8; Fil 1,3; Fm 4). Nei vangeli poi l'espressione «Dio mio» appare soltanto 4 volte (Mt 27,46; Mc 15,34; Gv 20,17.28), Questa allocuzione viene pronunciata tre volte dalla bocca di Gesù, due volte durante la sua preghiera sulla croce quando si rivolge a Dio (Mt 27,46; Mc 15,34) e una volta quando parla dopo la sua risurrezione ai discepoli su Dio (Gv 20,17). La residua ricorrenza dell'espressione «Dio mio» nella narrazione evangelica viene pronunciata da Tommaso quando professa la divinità di Gesù dopo la sua risurrezione (Gv 20,28).

Le ricorrenze dell'uso dell'espressione «Dio mio» nel NT mostrano che la preghiera sulla croce è l'unico momento in cui Gesù si rivolge a Dio con questa allocuzione. Che cosa esprime Gesù quando chiama Dio con l'espressione «Dio mio»? Il pronome personale nell'allocuzione «Dio mio» esprime comunque che il rapporto tra Dio e Gesù è sempre personale e fiducioso. Gesù con l'allocuzione «Dio mio» si rivolge a Dio, così lo confessa, si affida a Lui ed aspetta la salvezza da lui. All'inizio della narrazione sulla passione Matteo presenta Gesù nel Getsemani con la triplice preghiera rivolta a Dio come Padre. Quando Gesù nel momento dell'immensa agonia sulla croce si sente abbandonato, Egli si esprime con le parole del Sal 22 che al contempo indicano la sua unità con Dio e la sua esperienza dell'abbandono.

La preghiera sulla croce così forma un'inclusione con la preghiera nel Getsemani come lo conferma anche l'uso delle forme vocative πάτερ μου in 26,36.42 e θεέ μου θεέ μου in 27,46[41].

Gesù non sta ponendo la domanda sull'esistenza di Dio, né sulla sua potenza, che potrebbe cambiare l'avvenimento che sta per accadere. Non si tratta di un'invocazione di aiuto oppure un'esclamazione di di-

---

40 Cf. O. EISSFELDT, «"Mein Gott"», 3-16.

41 Nel vangelo di Marco l'inclusione tra la preghiera nel Getsemani e la preghiera sulla croce viene confermata dall'uso delle forme in aramaico αββα in 14,36 e ελωι ελωι in 15,34.

sperazione e d'ira[42] ma di un grido di desiderio alla presenza stessa di Dio ed in unione con Lui[43]. Gesù sta domandando i motivi del silenzio di chi Egli chiama «Dio mio»[44]. Gesù esprime le parole di un uomo giusto del Sal 22, che non grida verso un vuoto, ma verso Dio che non si fa presente.

b) La domanda (λεμα σαβαχθανι)

La domanda in aramaico λεμα σαβαχθανι viene seguita da una traduzione in greco ἱνατί με ἐγκατέλιπες. Gesù così domanda il motivo del suo abbandono, mentre Marco riportando la traduzione greca esprime una domanda sulla ragione della sua morte nell'abbandono da Dio.

La tematica dell'uomo giusto provato da Dio nella sofferenza fino al punto dell'abbandono, che nonostante tutto è fiducioso in Dio che è fedele e che lo libera, trova la sua origine nell'AT[45]. Il salmo 22 è un canto di lamentela e fiducia (v. 2-22) ed allo stesso tempo un canto di ringraziamento[46]. Insieme per esempio con il salmo 69 è un esempio eminente del fiducioso rapporto dell'uomo con Dio[47]. Tutta la narrazione della passione e della morte di Gesù nei sinottici, infatti, trova nel Sal 22 il suo sostegno teologico[48]. Tertulliano addirittura affermava che il Sal 22 contiene tutta la passione di Cristo[49]. La situazione dell'uomo giusto abbandonato, all'inizio del Sal 22, e la sua fiduciosa speranza nella liberazione, corrisponde alle condizioni nelle quali si trova Gesù – abbandonato da tutti, schernito dagli astanti, nell'atmosfera del silenzio di Dio, esprime il suo grido d'abbandono.

Dalla domanda sull'assenza di Dio risulta chiaro che non si tratta qui soltanto di una citazione pia del salmo, ma che Gesù con queste parole esprime il senso soteriologico della sua morte, come conferma la narra-

---

[42] J. SICKENBERGER, *Leben*, 151.
[43] J. BLINZLER, *Der Prozeß*, 373.
[44] Cf. M.-F., LACAN, «"Mon Dieu"», 33-53.
[45] Cf. W. HASENZAHL, «Die Gottverlassenheit», 119-137; B. GERHARDSSON, «Jésus», 222-225.
[46] Cf. H.-J. KRAUS, *Psalmen*, I, 176; A. WEISER, *Die Psalmen*, 148; K. SEYBOLD, *Die Psalmen*, 97-100.
[47] Cf. G. VON RAD, *Theologie*, I, 412-415.
[48] Cf. D. SIMONSEN, «Le Psaume XXII», 283-285; E. FLORIS, «L'abandon», 277-298; J. POBEE, «The Cry», 92; D.P. SENIOR, *The Passion Narrative*, 298; U.P. MCCAFFREY, «Psalm Quotations», 73-89; R.E. BROWN, *The Death*, 1455-1465. J. SCHNIEWIND, *Das Evangelium*, 269: «Die ganze Schilderung der Kreuzigung ist von Psalm 22 aus gestaltet».
[49] TERTULLIANO, *Adversus Marcionem*, 3.19.5.

zione matteana. Gesù dà la vita come prezzo di liberazione per molti (20,28) e versa il suo sangue in remissione dei peccati per molti (26,28). A causa di questo, Gesù muore nell'abbandono di Dio, perché Egli porta su di sé i peccati di molti. Gesù così viene presentato da Matteo non soltanto come un Giusto sofferente ma anche come colui che è un Portatore della salvezza.

Viene pure osservato che nella narrazione matteana la preghiera di Gesù sulla croce (27,46) che è espressa nell'immensa agonia e nell'abbandono funge anche da ripercussione degli avvenimenti precedenti. Gesù, il quale è stato abbandonato dai suoi concittadini e dai suoi familiari (13,53-58), da tutti i suoi discepoli (26,56), dalla folla che prima lo seguiva ed ascoltava (27,15-26), rivolge la preghiera al «suo Dio» (27,46), dopo essere stato schernito dagli astanti (27,39-44). Egli solo esperimenta l'assoluto isolamento e l'abbandono. Matteo esprime questo abbandono totale con le tre ore del buio divino su tutta la terra e con il silenzio di Dio. Anche il testo seguente (26,47-49) sottolinea con la descrizione dell'incredulità degli astanti la situazione della passione e della sofferenza di Gesù nella quale pronuncia la sua preghiera.

Gesù non esprime nella sua preghiera la disperata desolazione, ma l'estrema afflizione, che è causata dall'assenza di Dio[50]. Il grido di Gesù è un'espressione della volontarietà di porre la propria vita a disposizione della volontà del Padre suo. Con il grido in croce Gesù esprime la sua fiduciosa ed impermutabile fede in Dio, nel momento del totale abbandono[51] e così diventa per tutti gli uomini ἀρχηγός καὶ τελειωτής della fede (Eb 12,2).

In conclusione, si può dire che la preghiera di Gesù in croce, espressa con le parole del Sal 22 nell'atmosfera del silenzio di Dio e dell'abbandono da tutti, manifesta la sua immutabile ed indefettibile unione con Dio. La sua preghiera viene accettata, Dio non ha abbandonato Gesù. Matteo presenta la risposta di Dio alla preghiera con gli avvenimenti apocalittici che portano il centurione e gli altri soldati alla confessione della divina figliolanza di Gesù.

---

[50] H. SCHÜTZEICHEL, «Der Todesschrei», 6: «Die Stelle drückt zwar nicht verzweifelte Trostlosigkeit aus, wohl aber die äußerste Not, die die Erfahrung der Abwesenheit Gottes verursacht».

[51] J.P. HEIL, *The Death*, 83: «Although indicative of his experience of intense anguish as he dies radically alone and without divine intervention, Jesus' cry is not one of despair but is the lamentful prayer of the suffering just one, uttered with complete confidence and total trust in his God». Cf. C.S. KEENER, *A Commentary*, 683.

3.3 L'interpretazione della preghiera da parte degli astanti (v. 47-49)

La preghiera di Gesù in croce viene interpretata dagli astanti in duplice maniera:

1. Alcuni astanti pensano che si tratti di un'invocazione rivolta ad Elia (v. 47) e così confusamente scambiano Ηλι con Ἠλίας[52]. Elia era infatti una figura che, secondo la tradizione giudaica, doveva precedere il Messia (Ml 3,1.23; cf. Mt 11,10,14). Secondo la credenza popolare egli veniva in soccorso dei derelitti e faceva i miracoli[53]. Matteo comunque nel suo vangelo ha già spiegato che Giovanni Battista nel ruolo di Elia è diventato il precursore di Gesù e lo ha professato come Messia (3,11-17; 11,1-19). In 17,3 lo stesso Elia testimonia Gesù come Figlio di Dio e nel testo 17,9-13 il narratore del vangelo mostra l'erronea attesa di Elia dagli scribi. Gli astanti con la loro affermazione Ἠλίαν φωνεῖ οὗτος (v.47) non soltanto mostrano la loro incomprensione delle parole di Gesù, ma riferendosi a lui con il pronome οὗτος esprimono il loro disprezzo nei confronti di Gesù[54]. Il narratore del primo vangelo mette in brusco contrasto l'ironico scherno degli astanti verso οὗτος (Gesù) con le parole del centurione e degli altri soldati in 27,54 che confessano la vera identità di οὗτος.

2. Altri invece interpretavano il grido di Gesù come un grido di soccorso che era rivolto al profeta e che è diventato il motivo di scherno nei confronti di Gesù (v. 49)[55], come già alcune ore prima loro avevano deriso Gesù (27,39-44).

C'è ancora un'altra reazione alla preghiera di Gesù. Quando alcuni degli astanti hanno interpretato le parole di Gesù come grido ad Elia, uno di loro corre per dare da bere ὄξος a Gesù[56] (v. 48). Il motivo della

---

[52] M. REHM, «Eli», 276-277 ritiene possibile lo scambio dei nomi, poiché il nome Elia poteva essere abbreviato in una forma Eli. Cf. A. GUILLAUME, «Mt. xxvii,46», 78-80; E. KUTSCHER, *The Language*, 181-182.

[53] Cf. G. DALMAN, *Jesus-Jeschua*, 186; Str-B, I, 1042; IV/2, 769-779; J. JEREMIAS, «Ἠλ(ε)ίας», 937; W.F. ALBRIGHT – C.S. MANN, *Matthew*, 350; D. COHN-SHERBOK, «Jesus' Cry», 216.

[54] B. WEISS, *Das Matthäus – Evangelium*, 494; T. ZAHN, *Das Evangelium*, 714; A.H. MCNEILE, *The Gospel*, 421; D.P. SENIOR, *The Passion Narrative*, 300; R.E. BROWN, *The Death*, 1063.

[55] T. ZAHN, *Das Evangelium*, 714; P. GAECHTER, *Das Matthäus – Evangelium*, 929; E. LOHMEYER – W. SCHMAUCH, *Das Evangelium*, 394; P. BONNARD, *L'Évangile*, 406; R.E. BROWN, *The Death*, 1063; R.H. GUNDRY, *Matthew*, 574; W.D. DAVIES – D.C. ALLISON, *A Critical*, III, 627; W. WIEFEL, *Das Evangelium*, 481.

[56] ὄξος è «aceto» oppure un «aceto di vino»; secondo alcuni si tratta di *posca*, una bevanda dei soldati romani e degli schiavi. Cf. B. WEISS, *Das Matthäus –*

sua azione comunque non è chiaro dal testo. Non si tratta di un gesto di misericordia e di pietà (cf. Mt 25,35)[57], ma piuttosto di un atto derisorio (cf. Sal 69,22; 1QH 4.10-11) che assomiglia all'atteggiamento dei soldati (cf. Mt 27,27-31)[58]. In ogni modo una bibita rinfrescante causava l'allungamento della vita e dei dolori del crocifisso. Il dare da bere a Gesù dagli astanti potrebbe essere comunque anche una spontanea reazione alla preghiera di Gesù che essi hanno interpretato come un grido di disperazione. L'irrisione degli astanti nei confronti di Gesù in croce diventa il momento culminante della sofferenza e dell'abbandono di Gesù, seguito dalla sua morte.

3.4 Il momento della morte di Gesù (v. 50)

Il narratore del primo vangelo riporta la descrizione dell'ultimo momento della vita di Gesù con la frase ὁ δὲ Ἰησοῦς πάλιν κράξας φωνῇ μεγάλῃ ἀφῆκεν τὸ πνεῦμα. Gesù ancora di nuovo assume il ruolo del soggetto della narrazione. Nella prima parte della frase Matteo parla del ripetuto grido di Gesù senza menzionare che cosa Gesù ha detto: ὁ δὲ Ἰησοῦς πάλιν κράξας φωνῇ μεγάλῃ (v. 50a), nella seconda parte della frase egli poi descrive il momento della morte di Gesù: ἀφῆκεν τὸ πνεῦμα (v. 50b).

3.4.1 La preghiera inespressa con le parole (v. 50a)

Il primo vangelo esprime il grido di Gesù prima di morire con la frase ὁ δὲ Ἰησοῦς πάλιν κράξας φωνῇ μεγάλῃ (v. 50a). Anche se Matteo non riporta nessuna parola concreta di questo grido, la sua formulazione è degna d'attenzione. Anche se non ci occuperemo della questione della possibilità di un grido ad alta voce nel momento della morte da un crocifisso, il grido nella narrazione matteana fa sorgere molte domande: Che cosa significa questo ultimo grido di Gesù sulla

---

Evangelium, 493s; J. KNABENBAUER, *Commentarius*, II, 543; M.-J. LAGRANGE, *Évangile selon Saint Matthieu*, 531; H.W. HEIDLAND, «ὄξος», 288s; H.G. LIDDELL – R. SCOTT – H.S. JONES, *A Greek-English Lexicon*, 1234; G. SCHNEIDER, «ὄξος», 1278; W. BAUER, *Griechisch-deutsches Wörterbuch*, 1164.

[57] F.V. FILSON, *A Commentary*, 297; L. MORRIS, *The Gospel*, 723; D.A. HAGNER, *Matthew 14-28*, 845.

[58] Cf. H.W. HEIDLAND, «ὄξος», 288-289; E. SCHWEIZER, *Das Evangelium nach Matthäus*, 336; V. TAYLOR, *The Gospel*, 596; W.D. DAVIES – D.C. ALLISON, *A Critical*, III, 627.

croce nel racconto della passione[59]? Si tratta nuovamente di un grido dell'abbandono o di un grido d'angoscia e di paura? Oppure si tratta di un grido che annuncia la fine di tutte le cose[60]? Oppure Matteo con il grido presenta una esclamazione trionfale di Gesù che tutti devono sentire[61]? Oppure si tratta di un grido incomprensibile senza il contenuto[62]? L'interpretazione del grido bisogna in ogni modo cercarla nella formulazione del testo stesso e nel suo contesto immediato.

La prima caratteristica importante della frase viene data dall'avverbio πάλιν. Matteo adesso usa nel testo l'avverbio πάλιν che non appare nel testo parallelo di Marco anche se esso è più caratteristico per il suo vangelo (Mc 28; Mt 17)[63]. Questo fatto sottolinea l'intenzionalità dell'uso di πάλιν da Matteo in 27,50. Il narratore del primo vangelo adoperando nel testo πάλιν accentua la rilevanza del rapporto tra il grido di Gesù in 27,46 quando recita il testo di Sal 22 con il grido in 27,50 prima di morire[64]. Questa accentuazione intenzionale di πάλιν in 27,50 dimostra che Matteo considera anche il secondo grido di Gesù nel momento della sua morte, che non racchiude le parole, collegato con il messaggio del Sal 22. La liberazione del giusto fiducioso dalla sua sofferenza e la proclamazione della gloria di Dio nei popoli (Sal 22,23-32) trovano la piena corrispondenza nella narrazione matteana della morte di Gesù.

Matteo riporta il grido di Gesù nel momento della sua morte con l'espressione κράξας φωνῇ μεγάλῃ. Similmente all'avverbio πάλιν anche l'espressione ripetuta da v. 46 φωνῇ μεγάλῃ indica che il secondo grido di Gesù era anche articolato. Riguardevole è l'espressione

---

[59] W. POPKES, *Christus*, 231 Anm. 656 elenca 4 interpretazioni di questo grido: 1. la pura notizia storica; 2. il grido d'aiuto di un giusto; 3. il grido analogo a quello dei demoni; 4. il grido del trionfo, del giudizio come un segno apocalittico. Come l'interpretazione probabile del grido di Gesù Popkes lo ritiene il segno apocalittico.

[60] Cf. J. GNILKA, *Das Matthäusevangelium*, II, 476.

[61] A. PLUMMER, *An Exegetical*, 401: «The Messiah did not die of exhaustion, struggling for life. Of His own will He let go what He could have retained». Cf. D.P. SENIOR, *The Passion Narrative*, 307; J. SCHNIEWIND, *Das Evangelium*, 270.

[62] H. FRENDRICH, «κράζω», 774.

[63] Cf. W. SCHENK, *Die Sprache*, 397.

[64] H.A.W. MEYER, *Kritisch*, 541; B. WEISS, *Das Matthäus – Evangelium*, 494; T. ZAHN, *Das Evangelium*, 715 Anm. 88; A. PLUMMER, *An Exegetical*, 401; J. FINEGAN, *Die Überlieferung*, 33; M.-J. LAGRANGE, *Évangile selon Saint Matthieu*, 531; E. LOHMEYER – W. SCHMAUCH, *Das Evangelium*, 395; W. SCHENK, *Die Sprache*, 398; A. STOCK, *The Method*, 428; W.D. DAVIES – D.C. ALLISON, *A Critical*, III, 627; W. WIEFEL, *Das Evangelium*, 481.

verbale κράζω nel testo matteano⁶⁵. Il verbo κράζω ricorre 97 volte nell'AT e 55 volte nel NT (Mt 12; Mc 10; Lc 3) con il significato principale «gridare»⁶⁶. Nell'AT questo verbo viene usato nei salmi di lamentela ed agonia (18,7; 22,3.6.25; 69,4) per esprimere la necessità dell'aiuto da parte di Dio. Per quanto riguarda l'uso di Matteo, egli adopera questo verbo per esprimere la paura (14,26.30), la supplica (15,22; 20,30.31), la lode (21,9.15). Da questo si potrebbe presupporre che Matteo ritiene il grido di Gesù senza parole in v. 50a come un'altra fiduciosa preghiera rivolta a Dio nel momento culminante dell'abbandono, quando Gesù sente l'imminenza della sua morte⁶⁷. Dio però non risponde e rimane muto (cf. Sal 21,3). La maestosa e trionfale risposta di Dio non si fa aspettare a lungo. Gli avvenimenti apocalittici che seguono immediatamente la morte di Gesù sono l'intervento salvifico di Dio e presentano la sua risposta alla fiduciosa preghiera di Gesù (cf. Sal 21,6.25).

3.4.2 La morte di Gesù (v. 50b)

La morte di Gesù è presentata nella narrazione di tutti gli evangelisti come una morte particolare. Nessuno di loro usa i verbi ordinari per esprimere il momento della morte ἀποθνῄσκειν oppure τελευτᾶν. Marco e Luca esprimono la morte di Gesù con l'espressione ἐξέπνευσεν (Mc 15,37; Lc 23,46) mentre il vangelo di Giovanni adopera l'espressione παρέδωκεν τὸ πνεῦμα (Gv 19,30). Infine nel nostro testo Matteo enuncia la morte di Gesù con la formula ἀφῆκεν τὸ πνεῦμα (27,50b). Nel centro della nostra attenzione in ogni modo rimane soltanto il testo di Matteo.

L'espressione ἀφῆκεν τὸ πνεῦμα appare nel NT soltanto in Mt 27,50b. La parola πνεῦμα ricorre 19 volte nel vangelo di Matteo, 12

---

⁶⁵ Nel testo parallelo di Marco ricorre il verbo ἀφίημι (15,37).
⁶⁶ Cf. W. GRUNDMANN, «κράζω κτλ», 898-904; H.G. LIDDELL – R. SCOTT – H.S. JONES, *A Greek-English Lexicon*, 988s; H. FRENDRICH, 774-776; W. BAUER, *Griechisch-deutsches Wörterbuch*, 909.
⁶⁷ W. GRUNDMANN, «κράζω κτλ», 901 lo conferma: «Dem ganzen Zusammenhang und der im AT wie NT vorhandenen Bedeutung der Vokabel nach handelt es sich bei diesem Schreien nicht um einen unartikulierten Todesschrei, sondern um ein letztes, herausgerufenes Gebetswort an Gott». Cf. P. GAECHTER, *Das Matthäus – Evangelium*, 931; H. GESE, «Psalm 22», 16; P. BONNARD, *L'Évangile*, 406s; D.P. SENIOR, *The Passion Narrative*, 307; A. SAND, *Das Evangelium*, 565; J.P. HEIL, *The Death*, 84. D.P. SENIOR, *The Passion of Jesus*, 140 addirittura afferma: «Jesus' second cry is the same as the first – he dies with the lament of Psalm 22 on his lips».

volte viene adoperata per esprimere lo Spirito Santo (1,18.20; 3,11.16; 4,1; 10,20; 12,18.28.31.32; 22,43; 28,19), 4 volte per designare gli spiriti impuri (10,1; 12,43.45; 8,16) e 3 volte racchiude il significato di uno spirito umano (5,3; 26,41; 27,50). In 5,3 l'espressione πνεῦμα viene adoperata nel senso di intimo dell'uomo – cuore, mentre in 26,41 l'espressione πνεῦμα è messa in contrasto con σάρξ. Nel nostro testo l'espressione πνεῦμα ovviamente si riferisce all'alito oppure allo spirito della vita nell'uomo[68]. La formulazione ἀφῆκεν τὸ πνεῦμα che è un *hapax legomenon* nel NT trova espressioni simili sia nei LXX (Gn 35,18: ἀφιέναι αὐτὴν τὴν ψυχήν; cf. Sir 38,32; Sap 16,14) sia nel greco classico (Hdt. 4,190: ἀφῆκεν τὴν ψυχήν; Eur. Hec. 571: ἀφῆκε πνεῦμα θανασίμῳ σφαγῇ) che esprimono una morte normale[69]. L'unicità dell'uso dell'espressione nel NT e la singolarità del significato nel vangelo di Matteo comunque, mostrano la specificità della formulazione.

Infatti, con l'espressione ἀφῆκεν τὸ πνεῦμα Matteo conferma che Gesù, che è presentato nel primo vangelo come una figura maestosa con piena autorità, muore con il proprio consenso compiendo la volontà del Padre suo[70]. Il narratore del primo vangelo ribadisce la volontarietà di Gesù con la quale accetta la morte in croce in tutto il testo della passione[71]. Gesù viene ripetutamente presentato da Matteo come uno che è pienamente consapevole della sua passione imminente (16,21; 20,28; 26,36-46.47-56). La preghiera nel Getsemani esprime il desiderio di Gesù di compiere la volontà del suo Padre (26,42). L'ultimo grido di Gesù in croce nella solitudine più totale e la consegna del suo spirito diventano il termine della sua missione secondo il disegno salvifico di Dio[72]. La sua morte somiglia alla *passio justi* che a causa dell'in–

---

[68] Cf. E. SCHWEIZER, «πνεῦμα κτλ», 394; J. KREMER, «πνεῦμα», 282.

[69] Cf. B. WEISS, *Das Matthäus – Evangelium*, 494; E. LOHMEYER – W. SCHMAUCH, *Das Evangelium*, 395, Anm. 1; W. BAUER, *Griechisch-deutsches Wörterbuch*, 252; R.E. BROWN, *The Death*, 1081.

[70] T. ZAHN, *Das Evangelium*, 714; A. PLUMMER, *An Exegetical*, 400s; W.C. ALLEN, *A Critical*, 296; A.H. MCNEILE, *The Gospel*, 422; M.-J. LAGRANGE, *Évangile selon Saint Matthieu*, 531s; E. LOHMEYER – W. SCHMAUCH, *Das Evangelium*, 395; E. KLOSTERMANN, *Das Matthäusevangelium*, 224; E. SCHWEIZER, *Das Evangelium nach Matthäus*, 337; D.P. SENIOR, *The Passion Narrative*, 305; W. GRUNDMANN, *Das Evangelium nach Matthäus*, 561; L. MORRIS, *The Gospel*, 723; R.H. GUNDRY, *Matthew*, 575; A. STOCK, *The Method*, 428; W.D. DAVIES – D.C. ALLISON, *A Critical*, III, 628.

[71] Cf. B. GERHARDSSON, «Jésus», 215-218.

[72] G. DALMAN, *Jesus-Jeschua*, 187 caratterizza Gesù nel momento della sua morte come uno che: «*Patri inserviendo consumor*».

comprensione umana muore nell'isolamento (Sal 25,16)[73]. Matteo nonostante l'abbandono totale di Gesù nel momento della sua morte con la consegna dello spirito esprime la sua *Gottzugehörigkeit*[74].

3.5 La risposta di Dio alla preghiera (v. 51-53)

Dio risponde alla fiduciosa preghiera di Gesù in croce. Nella narrazione matteana la morte di Gesù viene accompagnata dai sette eventi straordinari che sono il segno dell'intervento di Dio. Vi sono 5 eventi che sono una immediata risposta divina alla morte di Gesù: 1. lo squarciamento del velo del tempio (v. 51a); 2. il terremoto (v. 51b); 3. la spaccatura delle pietre (v. 51c); 4. l'apertura dei sepolcri (v. 52a); 5. la risurrezione dei santi morti (v. 52b). Gli ultimi due eventi sono collegati con la risurrezione di Gesù: 1. il loro ingresso in Gerusalemme (v. 53a); 2. la loro apparizione a molti (v. 53b). Nessuno di questi eventi è menzionato dal vangelo di Giovanni. Marco e Luca invece presentano soltanto l'evento dello squarciamento del velo nel tempio[75]. Matteo enfatizza l'importanza di questa risposta divina alla preghiera e alla morte di Gesù in croce con la particella ἰδού[76]. Che si tratti degli interventi di Dio lo mostrano 5 verbi nella forma passiva – *passivum divinum*. Gli avvenimenti rammentano le teofanie veterotestamentarie (1Re 19,11). I primi tre eventi hanno un connotato negativo, mentre gli altri quattro eventi esprimono un agire positivo di Dio. Il primo intervento divino è indirizzato ai Giudei, mentre gli altri a tutta l'umanità. Quale significato ha questa risposta di Dio con gli eventi straordinari nella narrazione matteana?

3.5.1 La rottura del velo nel tempio: la risposta divina ai Giudei (v. 51a)

La risposta di Dio all'evento della morte di Gesù è indirizzata a tutti, ma primariamente ai Giudei: il primo fenomeno straordinario che accade è lo squarciamento del velo del tempio. Che cosa significa questo avvenimento? A che cosa si riferisce Matteo con l'espressione τὸ

---

[73] Cf. G. BARTH, *Der Tod*, 129.

[74] E. LOHMEYER – W. SCHMAUCH, *Das Evangelium*, 395.

[75] La narrazione di Luca sullo squarciamento del velo nel tempio viene inserita prima della morte di Gesù (23,45b).

[76] La formulazione καὶ ἰδού (v. 51a) che introduce questi eventi straordinari viene spesso adoperata nella narrazione matteana per introdurre l'intervento divino (2,9; 3,17; 4,11; 8,24; 17,5; 28,2s.9).

καταπέτασμα τοῦ ναοῦ? Si tratta dell'interiore velo che copriva il Santo dei Santi (Es 26,31-35; Lv 16,2; 2Cr 3,19)[77], oppure del velo che separava il santuario dal cortile esteriore (Es 26,37; 38,18; Nm 3,26)[78]? Nei LXX καταπέτασμα designa sia il velo interiore sia esteriore (Es 36,35-37). Nel vangelo di Matteo l'espressione καταπέτασμα appare soltanto nel nostro testo e così non è univoco a che cosa esattamente si riferisce[79]. Per la narrazione matteana comunque non sembra che questa distinzione abbia grande importanza. Il significato dello squarciamento del velo del tempio rileva il contesto del vangelo.

La rottura del velo del tempio dall'alto in basso (v. 51) è un segno escatologico che indica la fine irreversibile[80] di questa istituzione veterotestamentaria, annunciata già prima da Gesù (23,37-38; 24,2.15; cf. 12,6). Si tratta di una risposta divina allo scherno di coloro che passavano verso Gesù crocifisso (27,40). Questa rottura del velo del tempio però contemporaneamente manifesta anche l'inizio della nuova economia della salvezza inaugurata alla morte di Gesù, come lo confermano gli avvenimenti successivi: l'apertura dei sepolcri, la risurrezione dei santi morti, il loro ingresso in Gerusalemme e la loro apparizione a molti (27,52-53)[81]. La tematica dell'accesso libero a Dio, attraverso il Santo dei santi che Gesù ha acquistato per tutti i popoli, viene

---

[77] H.A.W. MEYER, *Kritisch*, 541; A. PLUMMER, *An Exegetical*, 401; Str-B, I, 1045; A. SCHLATTER, *Der Evangelist*, 784; E. LOHMEYER – W. SCHMAUCH, *Das Evangelium*, 395 Anm. 3; P. BONNARD, *L'Évangile*, 407; W.F. ALBRIGHT – C.S. MANN, *Matthew*, 352; W. HENDRIKSEN, *The Gospel*, 974; D.P. SENIOR, *The Passion Narrative*, 308, Anm. 2; F.W. BEARE, *The Gospel*, 536; G. MAIER, *Matthäus*, II, 460; W. BAUER, *Griechisch-deutsches Wörterbuch*, 845s; J. GNILKA, *Das Matthäusevangelium*, II, 476; D.A. HAGNER, *Matthew 14-28*, 848.

[78] T. ZAHN, *Das Evangelium*, 715; A.H. MCNEILE, *The Gospel*, 423; F.V. FILSON, *A Commentary*, 297; W.D. DAVIES – D.C. ALLISON, *A Critical*, III, 631. P. GAECHTER, *Das Matthäus*, 931 ritiene la rottura del velo sia esteriore che interiore.

[79] Cf. C. SCHNEIDER, «καταπέτασμα», 630-632; O. HOFIUS, «καταπέτασμα», 657; L. MORRIS, *The Gospel*, 724; R.H. GUNDRY, *Matthew*, 575.

[80] L'impermutabilità della fine del tempio Matteo esprime con la duplice espressione sulla rottura del velo del tempio: ἀπ' ἄνωθεν ἕως κάτω e εἰς δύο (cf. anche Mc 15,38).

[81] Cf. B. WEISS, *Das Matthäus – Evangelium*, 494; A. PLUMMER, *An Exegetical*, 401; J. KNABENBAUER, *Commentarius*, II, 544; F.V. FILSON, *A Commentary*, 297; E. LOHMEYER – W. SCHMAUCH, *Das Evangelium*, 395s; D.P. SENIOR, *The Passion Narrative*, 310-311; D. HILL, *The Gospel*, 356; J. SCHNIEWIND, *Das Evangelium*, 270; A. SAND, *Das Evangelium*, 566; J.P. HEIL, *The Death*, 85; J. GNILKA, *Das Matthäusevangelium*, II, 476; L. MORRIS, *The Gospel*, 724; D.E. GARLAND, *Reading Matthew*, 260s; U. LUZ, *Die Jesusgeschichte*, 153; D.A. HAGNER, *Matthew 14-28*, 849.

poi esplicitamente affrontata nella lettera agli Ebrei (6,19; 9,1-28; 10,19-22).

3.5.2 Gli altri quattro avvenimenti straordinari (v. 51b-52)

La rottura del velo del tempio è accompagnata nella narrazione matteana da altri quattro segni apocalittici:

Il terremoto (v. 51b) ricorre nell'AT come un elemento caratteristico delle teofanie (Es 19,16.18; Gdc 5,4; 2Sam 22,8; 1Re 19,11s; Sal 18,8; 68,9; Ag 2,6-7.21)[82], ed anche delle scene apocalittiche del giudizio divino (Is 13,13; 24,18.20; Ger 8,16; Gl 4,16; Am 8,8; Na 1,5)[83]. Nella narrazione matteana della morte di Gesù il fenomeno straordinario del terremoto assume il significato veterotestamentario. Il terremoto rappresenta la risposta di Dio alla morte di Gesù, conferma la divina presenza su Golgota (cf. Mt 8,24; 28,2) e nello stesso tempo diventa un simbolo del giudizio divino (cf. Mt 24,7; Ap 8,5; 16,18-19)[84]. Il terremoto causa i due fenomeni successivi – la spaccatura delle pietre e l'apertura dei sepolcri. La spaccatura delle pietre (v. 51c) si potrebbe considerare un esempio del parallelismo poetico col terremoto. Questo fenomeno ugualmente al segno precedente – terremoto appare nell'AT come un segno apocalittico del giudizio divino (Nm 1,5s; Is 2,19; Zc 14,4) oppure come un avvenimento che accompagna la teofania (1Re 19,11-12). La spaccatura delle pietre simboleggia nel testo di Matteo la presenza di Dio su Golgota nel momento della morte di Gesù e nello stesso tempo ribadisce l'aspetto giudiziario di questo momento. Il fenomeno dell'apertura dei sepolcri (v. 52a) si riferisce al testo di Ez 37,1-14 e simboleggia l'efficienza salvifica della morte di Gesù[85] nella quale si manifesta la potenza di Dio (cf. 22,23-33)[86].

Il terremoto, insieme con la spaccatura delle pietre e l'apertura dei sepolcri, prepara l'ultimo evento della risurrezione dei santi addormentati[87] (v. 52b). Matteo parlando di ἁγίων non intende i «santi» credenti in Gesù (1Cor 14,23; Rm 1,7; At 9,13; Eb 13,24) ma si riferisce ai

---

[82] Cf. D. HILL, «Matthew 27,51-53», 76.
[83] Cf. Str-B, I, 1046; G. BORNKAMM, «σείω κτλ», 195-199.
[84] P. GAECHTER, Das Matthäus – Evangelium, 932; J. GNILKA, Das Matthäusevangelium, II, 476s; U. LUZ, Die Jesusgeschichte, 153.
[85] H.A.W. MEYER, Kritisch, 542; B. WEISS, Das Matthäus – Evangelium, 494.
[86] H. FRANKEMÖLLE, Matthäus, II, 505.
[87] Il sonno è un eufemismo frequente per esprimere la morte nella letteratura sia neotestamentaria (1Ts 4,13; 1Cor 15,20; Gv 11,11; 2Pt 3,4) sia apocalittica (1En 91,10; 4Esd 7,32 2Bar 21,24).

Giudei che morirono dopo una vita santa (Is 4,3; Dn 7,18.22)[88]. Nel primo vangelo questi uomini vengono chiamati anche δίκαιοι (13,17; 23,29). Gesù attraverso la sua morte, dovuta ai capi giudaici e al popolo, diventa la causa della risurrezione dei santi. Matteo non parla qui della resurrezione finale ed universale, come conferma l'espressione πολλὰ σώματα nel testo, ma soltanto sottolinea il potere di Dio che simboleggia l'inizio della fine dei tempi e l'inaugurazione del giudizio finale[89]. La sua morte ha così una ripercussione storica e cosmica.

3.5.3 La testimonianza dei «santi» (v. 53)

Il versetto 53 riporta le ultime due reazioni divine alla morte di Gesù: l'uscita dalle tombe dei risorti con la loro andata nella città santa (v. 53a) e la loro apparizione ai molti (v. 53b). La frase μετὰ τὴν ἔγερσιν αὐτοῦ[90] precisa il tempo in cui accadono questi due avvenimenti e, contemporaneamente, esprime un tono causativo. Soltanto la risurrezione di Gesù abilita l'entrata dei santi risorti nella città santa e la loro apparizione a molti. Il fatto che si tratti dell'apparizione ai molti evidenzia che l'evangelista[91] non intende con l'espressione ἁγία πόλις «Gerusalemme celeste» (Ap 21,2.10; 22,14.19)[92] ma «Gerusalemme» (Mt 4,5-6; cf. Is 48,2; 52,1; Ap 11,2)[93]. Che cosa sia accaduto dopo l'apparizione dei santi risorti a Gerusalemme Matteo non lo menziona, così come egli non descrive che cosa sia successo con Gesù dopo la sua ultima apparizione (28,18b). Probabilmente era ovvio per Matteo e per i destinatari del suo vangelo, che Gesù risorto come anche i santi risorti dimorino con Dio.

Concludendo, si può dire che gli avvenimenti straordinari forniscono la conferma da Dio che Gesù è veramente il Figlio di Dio (27,40.43.54), rivelano il giudizio di Dio, hanno un carattere apocalittico ed infine segnalano una nuova fase del rapporto di Dio con

---

[88] O. PROCKSCH, «ἅγιος κτλ», 111; R.E. BROWN, *The Death*, 1124; W.D. DAVIES – D.C. ALLISON, *A Critical*, III, 633.

[89] D. HILL, *The Gospel*, 355s.

[90] Gesù può essere sia l'oggetto sia il soggetto della frase. Questo fatto comunque non ha grande rilevanza per l'interpretazione del testo.

[91] L'espressione ἁγία πόλις suscita una domanda: Perché Matteo non usa direttamente il termine chiaro Ἱεροσόλυμα? Forse si tratta nel testo di un gioco di parole, poiché nel testo precedente egli adopera l'espressione ἁγίων (v. 52b).

[92] K. GSCHWIND, *Die Niederfahrt*, 191.

[93] H. STRATHMANN, «πόλις κτλ», 530; R.E. BROWN, *The Death*, 1131; W. WIEFEL, *Das Evangelium*, 482.

l'umanità. Questi segni dell'intervento di Dio nel momento della morte di Gesù confermano il fiducioso rapporto di Gesù con Dio, espresso nella preghiera in croce e nello stesso tempo confondono l'infedeltà dei nemici di Gesù.

3.6 La reazione del centurione e degli altri soldati (v. 54)

Gli avvenimenti straordinari che accompagnano la morte di Gesù e che sono la risposta di Dio alla preghiera di Gesù in croce vengono seguiti dalla reazione umana (27,54-56).

Nella narrazione matteana il centurione e gli altri soldati sono i primi che reagiscono alla morte di Gesù (27,54). La loro dichiarazione ἀληθῶς θεοῦ υἱὸς ἦν οὗτος è causata da due realtà: si tratta di una reazione alla preghiera di Gesù, come esprime la formula τηροῦντες τὸν Ἰησοῦν; e nello stesso tempo come enuncia l'espressione ἰδόντες τὸν σεισμὸν καὶ τὰ γενόμενα si tratta di una risposta ai fenomeni straordinari divini che accompagnano la morte di Gesù[94] e che suscitano la loro paura.

Al centro della nostra attenzione si trova la dichiarazione del centurione e dei soldati ἀληθῶς θεοῦ υἱὸς ἦν οὗτος. Che cosa significa questa formulazione? La dichiarazione del centurione e dei soldati Matteo l'introduce con l'espressione λέγοντες[95] che dipende dalla formulazione precedente ἐφοβήθησαν σφόδρα, la quale esprime il loro stato d'animo[96]. Come la manifestazione di Dio ha suscitato grande paura nei discepoli al momento della trasfigurazione di Gesù (Mt 17,6), anche adesso gli avvenimenti straordinari dell'intervento di Dio, nel momento della morte di Gesù, causano il timore del centurione e dei soldati.

La prima parola della dichiarazione ἀληθῶς rievoca la professione dei discepoli a Gesù dopo la calma del vento sul lago (Mt 14,33) e così evidenzia che si tratta anche nel nostro testo di una professione di fede. Per quanto riguarda la formula θεοῦ υἱὸς che non contiene un articolo definito bisogna affermare che non si tratta qui di «un figlio di Dio»[97]

---

[94] D.J. VERSEPUT, «The Role», 548: «the miraculous signs that were taking place are explicitly confirmed as the direct manifestation of God witnessing to the truth of Jesus' Sonship claim».

[95] Cf. λέγων in 27,46.

[96] Matteo usa spesso il concetto della paura come reazione alla manifestazione del potere divino (9,8; 17,6; 27,54; 28,8). Cf. M.-J. LAGRANGE, *Évangile selon Saint Matthieu*, 533; G. STRECKER, *Der Weg*, 234; D.P. SENIOR, *The Passion Narrative*, 326.

[97] P. BONNARD, *L'Évangile*, 407.

ma del «Figlio di Dio»[98]. Matteo infatti usa il titolo «Figlio di Dio» alternativamente[99]. Il titolo «Figlio di Dio» viene attribuito dal predicato ἦν, espresso con il verbo all'imperfetto. Siccome tutte le altre confessioni di Gesù che si trovano nei vangeli sono espresse al tempo presente, questa confessione finale assume una particolare importanza. Matteo adoperando la forma verbale all'imperfetto non afferma che la figliolanza divina di Gesù sia limitata soltanto al passato, ma la forma verbale ἦν mostra che la confessione è un apprezzamento del passato[100]. Il pronome dimostrativo οὗτος manifesta che l'indicazione si riferisce a Gesù sulla croce. Mentre in 27,47 il pronome οὗτος viene usato per la derisione di Gesù da parte degli astanti, adesso in 27,54 Gesù viene proclamato dal centurione e dai soldati come Figlio di Dio. La formulazione ὁ δὲ ἑκατόνταρχος καὶ οἱ μετ' αὐτοῦ poi trova la sua giustificazione nel contesto. Matteo menzionando il centurione con i soldati non soltanto sottolinea la pluralità dei testimoni[101] ma anche accentua il contrasto tra il rifiuto di Gesù da parte dei Giudei e il suo accoglimento da parte dei gentili[102]. La loro professione della divinità di Gesù crocifisso è così messa in brusco contrasto con il comportamento dei Giudei. In 26,63 il sommo sacerdote durante il processo nel sinedrio usa lo stesso titolo «Figlio di Dio» per condannare Gesù e poi più tardi, nella narrazione, appare la gente (Giudei) con le tre frazioni del sinedrio: i sommi sacerdoti, gli scribi e gli anziani, i quali deridono Gesù in croce usando di nuovo il titolo «Figlio di Dio» (27,40.43). La rilevanza dell'accettazione di Gesù da parte dei gentili nel primo vangelo si vede già nella narrazione sulla nascita di Gesù che viene adorato dai magi, gentili come «il Re dei Giudei» (2,2) mentre il giudeo re

---

[98] B. WEISS, *Das Matthäus – Evangelium*, 496; T. ZAHN, *Das Evangelium*, 717; D.P. SENIOR, *The Passion Narrative*, 328; J. SCHNIEWIND, *Das Evangelium*, 271; A. SAND, *Das Evangelium*, 566; D.J. VERSEPUT, «The Role», 547s; L. MORRIS, *The Gospel*, 726; D.A. HAGNER, *Matthew 14-28*, 852; W. WIEFEL, *Das Evangelium*, 482.

[99] Il titolo «Figlio di Dio» appare nel vangelo di Matteo in 4,3.6; 14,33; 27,40.43.54 senza l'articolo ed in 16,16; 26,63 con l'articolo. Quando si tratta comunque dell'uso del titolo con il verbo copulativo, ci sono dei casi dove l'espressione «Figlio di Dio» nel senso esclusivo appare senza articolo, quando il verbo precede tutta l'espressione oppure la parte di essa (Mt 4,3.6; 27,40.54; Gv 10,34).

[100] K. STOCK, «Das Bekenntnis», 297; R.E. BROWN, *The Death*, 1151; W.D. DAVIES – D.C. ALLISON, *A Critical*, III, 636.

[101] R.E. BROWN, *The Death*, 1143-1144.

[102] Cf. R.H. GUNDRY, *Matthew*, 578; W.D. DAVIES – D.C. ALLISON, *A Critical*, III, 635; R. MEYNET, *Jésus passe*, 292.

Erode e tutti i sommi sacerdoti e scribi del popolo sono ostili verso Gesù (2,4.20).

Il rifiuto da parte dei Giudei nei confronti di Gesù, che appare in tutto il vangelo di Matteo, trova il suo apice nella derisione sulla sua pretesa figliolanza divina (27,40) e così si contrappone all'accoglienza inaspettata dei pagani che sono rappresentati dal centurione e dalle guardie, che riconoscono in Gesù crocifisso ὁ υἱὸς τοῦ θεοῦ[103]. Essi l'hanno prima deriso e torturato come un condannato (27,27-35), ma adesso accettano Gesù come il Figlio di Dio. Essi, che sono come pagani disprezzati dai Giudei, accolgono la rivelazione divina e così si adempiono le parole di Gesù sulla rivelazione dei misteri ai piccoli (11,25; cf. 21,16; Sal 8,3).

3.7 La testimonianza delle donne (vv. 55-56)

La tradizione sinottica attesta la presenza delle donne alla croce. Matteo nella sua narrazione ne menziona tre: Maria Maddalena, Maria, madre di Giacomo e di Giuseppe, e la madre dei figli di Zebedeo. La loro importanza e il loro valore l'evangelista li esprime con la frase αἵτινες ἠκολούθησαν τῷ Ἰησοῦ ἀπὸ τῆς Γαλιλαίας διακονοῦσαι αὐτῷ (v. 55b). Al contrario dei discepoli che fuggono al Getsemani ed abbandonano Gesù, le donne sono presenti al momento della crocifissione e così diventano testimoni della sua morte sulla croce. La loro sequela di Gesù non fallisce neanche nel momento della sua passione. Matteo ne fornisce la motivazione. È proprio il loro atteggiamento di servizio (διακονοῦσαι) che le fa rimanere accanto a Gesù nel momento della sua crocifissione. Le donne comunque restano silenziose e non esprimono nessuna valutazione su Gesù. Il loro comportamento è così messo in contrasto con quello del centurione ed dei soldati che professano Gesù[104]. Matteo, tuttavia, menziona più avanti nel testo due donne: Maria Maddalena, e l'altra Maria. Esse diventano anche i testimoni della sepoltura (27,61) e della risurrezione di Gesù (28,9). Esse come testimoni oculari forniscono la credibilità e la continuità degli eventi

---

[103] N.A. DAHL, «Die Passionsgeschichte», 28; A. VANHOYE, «Structure», 159; D.P. SENIOR, *The Passion Narrative*, 324; J.P. HEIL, *The Death*, 87.

[104] Anche la pericope seguente mostra la passività delle donne (27,61) che contrasta con il discepolo di Gesù, Giuseppe d'Arimatèa, che ha il coraggio di chiedere il corpo di Gesù a Pilato e lo ripone in un nuovo sepolcro che aveva preparato per sé (27,57-60).

che diventano il *kerygma* centrale della chiesa nascente sulla passione e risurrezione di Gesù: Gesù è morto sulla croce, fu sepolto ed è risorto.

Le donne insieme con il centurione e le guardie diventano i primi rappresentati di quelli che riconoscono in Gesù crocifisso il Figlio di Dio.

4. Osservazioni conclusive

Matteo narra la preghiera di Gesù in croce (27,45-56) nel clima delle tenebre che coprono la terra (v. 45) e che rivestono la simbologia della morte e del male (Mt 4,16; 6,23). Queste tenebre descrivono anche la dimensione cosmica della morte di Gesù e nello stesso tempo sono il segno del giudizio escatologico divino.

Nella narrazione matteana la preghiera di Gesù viene formulata come un duplice grido. Gesù esprime la prima preghiera a gran voce con le parole del salmo 22,2 (v. 46), mentre la seconda preghiera è riportata da Matteo soltanto come un grido di Gesù a gran voce prima di morire senza riportarne la formulazione (v. 50a). La seconda preghiera viene messa in rapporto con la prima attraverso l'uso dell'espressione πάλιν. Il collegamento di queste due preghiere è accentuato anche dalla loro formulazione espressa con la formula φωνῇ μεγάλῃ (v. 46.50a). Matteo così considera anche il secondo grido di Gesù collegato con il Sal 22. Il testo stesso della preghiera, che appare nelle due formulazioni, in quella ebraico-aramaica e nella sua traduzione greca, manifesta l'importanza della preghiera di Gesù in croce. Ciò mette in risalto il fatto che si tratta delle ultime parole di Gesù prima di morire. Questa preghiera infine ci presenta il misterioso rapporto di Gesù con il suo Dio.

Matteo formulando la preghiera di Gesù in croce come un grido a gran voce φωνῇ μεγάλῃ (v. 46.50a) sottolinea il carattere implorativo della preghiera di Gesù e nello stesso tempo addita il suo connotato escatologico. Il contenuto della preghiera è la citazione del salmo 22,2. Il salmo 22 è una preghiera del giusto sofferente che racchiude in se stessa gli aspetti di lamentela, di confidenza, d'invocazione e di ringraziamento. Gesù esprime nella preghiera in primo luogo la sua unità con Dio: Ηλι ηλι – Θεέ μου θεέ μου (v. 46). Egli citando il Sal 22,2 nella sua preghiera domanda al «suo Dio» la ragione del suo silenzio. Nell'abbandono, Gesù vive l'estremo avvicinarsi di Dio all'uomo e manifesta la sua estrema solidarietà con l'umanità. Gesù così termina la sua missione nella solitudine più totale, ma nel suo abbandono non implora un intervento divino in suo favore, non chiede un aiuto che lo liberi dagli avversari e dalla sua morte.

Gesù, già nella preghiera nel Getsemani (26,36-46), ha accettato la volontà del Padre suo. La preghiera sulla croce, non è allora un'invocazione di aiuto o di vendetta, ma l'anelito alla presenza stessa di Dio, suo Padre. Gesù sta ricercando il suo Dio, Dio non si fa sentire, Dio è assente, lontano, nel momento della sua morte. Non si tratta di un grido di ribellione nel momento della solitudine da tutti. L'abbandono è vissuto come obbedienza estrema del «giusto sofferente» *par excellence*. La sua fiducia nella presenza di Dio, suo Padre, nell'esperimentare la sua assenza, è implicita in questo grido. La profonda relazione tra Gesù, il Figlio e Dio, il Padre (Mt 11,25-27) non è smentita sul Golgota. La preghiera di Gesù sulla croce viene esaudita, Dio non ha abbandonato Gesù, ma risponde alla sua fiduciosa preghiera.

La risposta di Dio non consiste in qualche consolazione di Gesù oppure nel rasserenamento degli ultimi istanti della sua vita. Nonostante tutto Dio si rivela presente. Dio risponde alla preghiera nel momento della morte di Gesù con i sette avvenimenti apocalittici (v. 51-53) che segnalano l'inizio della nuova economia della salvezza, inaugurata dalla morte di Gesù. Il vangelo di Matteo vede la morte di Gesù non come una sconfitta ma come un trionfo.

La risposta divina alla preghiera di Gesù viene seguita dalla reazione umana (v. 54-56). La confessione del centurione e dei soldati della divinità di Gesù è una ripercussione alla preghiera di Gesù sulla croce e nello stesso tempo la reazione ai fenomeni divini straordinari. Le donne in silenzio (v. 55-56) sono altri testimoni oculari della preghiera di Gesù sulla croce e della sua morte. Loro poi testimoniano la sepoltura (27,61) e la risurrezione di Gesù (28,9). Nel vangelo di Matteo il centurione, i soldati e le donne sono i primi che accolgono con fede Gesù crocifisso, come il Figlio di Dio.

CAPITOLO IV

La preghiera di Gesù in altre occasioni

La narrazione del primo vangelo oltre le tre preghiere di Gesù espresse con le parole: l'inno di giubilo (11,25-30); la preghiera nel Getsemani (26,36-46) e la preghiera di Gesù sulla croce (27,45-56) presenta anche Gesù orante senza riportare il contenuto delle sue preghiere. Matteo menziona tre volte che Gesù prega all'ora dei pasti. Si tratta dei seguenti racconti: 1. la prima moltiplicazione dei pani (14,13-21); 2. la seconda moltiplicazione dei pani (15,29-39); 3. l'ultima cena (26,26-30). Poi la narrazione del vangelo presenta la preghiera solitaria di Gesù sul monte nella notte (14,22-23) ed infine Gesù compare in preghiera quando impone le mani sui bambini (19,13-15). Tutti questi cinque brani dunque sono l'oggetto del nostro studio. L'analisi sarà sviluppata facendo attenzione sia alla pericope, in se stessa, sia al contesto. Esamineremo i testi dal punto di vista del loro rapporto con la tematica della preghiera di Gesù.

1. Gesù rende grazie a Dio in occasione delle moltiplicazioni dei pani (Mt 14,13-21; 15,29-39)

Il racconto del miracolo della moltiplicazione dei pani è uno degli episodi maggiormente attestati nei vangeli (Mt 14,13-21; 15,29-39; Mc 6,30-44; 8,1-10; Lc 9,10-17; Gv 6,1-15). Questo tipo di miracolo trova il suo sfondo nell'AT (Es 16; Nm 11; 1Re 17,8ss; 2Re 4,42-44) ma anche nella letteratura rabbinica ed ellenistica[1]. Si tratta di un

---

[1] Str-B, I, 685; R. BULTMANN, *Die Geschichte*, 249.251; J.-M. van CANGH, *La multiplication*, 39-63.

Geschenkwunder[2]. La moltiplicazione dei pani per cinque mila uomini è l'unico tra miracoli di Gesù che si ritrova in tutti i vangeli. La maggioranza dei miracoli di Gesù sono compiuti con la parola (Mt 8,26; 9,6.22). Il miracolo della moltiplicazione dei pani non è tuttavia la conseguenza di una parola imperativa ma è connesso con la preghiera di ringraziamento e di lode (14,19). Per quanto riguarda la nostra indagine non esamineremo il testo in tutte le sue singolarità[3], ma fissiamo l'attenzione sulla persona di Gesù che pronuncia la preghiera e sazia la folla.

1.1 La prima moltiplicazione nel contesto del vangelo

Il racconto della prima moltiplicazione dei pani che riporta la preghiera di ringraziamento e di lode da parte di Gesù si trova nell'ultima sezione (11,2–16,20) della prima parte del vangelo che concerne l'attività di Gesù in Galilea (4,17–16,20)[4]. Quest'ultima sezione della prima parte riferisce le reazioni all'attività missionaria di Gesù. In essa si può rintracciare un'ulteriore strutturazione con almeno tre maggiori partizioni. La prima partizione riporta la reiezione di Gesù Messia da tutte le parti d'Israele (11,2–12,50), la seconda partizione contiene il discorso parabolico (13,1-53) che presenta una risposta negativa di Gesù ad Israele (13,1-35) e che nello stesso tempo si orienta anche ai discepoli (13,36-52) ai quali però viene concessa l'interpretazione delle parabole (13,18-23.36-43) e la rivelazione dei misteri del Regno dei cieli (13,11). Infine la terza partizione (13,54–16,20), della quale il nostro testo fa parte, mostra Gesù nel suo continuo presentarsi come

---

[2] Cf. G. THEIßEN, *Urchristliche Wundergeschichten*, 111s. Tra le proprietà del tale genere di miracolo Theißen elenca (111): «die Spontaneität des wunderbaren Handelns, die Unauffälligkeit des Wunders selbst und die Betonung des Demonstrationsschlusses».

[3] Per quanto riguarda la storia della trasmissione del testo e la problematica della sua redazione vedi: L. CERFAUX, «La section», 64-77; I. BUSE, «The Gospel», 167-170; B. van IERSEL, «Die wunderbare Speisung», 167-194; J. KNACKSTEDT, «Die beiden Brotvermehrungen», 309-335; K. KERTELGE, *Die Wunder*, 129-145; H. PATSCH, «Abendmahlsterminologie», 210-231; L. SCHENKE, *Die Wundererzählungen*, 217-237; J-M. van CANGH, *La multiplication*, 7-38; K.P. DONFRIED, «The Feeding Narratives», 95-104; S. MASUDA, «The Good News», 191-219; U.H.J. KÖRTNER, «Das Fischmotiv», 24-35; F. NEIRYNCK, «The Matthew», 25-44; I. de la POTTERIE, «Le sens», 303-329; W.D. DAVIES – D.C. ALLISON, *A Critical*, II, 478-485.

[4] Per quanto riguarda la divisione della prima parte del vangelo di Matteo si veda il capitolo I, La struttura del contesto.

CAP. IV: LA PREGHIERA DI GESÙ IN ALTRE OCCASIONI   143

Messia d'Israele attraverso i miracoli (14,15-21; 15,32-39) e le guarigioni (14,13s.34-36; 15,29-31) nel popolo, nonostante il suo rifiuto da parte d'Israele[5].

Per quanto riguarda il contesto immediato del brano della moltiplicazione dei pani per cinque mila uomini (14,13-21), esso è preceduto dal racconto sull'esecuzione di Giovanni Battista, che è stato decapitato per ordine di Erode (14,3-12) e, seguito, dall'episodio della preghiera solitaria di Gesù sul monte (14,22-23). Il ritiro di Gesù in disparte, riportato dai versetti introduttivi della nostra pericope, è la conseguenza dell'annuncio della morte di Giovanni Battista (14,13). Il testo seguente riporta ancora uno spostamento di Gesù che si ritira nuovamente dopo aver congedato la folla (14,22). Gli spostamenti di Gesù sono i primi indizi che separano il nostro racconto dal suo contesto. L'unità della pericope poi viene confermata dai personaggi: Gesù, la folla e i discepoli e dalla referenza sulla località ἔρημος τόπος (14,13.15). Nel centro dell'episodio sta la persona di Gesù che determina tutti gli avvenimenti: fa sedere la folla, impegna i discepoli, rivolge a Dio la preghiera di ringraziamento e di lode, e dà da mangiare a tutti come Dio l'ha fatto nel deserto (cf. Es 16; Nm 11).

1.2 Le circostanze e l'atto della preghiera

Le circostanze della preghiera di Gesù sono rilevate dal racconto del miracolo della moltiplicazione dei pani che consiste di tre parti: 1. premessa (v. 13s); 2. il discorso di Gesù ai discepoli (v. 15-18); 3. il miracolo (v. 19-21)[6]. La stessa narrazione del miracolo che contiene la preghiera di Gesù si sviluppa in tre partizioni: 1. il rendimento di grazie e di lode recitato da Gesù, lo spezzare del pane e la sua distribuzione (v. 19); 2. la conseguenza del miracolo che è palese dalla sazietà della folla (v. 20a-b); 3. l'attestazione della grandiosità del miracolo (v. 20c-21)[7]. La prima parte del racconto giustifica il motivo dell'agire miracoloso di Gesù che è la compassione. La seconda parte del racconto evidenzia il ruolo di tutti gli attori dell'episodio: Gesù è il signore della situazione che si presenta come un donatore, mentre i discepoli fungono da intermediari e la folla diventa il beneficiario del miracolo. Tutto il racconto poi trova il suo culmine nella terza parte concernente

---

[5] Cf. J.D. KINGSBURY, *Matthew: Structure*, 17-21.
[6] U. LUZ, *Das Evangelium*, II, 395; J. GNILKA, *Das Matthäusevangelium*, II, 7-9.
[7] W.D. DAVIES – D.C. ALLISON, *A Critical*, II, 561.

la preghiera di Gesù, il miracolo della moltiplicazione (v. 19) ed il saziarsi della folla (v. 20s)[8].

1.2.1 I preparativi per la preghiera

a) Le condizioni (v. 13-14)

I primi due versetti introduttivi dell'episodio creano il clima in cui Gesù pronuncia la preghiera del rendimento di grazie e lode a Dio e in cui successivamente avviene il miracolo della moltiplicazione dei pani. Mentre in Marco (6,32s) e in Luca (9,10s) l'allontanamento di Gesù con i suoi discepoli ha lo scopo di un riposo dopo la missione in Galilea, in Matteo il «ritirarsi» di Gesù in un luogo deserto è una ripercussione del suo animo alla notizia della morte di Giovanni Battista (14,12s)[9]. Il narratore ribadisce il ritiro di Gesù anche con la sua usuale espressione κατ' ἰδίαν (cf. 14,23; 17,1.19; 20,17; 24,3). Lo scopo dell'allontanamento di Gesù verso un luogo deserto in disparte è probabilmente la preghiera (cf. 14,23). La notizia della morte di Giovanni Battista evoca infatti in lui il pensiero della sua passione vicina[10]. Matteo nella sua narrazione non precisa né il luogo né il tempo dell'episodio, ma riporta soltanto il termine generico ἔρημος τόπος[11]. Il deserto che ricorda la tradizione del soggiorno d'Israele nel deserto (Es 16; cf. Sal 78,18ss; 105,40)[12], fa da sfondo all'episodio. Il posto disabitato è un luogo in cui niente separa Gesù da Dio, che Egli cerca quando si apparta dalla gente (Mt 14,13; Mc 1,45; Lc 4,42; cf. Gv 11,54). Gesù così cerca nella solitudine il silenzio per pregare (Mt 14,23; Mc 1,35; Lc 5,16). La solitudine di Gesù nel deserto manifesta il suo stretto contatto con Dio nella preghiera.

---

[8] W. WIEFEL, *Das Evangelium*, 272.

[9] Il primo vangelo spesso presenta Gesù che si apparta (ἀναχωρέω) di fronte a situazioni pericolose: l'arresto di Giovanni Battista (4,12); la decisione dei farisei di ucciderlo (12,15). Anche la famiglia di Gesù «si ritira» di fronte alla persecuzione di Erode il Grande (2,14) e di suo figlio Archelao (2,22).

[10] WEISS, 272; D.A. HAGNER, *Matthew 14-28*, 417.

[11] Il termine ἔρημος che è collegato con la parola τόπος viene adoperato nel testo come un aggettivo e può significare sia «deserto» sia «un luogo spopolato». Cf. G. KITTEL, «ἔρημος», 654-657; W. BAUER, *Griechisch-deutsches Wörterbuch*, 625s.

[12] G. FRIEDRICH, «Die beiden Erzählungen», 19; L. SCHENKE, *Die Wundererzählungen*, 229.

All'allontanamento di Gesù corrisponde lo spostamento della folla che lo segue[13]. Gesù non respinge la folla ma prova compassione per essa (14,14). Questo atteggiamento lo spinge a soccorrere il popolo chiamando i dodici alla missione (9,36) oppure guarendo gli ammalati (15,32; 20,34)[14]. Gesù non è solo colui che dimostra la sua emozionale umana misericordia davanti alla desolata condizione del popolo giudaico, ma la compassione anzitutto lo caratterizza, come figura messianica nella quale è presente la misericordia divina[15]. La compassione di Gesù nel nostro testo causa non soltanto la sua attività terapeutica (14,14) ma anche il miracolo della moltiplicazione dei pani. Le guarigioni avvengono prima della moltiplicazione dei pani, che accompagnata dalla preghiera, assume forse così un carattere liturgico[16]. Certi gruppi dei malati non potevano partecipare alle sacre cerimonie ebraiche (2Sam 5,8)[17]. Gesù, guarendo i malati, prepara così il suo gesto seguente.

b) Il discorso di Gesù ai discepoli (v. 15-18)

Il dialogo tra Gesù ed i discepoli è la seconda circostanza che prepara la preghiera di Gesù. Esso comincia nel racconto dopo l'espressione temporale ὀψίας δὲ γενομένης[18] che mette in risalto che la moltiplicazione dei pani è un pasto serale[19].

Nel dialogo tra Gesù e i suoi discepoli, i discepoli propongono il rinvio della folla nei villaggi vicini per comprarsi del cibo, con la motivazione delle circostanze della località e del tempo (v. 15). Essi sono forse anche infastiditi dalla gente (cf. 19,13). Dal racconto comunque risulta chiaro che i discepoli con la loro proposta sono coinvolti nell'episodio[20]. Gesù presenta un'alternativa completamente diversa da

---

[13] L'atteggiamento di seguire Gesù riferito alla folla che appare frequentemente nel primo vangelo (4,25; 8,1; 12,15; 19,2; 20,29; 21,9) indica soltanto la sua potenziale simpatia e stima nei confronti di Gesù e il riconoscimento del suo potere terapeutico.

[14] Matteo esprime spesso la compassione di Gesù verso i malati anche con il verbo ἐλεέω (9,27; 15,22; 17,15; 20,30s).

[15] Cf. H. KÖSTER, «σπλάγχνον κτλ», 554; N. WALTER, «σπλαγχνίζομαι», 634; R. SCHNACKENBURG, *Matthäusevangelium*, I, 135; A. STOCK, *The Method*, 247.

[16] W. GRUNDMANN, *Das Evangelium nach Matthäus*, 363.

[17] W. GRUNDMANN, *Das Evangelium nach Matthäus*, 451.

[18] La formula ὀψίας δὲ γενομένης è un'espressione temporale frequente nel primo vangelo (8,16; 14,15.23; 16,2; 20,8; 26,20; 27,57).

[19] Il pasto di sera era un pasto principale in Palestina. Cf. G. DALMAN, *Arbeit*, 633s.

[20] K. STOCK, *Boten*, 108.

quella dei discepoli. La gente non dovrà andarsene, perché Gesù vuole manifestare la sua iniziativa della donazione gratuita del pane come si può osservare già dalla sua risposta ai discepoli (v. 16). Matteo così presenta Gesù nella sua signoria e sovranità, con il suo progetto nel quale i discepoli hanno un ruolo[21] nonostante la loro poca fede[22], come risulta dalla narrazione matteana (14,31; 16,17)[23]. Gesù non cede allo scetticismo dei discepoli, ma come protagonista della situazione si lascia portare i cinque pani e i due pesci (v. 18). Manifestando il suo rapporto con Dio, pronuncia la preghiera del rendimento di grazie, e, rivelando la sua bontà, dà da mangiare a tutti.

1.2.2 La preghiera di lode e di ringraziamento

La scena, che riporta la preghiera di Gesù, si apre con l'ordine di Gesù alla folla di sedersi sull'erba, qui Egli attesta di nuovo la sua autorità e sovranità. Egli prende i cinque pani ed i due pesci, pronuncia la preghiera con gli occhi alzati al cielo, spezza i pani e li dà ai discepoli che li distribuiscono alla folla. Matteo menziona questo avvenimento con la seguente formulazione: λαβὼν τοὺς πέντε ἄρτους καὶ τοὺς δύο ἰχθύας, ἀναβλέψας εἰς τὸν οὐρανὸν εὐλόγησεν καὶ κλάσας ἔδωκεν τοῖς μαθηταῖς τοὺς ἄρτους, οἱ δὲ μαθηταὶ τοῖς ὄχλοις. Essa sta al centro della nostra attenzione. Il comportamento di Gesù che nutre prodigiosamente la folla segue l'usanza di un capofamiglia o di un ospite durante il rendimento di grazie ai pasti[24]. Gesù si presenta come il protagonista della scena. Questo fatto è confermato dai cinque verbi della frase che si riferiscono a Lui. Il narratore con i due verbi nella forma finita di un aoristo εὐλόγησεν e ἔδωκεν accentua l'agire principale di Gesù, mentre gli altri tre verbi nella forma infinita participiale

---

[21] H.A.W. MEYER, *Kritisch*, 297; T. ZAHN, *Das Evangelium*, 512; P. GAECHTER, *Das Matthäus – Evangelium*, 476; G. BORNKAMM – G. BARTH – H.J. HELD, ed., *Überlieferung*, 174; E. SCHWEIZER, *Das Evangelium nach Matthäus*, 208; J. SCHNIEWIND, *Das Evangelium*, 177; A. STOCK, *The Method*, 247.

[22] J. KNABENBAUER, *Commentarius*, II, 9: «Apud S. Matthaeum hoc miraculum ita narratur, ut potissimum fidem apostolorum excitet et promoveat».

[23] G. STRECKER, *Der Weg*, 193s; B. van IERSEL, «Die wunderbare Speisung», 193; G. BORNKAMM – G. BARTH – H.J. HELD, ed., *Überlieferung*, 173; A. HEISING, *Die Botschaft*, 72; J. ROLOFF, *Das Kerygma*, 252; J.-M. van CANGH, *La multiplication*, 146; SAND, *Das Evangelium*, 305; A. STOCK, *The Method*, 248. Contro W.D. DAVIES – D.C. ALLISON, *A Critical*, II, 487; L. MORRIS, *The Gospel*, 375.

[24] Per un Israelita è rigorosamente prescritto di non mangiare nulla senza aver prima pronunciato una benedizione. Cf. G. DALMAN, *Jesus-Jeschua*, 122; Str-B, IV, 627-634; H.W. BEYER, «εὐλογέω κτλ», 758.

λαβών, ἀναβλέψας e κλάσας descrivono le circostanze di quel gesto. Egli prende il pane, pronuncia il rendimento di grazie, lo spezza e lo distribuisce. Ma quale è il significato del suo agire? Che cosa vuole mettere in risalto l'evangelista con la menzione della preghiera durante il miracolo?

a) L'atteggiamento durante la preghiera

La prima caratteristica della preghiera è enunciata dall'espressione ἀναβλέψας εἰς τὸν οὐρανὸν. Questa formulazione appare soltanto 4 volte nel NT, oltre al nostro testo ed ai passi paralleli in Mc 6,41 e Lc 9,16, si trova nel racconto della guarigione di un sordomuto Mc 7,34. Non si tratta di un gesto magico[25], ma esso è un elemento della preghiera che esprime un atto di speranza e di fiducia[26].

Il gesto del guardare verso il cielo durante la preghiera non era una regola nel tempo della Mischna (2. secolo d.C.)[27], ma nel tempo del NT questo gesto non era inconsueto. Oltre al nostro racconto della moltiplicazione dei pani, Gesù appare altre tre volte nella narrazione evangelica con gli occhi alzati al cielo: in occasione della guarigione di un sordomuto (Mc 7,34); nel racconto della risurrezione di Lazzaro (Gv 11,41) e nella preghiera in Gv 17,1. Va pure notato che nel vangelo di Luca viene riferito il fatto che il pubblicano non osava alzare gli occhi al cielo durante la sua preghiera (18,13). Giuseppe Flavio riporta la notizia di Neemia che pregò con gli occhi alzati al cielo (Ant. 11,56)[28] e Filone fa riferimento agli Esseni che pronunciavano la preghiera all'inizio del pasto con gli occhi e le mani alzati al cielo[29]. Anche l'AT descrive l'orante con lo sguardo rivolto al cielo (Gb 22,26; cf. Gb 35,5; Sal 27,2; 73,3; 133,2; 121,1; Is 8,22)[30].

Mentre il pubblicano non osava alzare gli occhi al cielo a causa della vergogna dei suoi peccati nella preghiera (Lc 18,13; cf. En 13,5) e gli

---

[25] E. KLOSTERMANN, *Das Markusevangelium*, 62; M. DIBELIUS, *Die Formgeschichte*, 87; PESCH, *Das Markusevangelium*, I, 352s.
[26] T. ZAHN, *Das Evangelium*, 512; A.H. MCNEILE, *The Gospel*, 215; M.-J. LAGRANGE, *Évangile selon Saint Marc*, 169; K. STAAB, *Das Evangelium*, 82; A. SAND, *Das Evangelium*, 305; W. SCHENK, *Die Sprache*, 392; L. MORRIS, *The Gospel*, 378; D.A. HAGNER, *Matthew 14-28*, 418.
[27] F. NEUGEBAUER, «Die wunderbare Speisung (Mk 6,30-44 parr.) und Jesu Identität» *KuD* 32 (1986) 260.
[28] Str-B, II, 246.
[29] Cf. A. HEISING, *Die Botschaft*, 48s.
[30] Cf. A. SCHLATTER, *Der Evangelist*, 464s.

Israeliti spesso abbassavano lo sguardo[31] e si coprivano[32] nel momento della preghiera, Gesù alza i suoi occhi al cielo durante la preghiera del rendimento di grazie. Questo gesto particolare tuttavia non indica che si tratti di una preghiera che precede un miracolo per il quale Gesù invoca l'aiuto di Dio[33]. Gesù si rivolge a Dio non con una preghiera di supplica ma con una preghiera di ringraziamento e di lode, come è posto in evidenza dall'espressione εὐλόγησεν in 14,19. L'atteggiamento di Gesù con gli occhi alzati al cielo, durante la preghiera, è dunque un gesto di lode e di ringraziamento[34], che manifesta il singolare e familiare rapporto di Gesù con Dio, suo Padre (cf. Mc 7,34; Gv 11,41; 17,1).

b) Il rendimento di grazie e di lode

L'espressione εὐλόγησεν riporta la seconda caratteristica della sua preghiera. Il verbo εὐλογέω non prende il suo contenuto dalla grecità profana «parlare bene, celebrare, lodare, magnificare qualcuno oppure qualcosa»[35] ma assume il suo significato dal termine ebraico ברך[36] che significa non solo l'atto di benedire oppure la parola di benedizione ma anche l'essere benedetto oppure ricolmo di benedizione. Nell'AT non è soltanto Dio che benedice gli uomini (Gn 1,22; 12,2; 26,3s; Ez 34,26) ma anche gli uomini diventano soggetto della benedizione (Gn 27,1ss; 48,15; 49,25s; Sir 3,11). Per quanto riguarda la benedizione di Dio, essa è un dono gratuito di grazia divina concesso da Lui nella sua libertà sovrana con il quale Egli attesta e manifesta a un individuo, oppure a un popolo, il suo favore e la sua benevolenza (Dt 28,12; Sal 89,17). La benedizione da parte di un essere umano invece viene espressa in una forma di supplica rivolta a Dio: «...ti benedica con benedizioni dall'alto del cielo...» (Gn 49,25). Il portatore e il dispensatore di tutte le benedizioni, infatti, è il Signore Dio. Viene comunque osservato che anche gli uomini «benedicono» Dio (Gn 24,48; Dt 8,10; Tb 12,6; Sal 15,7; 33,2; 67,27; Dn 3,57). In questo caso si tratta di una forma della gratitudine, della glorificazione e del rendimento d'onore rivolto a Dio. Questo glorificare Dio, che è la proclamazione celebra-

---

[31] Cf. Str-B, II, 246s.
[32] G. DALMAN, *Jesus-Jeschua*, 125.
[33] H.W. BEYER, «εὐλογέω κτλ», 760.
[34] J. GNILKA, *Das Evangelium nach Markus*, I, 261.
[35] H.G. LIDDELL – R. SCOTT – H.S. JONES, *A Greek-English Lexicon*, 720s; W. BAUER, *Griechisch-deutsches Wörterbuch*, 651s.
[36] Il verbo εὐλογέω ricorre più che 400 volte nei LXX come la solita traduzione dell'ebraico ברך.

tiva delle opere di Dio (Tb 12,6), si realizza nel giudaismo sotto forma di preghiera, sia nel culto sia a casa. L'uomo infatti non può esprimere in modo migliore la sua fede, la sua gratitudine e la sua speranza nei confronti di Dio, se non rendendo gloria a Lui[37].

Il verbo εὐλογέω appare 41 volte nel NT (Mt 5; Mc 5; Lc 13; Gv 1) e riprende il suo significato veterotestamentario. Nel NT Dio si presenta di nuovo come colui che concede le sue benedizioni agli uomini (Lc 1,42; Gal 3,9; Ef 1,3). Similmente all'AT anche il NT conosce il dovere che l'uomo ha nei confronti di Dio che deve lodare e ringraziare (Lc 1,64; 2,28; Ef 1,3). Il NT comunque presenta il Messia come colui che è benedetto prima di ogni altro (Mc 11,9s; Mt 21,9; Lc 19,38; Gv 12,13). Gesù risorto poi benedice direttamente i discepoli (Lc 24,50s), che rispondono glorificando Dio (Lc 24,53).

Va comunque posto in evidenza che vi sono ancora nel NT le ricorrenze del verbo εὐλογέω che esprimono un atto di benedizione rivolto a Dio. In questi testi il verbo εὐλογέω appare nella sua forma assoluta senza un oggetto personale o materiale. Si tratta di un semitismo[38]. Questa forma assoluta ha un significato particolare di recitare la benedizione della mensa[39]. La forma assoluta di εὐλογέω appare nel nostro racconto (Mt 14,19; par. Mc 6,41), nel testo quando Gesù risorto mangia con i discepoli di Emmaus (Lc 24,30) e poi infine anche nel testo dell'ultima cena (Mc 14,22; Mt 26,26). Questa formulazione semitica che esprime la benedizione della mensa mette in risalto il fatto che si tratta della preghiera di ringraziamento e di lode rivolta a Dio. Nonostante tutto vi sono nel NT tre testi sulla benedizione della mensa ove appare il verbo εὐλογέω con l'oggetto complementare: nel brano della moltiplicazione dei pani per quattro mila uomini in Marco (8,7), nel racconto della prima moltiplicazione dei pani in Luca (9,16) e poi nel testo sulla benedizione del calice in 1Cor 10,16. In questi testi il verbo εὐλογέω viene adoperato in una forma grecizzata. Queste tre ricorrenze dimostrano una certa incomprensione della benedizione ebrea della mensa, poiché essa invece di essere rivolta a Dio diventa una sorte di consacrazione degli oggetti[40]. Durante la preghiera comunque non

---

[37] Cf. H.W. BEYER, «εὐλογέω κτλ», 753-756.
[38] J. JEREMIAS, *Die Abendmahlsworte*, 167; A. SCHLATTER, *Der Evangelist*, 465; J.-M. van CANGH, *La multiplication*, 77; W.D. DAVIES – D.C. ALLISON, *A Critical*, II, 490s.
[39] Cf. T. ZAHN, *Das Evangelium*, 512; H. PATSCH, «εὐλογέω», 198-201.
[40] T. ZAHN, *Das Evangelium*, 512 Anm. 10; J.-M. van CANGH, *La multiplication*, 79.

viene benedetto il cibo, ma si leva lode a Dio Creatore che dispone dei frutti[41]. Il nostro testo descrive la preghiera di Gesù come un vero ringraziamento a Dio, così come viene riportato nei testi rabbinici sulla benedizione ebrea della mensa[42]. Gesù, comunque, non esprime soltanto nella sua preghiera un ringraziamento a Dio, il Signore, il Creatore e il Re dell'universo per i frutti della terra, ma anche rende grazie a Dio per il proprio potere di Figlio di Dio, che si manifesta nella sua missione salvifica (cf. 7,29; 9,6; 11,27a), come risulta palese dal contesto del racconto che presenta Gesù nella sua attività terapeutica (14,14) e nel compimento del miracolo della moltiplicazione dei pani a favore delle folle (14,20s).

1.2.3 Il rendimento di grazie e il miracolo della moltiplicazione

Il miracolo della moltiplicazione dei pani segue immediatamente la preghiera. Gesù pronuncia il rendimento di grazie come il capofamiglia ebreo tenendo il pane in mano. Questo atto del rendimento di grazie poi finiva con la frazione del pane e con la distribuzione di esso ai commensali, da parte del capofamiglia[43]. Nel nostro testo Gesù esercita questo ruolo di capofamiglia[44]. Gesù pronuncia il rendimento di grazie sui cinque pani e due pesci che erano l'alimentazione essenziale della povera gente in Galilea (Mt 7,9s; Gv 21,9s.13)[45]. Egli si mette a servizio della folla e spezza il pane per loro[46]. La narrazione matteana dunque presenta Gesù come capofamiglia – capotavola, che pronuncia la preghiera di rendimento di grazie e di lode e nello stesso tempo si dedica al servizio degli altri (Mt 20,26-28; Mc 10,43-45; Lc 22,26s). Egli coinvolge anche i discepoli in questo servizio. Gesù si manifesta così come il Messia misericordioso[47], che, nella sua potenza divina, si

---

[41] G. DALMAN, *Jesus-Jeschua*, 123. A. SCHLATTER, *Das Evangelium*, 94 afferma bene: «Die palästinische εὐλογία beschrieb dankbar das göttliche Wirken nach seiner Herrlichkeit».

[42] La formula del ringraziamento a Dio sul pane comincia in modo seguente: «Gepriesen sei Jahve, unser Gott, König der Welt, der Brot aus der Erde hervorgehen läßt». Str-B, IV, 621. Cf. Str-B, I, 685.

[43] Cf. J. JEREMIAS, «Das Brotbrechen», 203s.

[44] H.A.W. MEYER, *Kritisch*, 298; B. WEISS, *Das Matthäus – Evangelium*, 274.

[45] A.H. MCNEILE, *The Gospel*, 214. Il tentativo di interpretare simbolicamente la cifra cinque (pani) come la nuova Torah del nuovo Mosè, Gesù, non è convincente. Cf. A. HEISING, *Die Botschaft*, 54.

[46] L'accentuazione messa soltanto sul «pane» dopo il rendimento di grazie nel momento della distribuzione rievoca l'episodio dell'ultima cena.

[47] J. KNABENBAUER, *Commentarius*, II, 12.

prende cura del suo popolo con un gesto della donazione gratuita del cibo[48]. Sullo sfondo veterotestamentario della manna nel deserto (Es 16; Nm 11) Gesù potrebbe raffigurare Dio (Es 16,15) che nutre il suo popolo. Matteo, infatti, presenta Gesù nel suo vangelo come «Dio con noi» (1,23). La folla non reagisce al gesto di Gesù. Il narratore menziona soltanto che la folla ha mangiato e si è saziata (v. 20) senza far riferimento a qualche loro reazione in forma di stupore (cf. 7,28; 13,54; 22,33) o di lode (cf. 9,8; 15,31) a questo gratuito dono della moltiplicazione[49]. La narrazione del primo vangelo mette in risalto il ruolo del servizio alla folla compiuto da Gesù. Matteo così sottolinea che Gesù è colui che sfama tutto il popolo in conformità all'attesa messianica come ha già enunciato nel discorso della montagna (5,6)[50]. La sazietà è infatti un effetto dei gesti potenti di Dio nel tempo messianico (Es 16,12; Sal 22,27; 78,29; 132,15; Ger 31,14).

Alla luce di tutto questo si può concludere che Gesù attraverso la sua preghiera di ringraziamento e di lode, in occasione del miracolo della moltiplicazione dei pani, rivela qualcosa del segreto della sua persona, del suo intimo rapporto con Dio e del vero volto di Dio.

1.3 *La specificità della preghiera di Gesù in occasione della seconda moltiplicazione dei pani*

L'episodio del miracolo della moltiplicazione dei pani per quattromila uomini (15,29-39), dove appare la seconda preghiera di ringraziamento e di lode di Gesù all'ora dei pasti, non contiene alcun cenno del racconto della prima moltiplicazione dei pani (14,13-21). Cercheremo di spiegare le circostanze e le specificità proprie di questa preghiera del rendimento di grazie di Gesù in confronto con la prima.

1.3.1 Il contesto dell'episodio

Il miracolo della moltiplicazione dei pani per quattromila uomini (15,29-39) si trova come il racconto, della moltiplicazione dei pani per cinquemila uomini (14,13-21) nell'ultima sezione (11,2–16,20) della prima parte del vangelo (4,17–16,20) sulle reazioni all'attività di Gesù. Il nostro testo appare nella sua terza partizione (13,54–16,20) che

---

[48] L. CERFAUX, «La section», 74: «Jésus se révèle comme le bienfaiteur messianique qui promet tous les biens temporels ou spirituels». Cf. I. de la POTTERIE, «Le sens», 326s.

[49] Il quarto vangelo invece riporta la reazione della folla (6,14s).

[50] W.D. DAVIES – D.C. ALLISON, *A Critical*, II, 491.

dipinge Gesù come Messia nei suoi miracoli e guarigioni. Al rifiuto da parte d'Israele Gesù infatti reagisce non predicando e non insegnando più, ma nonostante tutto, Egli si presenta ancora sempre come il Messia d'Israele con la sua attività terapeutica (14,34-36; 15,29-31) ed i miracoli della moltiplicazione dei pani (14,13-21; 15,32-39).

L'episodio viene inserito nel suo contesto immediato dopo il ritorno di Gesù dal territorio pagano della Fenicia (15,21)[51] dove Egli ha guarito la figlia di una donna Cananèa (15,28). Matteo così forse vuole ribadire che Gesù riprende a dare il pane ai «bambini» (15,26) cioè Egli continua nella sua missione tra il popolo giudaico. Matteo situa il racconto in Galilea[52], mentre nella narrazione marciana la moltiplicazione dei pani per quattromila uomini probabilmente avviene nel territorio pagano[53]. Il primo vangelo infatti presenta Gesù come Messia inviato per il popolo d'Israele (10,6; 14,24). Nonostante le guarigioni (15,30) ed il miracolo della moltiplicazione dei pani[54], il testo, che segue la nostra pericope, presenta la domanda dei farisei e i sadducei rivolta a Gesù, nella quale essi chiedono un segno dal cielo, rifiutando Gesù come il loro Messia.

1.3.2 Il quadro panoramico dell'episodio

Il racconto della seconda moltiplicazione come anche quello della prima, si articola in tre parti[55] nelle quali Gesù diventa l'unico protagonista[56]. La prima parte (v. 29-31), che è un sommario delle guarigioni[57] prepara la scena. Gesù si ritira su un monte (v. 29), dove guarisce molti malati che gli porta la gente (v. 30). La gente, piena di stupore, risponde a questi miracoli con l'azione di lode glorificando il

---

[51] Le gite di Gesù fuori d'Israele nel territorio pagano sono infatti soltanto le eccezioni nella narrazione del primo vangelo (8,28-34; 15,21-28) come anche gli incontri con i pagani.

[52] Cf. B. WEISS, *Das Matthäus – Evangelium*, 287; A. ALT, *Kleine Schriften*, 452s; P. BONNARD, *L'Évangile*, 234; E. SCHWEIZER, *Das Evangelium nach Matthäus*, 216; U. LUZ, *Das Evangelium*, II, 440; J. GNILKA, *Das Matthäusevangelium*, II, 34.

[53] Cf. J. GNILKA, *Das Evangelium nach Markus*, I, 304.

[54] Il sommario sulle guarigioni e il racconto della moltiplicazione dei pani formano un'unità (15,29-39). Cf. W. TRILLING, *Das wahre Israel*, 133; U. LUZ, *Das Evangelium*, II, 439.

[55] ID., *Das Evangelium*, II, 439.

[56] Cf. W.C. ALLEN, *A Critical*, 171; P. BONNARD, *L'Évangile*, 235; W.D. DAVIES – D.C. ALLISON, *A Critical*, II, 570.

[57] I sommari delle azioni terapeutiche di Gesù nel popolo ricorrono spesso nel primo vangelo (4,23.24; 8,16; 9,35; 14,34-36).

Dio d'Israele (v. 31). La seconda parte presenta il dialogo tra Gesù ed i discepoli (v. 32-34). Gesù parla ai discepoli manifestando la sua compassione per la folla affamata (v. 32). I discepoli rispondono con una domanda che evidenzia l'impossibilità di trovare cibo sufficiente per tutti (v. 33). La scarsità dei viveri a disposizione, cinque pani e pochi pesci, presenta la seconda parte del dialogo tra di loro (v. 34). La terza parte che contiene lo stesso miracolo (v. 35-39) si sviluppa nelle tre partizioni: 1. l'ordine di Gesù alla folla di sedere per terra, la sua preghiera di ringraziamento e di lode, lo spezzare del pane e la sua distribuzione (v. 35s); 2. la conseguenza del miracolo (v. 37a); 3. l'attestazione della grandiosità del miracolo e il congedo della folla (v. 37b-39)[58].

1.3.3 La preghiera di ringraziamento e di lode

L'ordine di Gesù, indirizzato alla folla, di mettersi a sedere per terra prepara il momento della sua preghiera e del successivo miracolo della moltiplicazione dei pani[59].

Gesù recita la preghiera di ringraziamento sul pane come ha fatto in occasione della prima moltiplicazione dei pani e così di nuovo segue l'usanza di un capofamiglia o di un ospite durante il rendimento di grazie ai pasti. Gesù spezzando il pane lo distribuisce alla folla con l'aiuto dei discepoli come nel racconto della prima moltiplicazione dei pani. La narrazione del primo vangelo riferisce la preghiera di Gesù con l'espressione εὐχαριστήσας (v. 36). Invece di usare εὐλογέω come nella preghiera della prima moltiplicazione (14,19) Matteo sceglie come Marco in 8,6 εὐχαριστέω.

Il verbo εὐχαριστέω «rendere grazie»[60] che nei LXX ricorre soltanto nei libri deuterocanonici ed apocrifi (Gdt 8,25; Sap 18,2; 2Mc 1,11; 10,7; 12,31 3Mc 7,16) e poi si ritrova spesso negli scritti giudeo-ellenistici e letteratura greca[61], nel NT compare 38 volte specialmente in Paolo e nei vangeli (Mt 2; Mc 2; Lc 4; Gv 3). Esso generalmente esprime il ringraziamento che viene reso a Dio, oltre il ringraziamento reso a Gesù da un lebbroso Samaritano dopo la sua guarigione (Lc

---

[58] W.D. DAVIES – D.C. ALLISON, *A Critical*, II, 561.

[59] Nella narrazione Matteo mostra una tendenza ad assimilare i due racconti della moltiplicazione. Cf. J. O'CALLAGHAN, «Consideraciones», 360-362.

[60] H.G. LIDDELL – R. SCOTT – H.S. JONES, *A Greek-English Lexicon*, 738; W. BAUER, *Griechisch-deutsches Wörterbuch*, 663s.

[61] Cf. T. SCHERMANN, «Εὐχαριστία», 375-410; H. CONZELMANN, «εὐχαριστέω κτλ», 397-400.

17,16) ed il ringraziamento di Paolo ai suoi collaboratori Prisca e Aquila (Rm 16,4). Paolo adopera spesso il verbo εὐχαριστέω nei proemi delle sue lettere (ad es. Rm 1,8; 1Cor 1,4; Fil 1,3). Va pure notato che Paolo seguendo l'usanza giudaica pronuncia la benedizione della mensa prima di mangiare in At 27,35 e poi quando tratta la questione del mangiare la carne offerta agli idoli in 1Cor 10,30 egli chiede retoricamente di nn essere biasimato per una cosa, per la quale egli recita la preghiera di ringraziamento.

Va posto in evidenza che vi sono ancora altre ricorrenze del verbo εὐχαριστέω nella forma assoluta, cioè il suo uso semitizzante, che è proprio del NT[62] e che significa «pronunciare la benedizione della mensa» (Mt 15,36; 26,27; Mc 8,6; 14,23; Lc 22,17.19; Gv 6,11.23; 1Cor 11,24)[63]. Il significato del verbo stesso, la sostituzione di εὐχαριστήσας in Mc 8,6 con εὐλογήσας in Mc 8,7 ed il confronto dei testi sulle due moltiplicazioni dei pani nel primo vangelo (14,19; 15,36; cf. Mc 6,41; 8,6) lasciano trasparire che Matteo usa ed intende i verbi εὐλογέω e εὐχαριστέω come sinonimi[64]. Matteo adoperando il verbo εὐχαριστέω nel nostro testo ribadisce come nel racconto della prima moltiplicazione dei pani con il verbo εὐλογέω (14,19), che la preghiera di Gesù prima della seconda moltiplicazione dei pani è un rendimento di grazie del pasto. La narrazione della moltiplicazione dei pani pur rievocando per certi aspetti il racconto dell'ultima cena, ma non è la sua analogia, come viene confermato dalla presenza dei pesci, durante la preghiera del rendimento di grazie, ed anche dal paragone dei testi (Mt 14,19; 15,36; 26,26)[65]. Mentre l'evangelista Marco nel suo racconto (8,1-10) interpreta falsamente il costume ebraico della benedizione della mensa riportando i due rendimenti di grazie (8,6.7), Matteo segue completamente l'usanza ebraica della benedizione del pasto secondo la quale Gesù pronuncia soltanto l'unica preghiera del rendi-

---

[62] Le rare ricorrenze di εὐχαριστέω con la forma assoluta appaiono nella letteratura ellenistica soltanto col significato «essere riconoscente». Cf. T. SCHERMANN, «Εὐχαριστία und εὐχαριστεῖν», 376s.

[63] H. PATSCH, «εὐχαριστέω», 220.

[64] Nei testi neotestamentari sulla benedizione dei pasti i termini εὐλογέω e εὐχαριστέω appaiono come sinonimi. Cf. J. JEREMIAS, *Die Abendmahlsworte*, 167; A. SCHLATTER, *Der Evangelist*, 465; H. PATSCH, «Abendmahlsterminologie», 218; J.-M. van CANGH, *La multiplication*, 81; H. CONZELMANN, «εὐχαριστέω κτλ», 402; W. SCHENK, *Die Sprache*, 198; J. GNILKA, *Das Matthäusevangelium*, II, 37.

[65] Cf. J. ROLOFF, *Das Kerygma*, 253 Anm. 181. riporta un paragone di questi testi.

mento di grazie sui sette pani e pochi pesciolini[66]. La preghiera di Gesù è di nuovo non soltanto un ringraziamento e una lode rivolta a Dio nel momento del pasto, ma anche una preghiera di lode a Dio per il suo disegno salvifico che si attua in Lui, suo Figlio che manifesta la misericordia e la bontà di Dio nella sua attività come è messo in evidenza dal contesto dell'episodio che mostra di nuovo Gesù nel guarire i malati (15,29-31) e nell'operare il miracolo della moltiplicazione dei pani, che ha sfamato la folla.

1.4 *Considerazioni finali*

Gesù si rivolge a Dio con la preghiera di rendimento di grazie e di lode in occasione delle moltiplicazioni dei pani per i cinque mila (14,13-21) ed i quattro mila uomini (15,29-39) ove si presenta come Messia che si prende cura degli affaticati ed oppressi (11,28). Egli guarisce i malati (14,14; 15,30) ed invita la folla a mangiare (14,19; 15,36; cf. 22,2-14).

Per quanto riguarda la moltiplicazione dei pani per cinque mila uomini, dalla narrazione matteana risulta chiaro che non sono i discepoli oppure la folla che vengono a Gesù e che lo molestano. Nella narrazione non si trova nessuna traccia di Gesù come taumaturgo che venga richiesto di moltiplicare i pani. Tutta l'iniziativa nel racconto è assunta da Gesù che svolge attività terapeutica (14,14), dà gli ordini ai suoi discepoli (14,16.18) ed alla folla (14,19). I discepoli con la loro domanda sul congedo della folla si fanno soltanto partecipi della scena. La sua attività continua poi anche nella preghiera e nel miracolo della moltiplicazione dei pani.

Gesù alzando gli occhi al cielo durante la preghiera palesa il suo rapporto singolare e familiare con Dio. La sua preghiera di rendimento di grazie e di lode, espressa con il verbo εὐλογέω (14,19), non è soltanto un ringraziamento a Dio per un pasto, come veniva pronunciato dai pii capofamiglia giudei, ma essa racchiude di più: Gesù rende grazie a Dio, il Padre suo per la signoria e il potere del Figlio di Dio (11,27a) che si palesa nel suo prodigioso agire delle guarigioni e nel miracolo della moltiplicazione dei pani. Gesù così adempie la sua missione secondo il

---

[66] Str-B, IV, 614: «Bᵉrakh 6,7: Dies ist die Regel: Wenn etwas eine Hauptspeise ist und es ist eine Nebenspeise dabei, so spricht man den Lobspruch über die Hauptspeise und macht damit die Nebenspeise (von einem Lobspruch) frei».

piano salvifico di Dio. Matteo presenta Gesù nella sua sovranità di Figlio di Dio che ha la sua origine nella sua intima relazione con Dio[67].

In sintesi, possiamo concludere che le preghiere di rendimento di grazie pronunciate da Gesù in occasione dei miracoli della moltiplicazione dei pani non esprimono soltanto il ringraziamento a Dio che è il Signore dell'universo e dispensatore di ogni dono all'uomo, ma racchiudono anche la lode a Dio per il suo disegno salvifico che Gesù, il Figlio suo, adempie nella sua missione manifestando attraverso i miracoli e le opere potenti la bontà di Dio. L'attività terapeutica di Gesù (14,14; 15,29-31) e il suo agire prodigioso in ambedue gli episodi della moltiplicazione dei pani (14,19; 15,36) confermano la divina potenza di Gesù e nello stesso tempo evidenziano la bontà di Dio che si manifesta in lui.

2. Gesù rende grazie a Dio in occasione dell'ultima cena (26,26-30)

L'ultima menzione della preghiera di Gesù nell'ora dei pasti accanto ai due racconti della moltiplicazione dei pani (14,13-21; 15,29-39) viene riportata dal primo vangelo nel brano dell'ultima cena. Il racconto dell'ultima cena è riportato da tutti i vangeli sinottici (Mt 26,26-30; Mc 14,22-26; Lc 22,15-20) e dalla prima lettera ai Corinzi (11,23-25)[68]. I vangeli sinottici presentano l'ultima cena come il pasto pasquale (Mt 26,17.18.19; Mc 14,12.14.16; Lc 22,7.8.11.13.15)[69] mentre questo fatto non risulta del tutto palese nel vangelo di Giovanni (13,1s.29). Lasciando da parte la problematica della trasmissione e della redazione di queste diverse tradizioni[70] con la questione

---

[67] Lo stesso vale anche per il racconto della seconda moltiplicazione dei pani ove viene adoperato il verbo εὐχαριστέω (15,36), un sinonimo del verbo εὐλογέω, per esprimere la preghiera di rendimento di grazie e di lode da parte di Gesù.

[68] Il quarto vangelo invece presenta una rielaborazione delle parole eucaristiche nel discorso di Gesù tenuto nella sinagoga di Cafarnao, dopo la moltiplicazione dei pani (6,26-59).

[69] Cf. G.J. BAHR, «The Seder», 202.

[70] K.G. KUHN, «Die Abendmahlsworte», 399-407; H. SCHÜRMANN, *Der Paschamahlbericht*; A.J.B. HIGGINS, *The Lord's Supper*, 24-44; H. SCHÜRMANN, *Der Einsetzungsbericht*; S. TEMPLE, «The Two Traditions», 77-85; S. DOCKX, «Le récit», 445-453; H. PATSCH, *Abendmahl*; H. MERKLEIN, «Erwägungen», 88-101; 235-244; R. PESCH, *Das Abendmahl*, 21-53; T. HUSER, «Les récits», 28-50; X. LÉON-DUFOUR, «Jésus devant sa mort», 144-153; B.D. SMITH, «The More Original Form», 166-186; W.D. DAVIES – D.C. ALLISON, *A Critical*, III, 465-469.

riguardante il rapporto tra l'ultima cena ed il pasto pasquale[71] il nostro interesse si incentrerà di nuovo nell'analisi del testo nel suo contesto dal punto di vista della tematica della preghiera di Gesù.

2.1 *Il contesto dell'episodio*

Il racconto della celebrazione della cena pasquale (26,26-30) si ritrova nell'ultima sezione (26,2–28,20) della terza parte del vangelo di Matteo (16,21–28,20) sul cammino di Gesù verso la sua passione[72]. Questa sezione narra l'evento della passione e risurrezione di Gesù. La nostra pericope fa parte del ciclo dell'ultima cena (26,17-30) che si articola nelle tre partizioni[73]: 1. la preparazione della cena (26,17-19); 2. l'annunzio del tradimento (26,20-25); 3. l'istituzione dell'eucaristia (26,26-30)[74]. Il brano dell'ultima cena viene seguito dai 4 versetti intermedi che riportano il discorso tra Gesù ed i suoi discepoli, sul loro fallimento e la loro nuova raccolta (26,31-35), e che preparano il ciclo del Getsemani (26,36-56).

2.2 *Le circostanze e l'atto della preghiera*

L'episodio dell'ultima cena nella narrazione matteana non riporta lo svolgimento intero del pasto pasquale, ma si concentra soltanto nei due gesti particolari della cena. I due gesti, le preghiere del rendimento di grazie sul pane (26,6b) e sul vino (26,27a), sono accompagnati dalle parole interpretative (26,26c; 26,27b-28) che formano un parallelismo.

---

[71] La problematica che riguarda il rapporto tra l'ultima cena ed il pasto pasquale la riporta estensivamente J. JEREMIAS, *Die Abendmahlsworte*.

[72] Per quanto riguarda la struttura della terza parte del primo vangelo si veda il contesto della preghiera nel Getsemani.

[73] Cf. W.D. DAVIES – D.C. ALLISON, *A Critical*, III, 455.

[74] Il versetto 30 non soltanto conclude la scena pasquale ma nello stesso tempo prepara la pericope seguente sullo spostamento di Gesù nel Getsemani. Vi è controversia tra gli studiosi sull'appartenenza di questo versetto. Secondo P. GAECHTER, *Das Matthäus – Evangelium*, 856; D.P. SENIOR, *The Passion Narrative*, 86s; R. FABRIS, *Matteo*, 526; J. GNILKA, *Das Matthäusevangelium*, II, 399; L. MORRIS, *The Gospel*, 662; D.A. HAGNER, *Matthew 14-28*, 771 il versetto 30 fa parte della pericope sull'ultima cena (26,26-30), gli altri esegeti come T. ZAHN, *Das Evangelium*, 699; M.-J. LAGRANGE, *Évangile selon Saint Matthieu*, 498s; E. LOHMEYER – W. SCHMAUCH, *Das Evangelium*, 358; P. BONNARD, *L'Évangile*, 380; A. SAND, *Das Evangelium*, 528s; W. GRUNDMANN, *Das Evangelium nach Matthäus*, 537; R.H. GUNDRY, *Matthew*, 529; W.D. DAVIES – D.C. ALLISON, *A Critical*, III, 482; W. WIEFEL, *Das Evangelium*, 450; R. MEYNET, *Jésus passe*, 44 lo associano alla seguente pericope 26,30-35.

Il v. 29 che funge da aggiunta conclusiva del discorso diretto di Gesù, rivolto ai discepoli, presenta un detto escatologico sul convito del compimento finale. La menzione sulla comunione conviviale di Gesù con i suoi discepoli durante la cena pasquale, che viene ribadita all'inizio (26,26)[75] ed alla fine del brano (26,30), incornicia il racconto e nello stesso tempo informa sulla situazione nella quale Gesù pronuncia la sua preghiera di ringraziamento e di lode.

2.2.1 La comunione conviviale di Gesù con i suoi discepoli

La descrizione della cena pasquale, preparata dall'iniziativa dei discepoli (26,17), comincia con un dato temporale e con la notizia della comunanza di tavola di Gesù con i dodici (26,20). Matteo riferisce sulla loro comunione conviviale durante la cena pasquale all'inizio ed anche alla fine del nostro brano mediante le forme verbali al plurale ἐσθιόντων (26,26a) e ὑμνήσαντες ἐξῆλθον (26,30)[76]. I dodici, con i quali Gesù celebra la pasqua, sono i rappresentanti delle dodici tribù del nuovo Israele della fine dei tempi (19,28). Gesù si presenta nella narrazione del primo vangelo come l'unico agente ed interlocutore (v. 26b), mentre gli altri sinottici non riportano di chi si parla. L'importanza della comunione, a tavola, di Gesù con i suoi discepoli, viene messa in risalto nella narrazione matteana.

Il primo vangelo presenta Gesù che mettendosi a tavola con i pubblicani ed i peccatori (9,10; 11,19) attua la sua missione di colui che è venuto a chiamare i peccatori (9,13; cf. Lc 19,10). La comunanza di tavola con Gesù che era già un'anticipazione del convito escatologico del Figlio dell'Uomo con i giusti[77] nel suo regno infatti era quello che voleva la madre dei figli di Zebedeo per i suoi due figli (20,20s).

Il convito pasquale, che è il culmine rituale dell'anno ebraico, è caratterizzato da una festosa e gioiosa liturgia[78]. La cena pasquale ricorda

---

[75] Matteo introducendo i nomi ὁ Ἰησοῦς e τοῖς μαθηταῖς (26,26b) che mancano da Marco, ribadisce il carattere del nuovo inizio nella narrazione. Cf. E. LOHMEYER, «Vom urchristlichen Abendmahl», 177; J. SCHMID, *Das Evangelium nach Matthäus*, 361.

[76] In 26,29 Matteo sottolinea con l'espressione μεθ' ὑμῶν il decisivo momento della comunione di Gesù con i suoi discepoli che continuerà anche nel futuro. Cf. A.H. MCNEILE, *The Gospel*, 383; G. BRAUMANN, «Mit euch, Matth. 26,29», 169; J. SCHMID, *Das Evangelium nach Matthäus*, 361; D.P. SENIOR, *The Passion Narrative*, 85s; W.D. DAVIES – D.C. ALLISON, *A Critical*, III, 476.

[77] P. STUHLMACHER, «Das neutestamentliche Zeugnis», 6.

[78] J. JEREMIAS, *Die Abendmahlsworte*, 197.

la liberazione dalla schiavitù in Egitto e funge anche da paradigma per la liberazione futura e la redenzione finale[79]. La notte di Pasqua simboleggiava anche una garanzia divina della venuta del Messia[80]. Vi è comunque un contrasto incisivo tra la solennità di questa festa di Pasqua del popolo ebraico e la pasqua di Gesù con i suoi discepoli che si celebra con serietà, poiché si tratta del loro ultimo convito comune[81]. Alla luce del clima di questo convito d'addio di Gesù con i dodici e delle parole di Gesù in occasione di questo pasto (26,26c; 26,27b-28), bisogna cercare di capire la preghiera di ringraziamento e di lode che Gesù rivolge a Dio.

2.2.2 La preghiera di ringraziamento e di lode

Innanzitutto, va posto in evidenza che l'autore del primo vangelo si concentra nella sua narrazione della celebrazione della cena pasquale soltanto sul pasto principale di questo banchetto[82], del quale presenta due preghiere di ringraziamento e di lode, espresse da Gesù solo e poi il canto conclusivo di lode alla fine del banchetto pasquale pronunciato da Gesù, insieme ai suoi discepoli. All'inizio del pasto principale Gesù pronuncia la preghiera conviviale del rendimento di grazie sul pane azzimo (26,26b) e poi alla fine di questo pasto principale Egli esprime la preghiera del rendimento di grazie sul calice (26,27a). Alla fine dell'ultima cena poi Gesù, con i suoi discepoli, canta la preghiera conclusiva di lode (26,30), prima della loro partenza verso il monte degli Ulivi.

a) Il rendimento di grazie sul pane

Il pasto principale della cena pasquale cominciava con la preghiera conviviale del rendimento di grazie che il capofamiglia pronunciava sul pane azzimo. Il gesto di Gesù che prende il pane e recita la preghiera del rendimento di grazie, corrisponde al gesto del capofamiglia sul pane azzimo all'inizio del pasto principale della cena pasquale. Questo

---

[79] Str-B, II, 256.

[80] J. JEREMIAS, *Die Abendmahlsworte*, 199.

[81] Il pane e il calice del vino erano gli elementi principali del pasto nel quale erano consolati gli afflitti. Cf. A. SCHLATTER, *Der Evangelist*, 741.

[82] Il pasto principale veniva preceduto da un antipasto e dalla liturgia pasquale e seguito dal rito conclusivo. Per la struttura più dettagliata della celebrazione della cena pasquale si veda: Str-B, IV, 56-76; J. JEREMIAS, *Die Abendmahlsworte*, 79s; P. GAECHTER, *Das Matthäus – Evangelium*, 848; R. PESCH, *Das Abendmahl*, 76s; P. STUHLMACHER, «Das neutestamentliche Zeugnis», 8 Anm. 7.

rendimento di grazie era una preghiera di lode a Dio per ringraziarlo del pane, che si faceva all'inizio di ogni pasto (cf. 14,19; 15,36).

La preghiera, del rendimento di grazie sul pane, Matteo la esprime soltanto con la forma verbale assoluta εὐλογήσας (v. 26b), che è un semitismo[83]. Come nella prima moltiplicazione dei pani (14,19) anche qui questo verbo significa recitare la benedizione della mensa. Gesù pronuncia la preghiera del rendimento di grazie sul pane che è evidentemente il pane azzimo (cf. 26,17)[84]. La narrazione del vangelo però non ci presenta il contenuto della preghiera di Gesù, ma dall'unicità delle asserzioni riguardanti le parole interpretative (v. 26c) si potrebbe forse supporre che Gesù, inspirandosi alla benedizione tradizionale, abbia composto una preghiera di lode corrispondente alla solennità ed all'importanza del momento[85]. Da questo si potrebbe presumere che il rendimento di grazie di Gesù poteva includere anche una lode a Dio per il disegno di salvezza che si compie nella sua missione e che raggiunge il culmine nella sua morte redentrice sulla croce come conferma il contesto prossimo e remoto di questo episodio.

La frazione del pane, che segue la preghiera della benedizione, era il gesto abituale all'inizio dei pasti giudaici (cf. 14,19; 15,36)[86] ed insieme con la sua distribuzione da parte del capotavola, esprimeva l'atto di amicizia e di fraternità. L'importanza della frazione del pane è espressa dalla forma verbale finita dell'aoristo ἔκλασεν[87]. Mentre nel racconto della prima moltiplicazione il verbo εὐλογέω appare nella forma verbale finita di un aoristo, che sottolinea l'importanza del rendimento di grazie tra gli altri gesti durante il miracolo, nel testo della cena pasquale il verbo εὐλογέω, adoperato nella forma verbale infinita di un participio, assume un ruolo secondario nel filo narrativo, giacchè in esso viene accentuata primariamente la forma verbale finita che è ἔκλασεν. Gesù rende grazie a Dio per poter spezzare il pane e darlo

---

[83] H. SCHÜRMANN, *Der Paschamahlbericht*, 55; J. JEREMIAS, *Die Abendmahlsworte*, 170; H. PATSCH, *Abendmahl*, 71; F. BLASS – A. DEBRUNNER – F. REHKOPF, *Grammatik*, § 187,5.

[84] Durante la cena pasquale era infatti severamente proibito usare il pane fermentato. Cf. Str-B, IV, 70.

[85] Cf. H.A.W. MEYER, *Kritisch*, 494; J.-P. AUDET, «Esquisse», 386ss; H.-J. KLAUCK, *Herrenmahl*, 298: «Die Worte, die Jesus bei dieser Gelegenheit sprach, sind nicht mitüberliefert. Sie konnten in teilweisem Rückgriff auf jüdische Mahlgebete, denen sie sicher ähnelten, ersetzt werden».

[86] Cf. J. JEREMIAS, «Das Brotbrechen», 203s; J. BEHM, «ἄρτος», 475; Str-B, IV, 620ss.

[87] J. JEREMIAS, *Die Abendmahlsworte*, 107; W. WIEFEL, *Das Evangelium*, 449.

gratuitamente ai suoi discepoli[88]. Gesù con il discorso diretto ai discepoli dopo la preghiera del rendimento di grazie sul pane (26,26c) afferma che questo pane spezzato nelle sue mani che distribuisce a loro è il suo corpo[89]. Il gesto di Gesù così prefigura il suo sacrificio, l'anticipa e lo rende realmente presente. L'ultima cena è la cena pasquale e Gesù si manifesta come il vero agnello pasquale[90]. Non si tratta qui soltanto di un simbolismo che si riferisce all'immolazione dell'agnello pasquale, ma Gesù pronuncia queste parole in un contesto sacrificale. Gesù distribuendo il pane, il suo corpo, ai discepoli, li unisce al suo sacrificio redentore[91]. Gesù esorta i discepoli a condividere con lui non soltanto un pezzo di pane come era l'abitudine nelle famiglie ebree del tempo, ma a condividere il suo stesso corpo e così essere associati al suo destino che porterà la salvezza. Tutto questo, infatti, rafforza l'importanza e rilevanza del momento della preghiera.

b) Il rendimento di grazie sul calice

Alla fine del pasto principale, secondo il rito pasquale, il capotavola recitava la preghiera del rendimento di grazie sul terzo calice[92]. Questo calice viene chiamato nel NT sia τὸ ποτήριον τῆς εὐλογίας (1Cor 10,16) sia τὸ ποτήριον μετὰ τὸ δειπνῆσαι (1Cor 11,25; Lc 22,20). Secondo l'usanza ebraica al termine del pasto il capotavola ebreo alza con la mano destra il calice di vino e fissandolo recita la preghiera della benedizione ringraziando Dio che nutre il mondo con bontà, grazia e misericordia, che ha concesso agli Ebrei la terra, l'alleanza e la

---

[88] Va pure notato che l'atto semplice della preghiera conviviale e della frazione del pane di Gesù doveva essere un atteggiamento d'una particolare intensità, poiché secondo questo gesto i discepoli di Emmaus riconoscono Gesù (Lc 24,30).

[89] X. LÉON-DUFOUR, «Prenez!», 240 afferma con cautela a proposito del testo τοῦτό ἐστιν τὸ σῶμά μου: «Or le récit annonce qu'une transformation s'opère au moment de la parole de Jésus: transformation de Jésus, des disciples, du repas et de la nourriture elle-même».

[90] Cf. J. JEREMIAS, Die Abendmahlsworte, 211-216.

[91] Cf. B. WEISS, Das Matthäus – Evangelium, 454; P. STUHLMACHER, «Das neutestamentliche Zeugnis», 10: «Indem die Jünger gemeinsam Jesu Dankgebet und Zuspruch hören und indem sie von dem durch Jesu gebrochenen und ihnen gereichten Brot essen, gewinnen sie Anteil an der Pro-Existenz Jesu, der sich stellvertretend für sie dem Tode preisgibt»; W.D. DAVIES – D.C. ALLISON, A Critical, III, 470.

[92] Cf. H.A.W. MEYER, Kritisch, 496; Str-B, IV, 75; J. JEREMIAS, Die Abendmahlsworte, 104; P. STUHLMACHER, «Das neutestamentliche Zeugnis», 10. D. COHN-SHERBOK, «A Jewish Note», 704-709 pensa al quarto calice e P. SIGAL, «Another Note», 134-139 al secondo calice.

Torah[93]. Gesù di nuovo segue l'usanza ebraica e nel ruolo del capofamiglia pronuncia la preghiera del rendimento di grazie sul calice. La narrazione del primo vangelo non descrive le circostanze della benedizione sul calice, ma riporta ripetutamente la preghiera di Gesù in modo laconico soltanto con l'espressione εὐχαριστήσας (v. 27a) nella forma assoluta che è un semitismo[94]. Questo verbo ed il verbo εὐλογέω come abbiamo già visto sono adoperati da Matteo come sinonimi[95]. La preghiera di Gesù sul calice è dunque una benedizione della mensa, che esprime il ringraziamento e la lode a Dio non soltanto per l'opera liberatrice di Dio dall'Egitto secondo il rito della celebrazione della cena pasquale[96], ma come risulta chiaro dalle parole interpretative sul calice (27b-28) e dall'importanza del momento essa sembra includere più significati, come risulta chiaro anche dal rendimento di grazie sul pane. La preghiera di ringraziamento e di lode recitata da Gesù sul calice di nuovo non racchiude soltanto il contenuto della preghiera del rito pasquale ebraico ma anche il rendimento di grazie rivolto a Dio, Padre suo (cf. 26,29) per la sua opera salvifica che Gesù sta adempiendo e che avrà il culmine nella sua morte sulla croce[97] che porterà la vera liberazione, quella dal peccato e darà la speranza della risurrezione.

Gesù seguendo il rito ebraico, nel ruolo del capotavola dopo la preghiera del rendimento di grazie, porge il calice ai commensali. Egli facendo circolare il calice pronuncia le parole interpretative riguardanti il calice (26,27b.28), che identifica con il suo sangue. Così egli esorta tutti i suoi discepoli ad unirsi al suo destino[98] che condurrà alla salvezza. Da questo risulta chiaro che la preghiera di ringraziamento e di lode recitata da Gesù si riferisce a questo calice che viene identificato con il suo sangue. Gesù così nella sua preghiera ringrazia Dio anche per

---

[93] Cf. Str-B, IV, 72; J. JEREMIAS, *Die Abendmahlsworte*, 104.

[94] H. SCHÜRMANN, *Der Paschamahlbericht*, 55; J. JEREMIAS, *Die Abendmahlsworte*, 170; H. PATSCH, *Abendmahl*, 71; F. BLASS – A. DEBRUNNER – F. REHKOPF, *Grammatik*, § 187,5.

[95] Il verbo εὐλογέω è comunque più semitico e funge da diretta traduzione di ברך. Cf. W.L. KNOX, *Some Hellenistic Elements*, 3s.9; J. JEREMIAS, *Die Abendmahlsworte*, 167; H. PATSCH, *Abendmahl*, 71. L'argomentazione di H. Schürmann, secondo il quale il verbo εὐχαριστέω non era affatto la traduzione ellenistica dell'ebraico ברך ma un termine eucaristico più originale che il verbo εὐλογέω non è convincente; cf. H. SCHÜRMANN, *Der Paschamahlbericht*, 53-60; ID., *Der Einsetzungsbericht*, 92s.

[96] Str-B, II, 256.

[97] Cf. H. LEROY, *Zur Vergebung*, 35.

[98] Matteo nel suo vangelo usa l'immagine del calice per indicare la missione di Gesù che si compie sulla croce (20,22; 26,39).

poter rendere partecipi i discepoli del suo destino che porterà la salvezza.

In sintesi, si può concludere che le preghiere di ringraziamento e di lode pronunciate da Gesù sul pane e vino da una parte lasciano trasparire il suo intimo rapporto con Dio e d'altra parte, il gesto della frazione e della distribuzione del pane, che è il suo corpo, con il passare del calice con il vino, che è il suo sangue, mette in rilievo la bontà di Dio verso l'umanità, manifestata nella persona di Gesù.

c) Il conclusivo canto di lode

La narrazione del primo vangelo termina l'esposizione della cena pasquale con la menzione del canto conclusivo di lode che viene enunciato con l'espressione ὑμνήσαντες (26,30). Questa forma verbale lascia trasparire che Gesù ha pregato insieme ai suoi discepoli alla fine dell'ultima cena, prima del loro spostamento verso il monte degli Ulivi, in un podere chiamato Getsemani (26,36). Questa è, infatti, l'unica preghiera nella narrazione matteana che viene recitata insieme da Gesù e dai discepoli. Il canto di lode era costituito dalla recita della seconda parte dell'Hallel (Sal 115–118)[99], della serie dei salmi di lode e di ringraziamento, che veniva cantato[100] sul quarto calice e così chiudeva il rituale della cena pasquale ebraica[101]. Gesù di nuovo segue l'usanza del rito ebraico e si rivolge a Dio insieme ai suoi discepoli con il canto di lode, l'Hallel nel quale inneggia e glorifica Dio per tutte le sue opere[102]. La preghiera di Gesù con i suoi discepoli, comunque, assume anche il connotato del momento attuale dell'ultima cena, nella quale Gesù opera un'azione simbolica, caricando i gesti compiuti sul pane e sul vino, di una nuova valenza anticipatrice della sua morte imminente sulla croce, con cui raffigura il dono della salvezza.

---

[99] Va notato che in Mt 26,30 come anche in Mc 14,26 per menzionare l'Hallel viene adoperato il verbo ὑμνεῖν, come altrettanto lo stesso Hallel viene designato occasionalmente come הֵימָנוּן (ὕμνος). Cf. Str-B, IV/1, 76.

[100] L'Hallel veniva cantato in prevalenza insieme da tutti i commensali, comunque poteva essere recitato da un figlio minorenne, e gli altri commensali partecipavano alla preghiera con un'antifona che ripetevano. Cf. Str-B, IV/1, 73.

[101] Cf. H.A.W. MEYER, *Kritisch*, 501; B. WEISS, *Das Matthäus – Evangelium*, 458; T. ZAHN, *Das Evangelium*, 699; M.-J. LAGRANGE, *Évangile selon Saint Marc*, 382; G. DALMAN, *Jesus-Jeschua*, 120s; Str-B, I, 992; IV/1, 75s; P. GAECHTER, *Das Matthäus – Evangelium*, 856; A. SCHLATTER, *Der Evangelist*, 745; W.D. DAVIES – D.C. ALLISON, *A Critical*, III, 484; W. WIEFEL, *Das Evangelium*, 452.

[102] Cf. H.L. STRACK, *Pesahim*, 46-47.

2.3 Considerazioni finali

L'episodio dell'ultima cena che viene presentato nella narrazione matteana come la cena pasquale, mostra Gesù nel ruolo del protagonista della scena. Egli, come il capofamiglia ebreo, all'inizio del pasto principale della cena pasquale recita la preghiera conviviale del rendimento di grazie sul pane azzimo (26,26b) e poi alla fine di esso, di nuovo seguendo l'usanza del rito ebraico, pronuncia il rendimento di grazie sul calice (26,27a). La sua preghiera di ringraziamento e di lode non esprime soltanto un rendimento di grazie rivolto a Dio in occasione del ricordo della prodigiosa liberazione dalla schiavitù in Egitto, realizzata da Dio, ma racchiude il significato più profondo che lascia trasparire il contesto immediato della preghiera.

Il rendimento di grazie sul pane viene seguito dalla sua distribuzione ai discepoli, accompagnata con le parole interpretative (26,26c), nelle quali annuncia che il pane spezzato nelle sue mani è il suo corpo. Similmente dopo aver reso grazie a Dio alla fine del pasto principale sul calice del vino, facendolo circolare ai suoi discepoli Gesù pronuncia le parole interpretative sul calice (26,27b-28) il cui contenuto identifica con il suo sangue. Gesù così enuncia che i discepoli non soltanto celebrano con Lui la liturgia pasquale, ma attraverso la loro comunione conviviale nel mangiare il pane e nel bere il calice diventano partecipi con Lui stesso della sua morte per loro. Da tutto questo si può supporre che Gesù nelle preghiere di ringraziamento e di lode espresse durante la cena pasquale renda grazie a Dio, il Padre, per il suo piano salvifico che Egli adempie nella sua missione e che deve raggiungere il suo vertice nella morte in croce, che porterà la salvezza. Anche se nella narrazione del primo vangelo non appare il contenuto di queste preghiere di ringraziamento e di lode, le parole, che seguono, sulla promessa della mensa escatologica rivolte da Gesù ai discepoli, dove Egli parla di Dio come di suo Padre (πατρός μου) in 26,29, lasciano intravedere che Gesù nel celebrare l'ultima cena rivela ai suoi discepoli il suo intimo rapporto con Dio.

La comunione conviviale di Gesù con i discepoli non risulta chiara soltanto dal mangiare il pane, che è il suo corpo, e dal bere il calice, che è il suo sangue, ma anche questa comunione si manifesta nella comune preghiera di lode alla fine della cena pasquale (26,30). I discepoli così diventano partecipi del suo destino anche se non riescono ad accogliere con fede gli avvenimenti che stanno per accadere secondo il disegno di Dio. Nonostante la loro fuga (26,56) e la loro dispersione, essi raffigu-

CAP. IV: LA PREGHIERA DI GESÙ IN ALTRE OCCASIONI

rano i rappresentanti del popolo della nuova alleanza, sancita con il sangue di Gesù (26,28).

3. La preghiera solitaria di Gesù sul monte (14,22-23)

Accanto alle preghiere di Gesù nell'ora dei pasti (14,13-21; 15,29-39; 26,26-30) Matteo presenta nel suo vangelo Gesù orante sul monte (14,22s). Il racconto di questa preghiera solitaria di Gesù sul monte dopo il miracolo della moltiplicazione dei pani appare soltanto nel vangelo di Matteo (14,22s) e di Marco (6,45s). Luca non menziona questo avvenimento ed il quarto vangelo descrive soltanto il ritiro di Gesù sulla montagna (6,15), senza alcuna menzione della preghiera. Concentrando la nostra attenzione sul testo matteano cercheremo di spiegarlo, nell'ottica della nostra tematica, mettendo in rilievo le circostanze e l'atto di preghiera di Gesù[103].

3.1 Il contesto dell'episodio

La preghiera di Gesù sul monte (14,22s) appartiene all'ultima sezione (11,2–16,20) della prima parte del vangelo (4,17–16,20) che narra le reazioni all'attività di Gesù. Qui, il nostro testo si trova, come anche i due racconti della moltiplicazione dei pani, nella sua terza partizione (13,54–16,20)[104] che descrive Gesù come Messia attraverso i suoi miracoli e guarigioni nonostante il suo rifiuto come Messia da tutte le parti d'Israele (11,2–12,50).

La menzione della preghiera di Gesù sulla montagna (14,23) viene inserita nella narrazione del primo vangelo subito dopo l'episodio della prima moltiplicazione dei pani (14,13-21) e prima dell'incontro notturno sul lago tra Gesù ed i suoi discepoli (14,24-33). Questo nostro episodio sull'isolamento di Gesù in preghiera sul monte viene messo in brusco contrasto sia con il testo precedente, che parla di Gesù circondato dalle folle, sia con il testo seguente che riferisce della barca sbattuta sul lago agitato dalle onde a causa del vento contrario, e dove navigano i discepoli. Nel racconto Gesù si presenta di nuovo come il

---

[103] Relativamente alla storia della trasmissione del testo e la problematica della sua redazione vedi: A.-M. DENIS, «La marche», 233-247; K. KERTELGE, *Die Wunder*, 145-150; L. SCHENKE, *Die Wundererzählungen*, 238-253; J.P. HEIL, *Jesus*; J. SMIT SIBINGA, «Matthew 14,22-33», 15-33; C.R. CARLISLE, «Jesus' Walking», 151-155; W.D. DAVIES – D.C. ALLISON, *A Critical*, II, 496ss.

[104] Per quanto riguarda la divisione della prima parte del vangelo di Matteo si veda il capitolo I, La struttura del contesto.

protagonista dell'episodio. Egli prende l'iniziativa e determina lo svolgersi di tutti gli avvenimenti.

3.2 *I preparativi per la preghiera*

L'evento della preghiera solitaria di Gesù sul monte (14,22-23) viene preparato da Gesù stesso che funge da unico agente principale. La prima iniziativa che Gesù prende è quella della duplice separazione: dai discepoli (14,22) e dalla folla (14,23a).

In un primo momento Gesù costringe i discepoli a salire sulla barca ed a precederlo sull'altra sponda mentre egli avrebbe congedato la folla (14,22). Il fatto che Gesù vuole congedare la folla mentre i suoi discepoli lo precedono, non mostra nessuna giustificazione della necessità che i discepoli siano forzati a partire. Essi infatti non esprimono alcuna riluttanza nei confronti di Gesù. Il narratore del vangelo non fornisce esplicitamente alcuna motivazione della costrizione dei discepoli da parte di Gesù a salire sulla barca per partire senza di Lui. Il ritiro di Gesù in disparte, nel testo parallelo del quarto vangelo, è suscitato dal desiderio della gente, che voleva prenderlo per farlo re dopo il miracolo della moltiplicazione dei pani (Gv 6,15), questo non ha comunque niente in comune con i racconti sinottici[105]. Inoltre il vangelo di Giovanni non menziona Gesù orante. Nella narrazione del primo vangelo ci potrebbero essere due motivi per cui Gesù dà ai discepoli l'ordine di partire: 1. Gesù vuole pregare nella solitudine (14,23) come già voleva ritirarsi prima (14,13); 2. la separazione di Gesù dai suoi discepoli è, infatti, necessaria per il loro incontro notturno sul mare (14,26)[106]. Comunque è la prima volta che Gesù, ed i suoi discepoli si sono separati, prima del suo arresto e nello stesso tempo si tratta dell'unica volta, in tutta la narrazione di Matteo, che Gesù si apparta dai suoi discepoli[107].

---

[105] Contro W. GRUNDMANN, *Das Evangelium nach Matthäus*, 367.

[106] T. ZAHN, *Das Evangelium*, 513; P. BONNARD, *L'Évangile*, 222; J. GNILKA, *Das Matthäusevangelium*, II, 12; W. WIEFEL, *Das Evangelium*, 276.

[107] Mentre Marco menziona Betsaida come luogo dell'eventuale incontro (6,45), Matteo non specifica l'itinerario dei discepoli. B. WEISS, *Das Matthäus – Evangelium*, 275 pensa che Matteo intenzionalmente, non menzioni l'itinerario dei discepoli, poiché egli vuole far capire che Gesù raggiungerà presto i discepoli. Questa supposizione comunque non è convincente, poiché il narratore del primo vangelo spesso non menziona i luoghi con precisione. Cf. A.H. MCNEILE, *The Gospel*, 217; P. BONNARD, *L'Évangile*, 222; E. KLOSTERMANN, *Das Matthäusevangelium*, 129; A. SAND, *Das Evangelium*, 307.

CAP. IV: LA PREGHIERA DI GESÙ IN ALTRE OCCASIONI 167

In secondo luogo Gesù s'apparta dalla folla congedandola (14,23a), questo fatto è dovuto a due motivi: 1. La giornata dei miracoli, delle guarigioni (14,14) e della moltiplicazione dei pani (14,19) è al suo termine (14,15.23; 15,39) e Gesù manifestando la sua compassione verso la folla è già venuto in suo soccorso (15,32) e congedando la folla Egli compie quello che già a lui chiedevano i suoi discepoli (14,15). 2. Gesù vuole pregare nella solitudine, Egli infatti intendeva già prima, andarsene nel luogo deserto (14,13)[108]. Il fatto che Gesù congeda la folla prepara alla scena seguente dell'incontro di Gesù con i suoi discepoli sul lago, che ha un carattere privato di epifania[109].

Le osservazioni sui preparativi per pregare, dispongono a capire meglio le circostanze e l'atto di preghiera di Gesù.

3.3 Le circostanze e l'atto di preghiera

Gesù dopo essersi appartato dai discepoli ed aver congedato la folla, sale su un monte per pregare (14,23).

La preghiera di Gesù, nel testo, viene caratterizzata in un triplice modo: 1. la preghiera avviene sulla montagna (ἀνέβη εἰς τὸ ὄρος); 2. nella solitudine (κατ' ἰδίαν, μόνος ἦν ἐκεῖ); 3. di notte (ὀψίας δὲ γενομένης, cf. 14,25: ετάρτῃ δὲ φυλακῇ τῆς νυκτὸς). L'atto stesso della preghiera poi viene enunciato con il verbo προσεύχομαι che mette in evidenza il carattere della preghiera.

3.3.1 Il luogo della preghiera

In primo luogo, viene messo in rilievo la specificità del luogo della preghiera di Gesù. Il luogo preferito per la preghiera dai giudei, era il tempio (Mt 21,13; cf. At 3,1) oppure la sinagoga[110]. Questo non vuole dire che non si poteva pregare anche in altro luogo, per es. per strada (Mt 6,5), nella stanza della casa (Dn 6,11) oppure sulla terrazza della casa (At 10,9). In questi casi bisognava sempre pregare con lo sguardo rivolto verso il tempio di Gerusalemme per essere così legati a questo luogo sacro[111]. La narrazione matteana lascia trasparire che Gesù rispetta le tradizioni del suo popolo e si reca nella sinagoga (4,23; 9,35; 12,9; 13,54), ma non riporta mai esplicitamente che Egli vi abbia pregato. Gesù dà la preferenza per pregare, agli altri luoghi, ove può stare

---

[108] H.A.W. MEYER, Kritisch, 299.
[109] J.P. HEIL, Jesus, 32.
[110] Cf. Str-B., I, 396-401, IV, 124; W. SCHRAGE, «συναγωγή κτλ», 823.
[111] Cf. J. HERRMANN, «εὔχομαι κτλ», 790.

da solo. Nel nostro testo il modo di ritirarsi di Gesù e la località della sua preghiera, vengono descritti con l'espressione ἀνέβη εἰς τὸ ὄρος[112].

La parola ὄρος è una traduzione comune dell'ebraico הַר che racchiude il significato di monte[113]. Nell'AT la formula lessicale ἀναβὰς εἰς τὸ ὄρος ricorre 29 volte e viene prevalentemente adoperata nel contesto di un incontro con Dio[114]. Nel NT la parola ὄρος appare 63 volte. La maggioranza delle sue ricorrenze si ritrova nei vangeli (Mt 16; Mc 11; Lc 12; Gv 4), essa racchiude il significato tanto del singolo monte (Gv 4,20) quanto della regione montuosa (Mc 5,11)[115]; la menzione della salita di Gesù sul monte la ritroviamo 9 volte nella narrazione dei vangeli (Mt 5,1; 15,29; Mc 3,13 par. Lc 6,12; Mc 6,46 par. Mt 14,23; Lc 9,28; Gv 6,3.15). Tutti questi testi portano sempre un segno della presenza divina: nel vangelo di Marco, il monte funge da luogo della rivelazione divina per un ristretto gruppo di persone in segreto davanti alla folla (Mc 3,13; 9,2; 13,3), il testo di Luca presenta Gesù sul monte in preghiera (Lc 6,12; 9,28); per quanto riguarda la narrazione del primo vangelo, esso presenta Gesù che si manifesta sul monte, non soltanto a certi gruppi di persone (Mt 17,1; 24,3; 28,16) ma il monte è il luogo della sua rivelazione anche alla folla (Mt 5,1; 15,29) e il luogo della sua preghiera (14,23). Nella prospettiva del primo vangelo il monte (ὄρος) è anche un luogo dove Gesù, Figlio di Dio, resiste al diavolo e rimane fedele al suo Dio (4,8-10). Da tutto questo risulta chiaro che il monte viene presentato nei vangeli come un luogo della vicinanza particolare di Dio[116]. Bisogna intendere la salita di Gesù sul

---

[112] B. WEISS, *Das Matthäus – Evangelium*, 275 presuppone che ὄρος non presenta un monte ma che si tratti di una regione montuosa che sta in contrasto con la sponda del lago; cf. A.H. MCNEILE, *The Gospel*, 218. Questa ipotesi comunque non ha nessun convincente sostegno.

[113] Cf. W. FOERSTER, «ὄρος», 479.

[114] La formula lessicale ἀναβὰς εἰς τὸ ὄρος si ritrova 10 volte nel contesto che non esprime una particolare vicinanza con Dio (Nm 13,17; 32,49; Dt 1,24.41.43; 32,49; Gs 18,12; Gdc 9,48; Is 40,9; Ag 1,8) e 19 volte essa viene adoperata nel senso religioso con la caratteristica di un incontro con Dio (Es 19,3.12.13; 24,12.13.18; 34,1.2.4; Dt 5,5; 9,9; 10,1.3; Sal 23,3; Is 2,3; Mic 4,2; 1Mac 4,37; 5,54; 7,33); cf. K. STOCK, *Boten*, 9.

[115] Cf. W. FOERSTER, «ὄρος», 483.

[116] E. LOHMEYER, *Das Evangelium des Markus*, 74 spiega bene la funzione della montagna nel racconto del vangelo: «Der Berg ... er ist der Schauplatz besonderen göttlichen Geheimnisses und besonderer göttlicher Offenbarung, wie schon im AT und auch in anderen antiken Religionen, er ist heilig und bekannt durch das, was auf ihm geschieht». Cf. H. KLEINE, «ὄρος», 1305; J. GNILKA, *Das Matthäusevangelium*, II, 12: «Der Berg ist der bevorzugte Ort des Gebetes, der Ort der Gottesbegegnung».

monte come un tentativo di appartarsi ciò risulta chiaro dai racconti della trasfigurazione (Mc 9,2; Mt 17,1) e dell'apparizione del Risorto (Mt 28,16). La salita di Gesù sul monte, comunque, ha ancora un altro scopo: Gesù nella solitudine sul monte incontra Dio e si unisce con Lui in preghiera manifestando così lo stretto rapporto filiale con Lui (Mc 6,46 par. Mt 14,23; Lc 6,12; 9,28).

In conclusione si può dire che la montagna è, nell'ottica del primo vangelo, come abbiamo già visto nel racconto della seconda moltiplicazione dei pani, il luogo della solitudine e nello stesso tempo il luogo della particolare vicinanza di Dio. Gesù, che si apparta dai suoi discepoli e si allontana dalle folle, sale sul monte per pregare nella solitudine, nella preghiera sul monte egli esperimenta e manifesta la sua intima comunione con Dio, il Padre suo.

3.3.2 La situazione di solitudine nella preghiera

La seconda caratteristica della preghiera di Gesù è la solitudine. Il testo ribadisce il suo isolamento da tutto, con le due espressioni κατ' ἰδίαν e μόνος ἦν ἐκεῖ[117]. L'espressione κατ' ἰδίαν, che è una forma avverbiale dell'aggettivo ἴδιος «proprio, peculiare, appartenente al singolo»[118], ricorre 17 volte nel NT col significato «privatamente, in disparte»[119]. Essa si ritrova 15 volte nei vangeli sinottici (Mt 6; Mc 7; Lc 2) e in At 23,19 e Gal 2,2. Nei racconti dei vangeli κατ' ἰδίαν appare spesso quando Gesù si ritira dalla folla (Mt 14,13.23), quando prende i discepoli in luogo appartato (Mt 17,1.19; 20,17; 24,3; Mc 4,34; 6,31s; Mc 9,2.28; 13,3; Lc 9,10; 10,23), quando in disparte dalla folla Gesù guarisce un sordomuto (Mc 7,33). Ritroviamo lo stesso significato dell'espressione κατ' ἰδίαν anche in At 23,19 dove il figlio della sorella di Paolo incontra in disparte il tribuno, e in Gal 2,2 dove Paolo incontra privatamente le persone ragguardevoli di Gerusalemme. Anche la formulazione aggiuntiva μόνος ἦν ἐκεῖ[120], che sottolinea la sua solitudine sul monte rende chiaro il ritiro di Gesù in disparte. Nella narrazione del primo vangelo questa è già la seconda volta che Gesù, appartatosi da tutti, cerca la solitudine, infatti il suo primo allontana-

---

[117] Il testo parallelo del vangelo di Marco non riporta nessuna di queste due espressioni che esprimono la solitudine di Gesù sul monte.
[118] W. BAUER, *Griechisch-deutsches Wörterbuch*, 751-753.
[119] Cf. H.-W. BARTSCH, «ἴδιος», 420-423.
[120] La posizione enfatica μόνος prima del verbo accentua la solitudine di Gesù sul monte.

mento è stato causato dalla notizia sulla morte di Giovanni il Battista (14,13). Il ritiro di Gesù da tutti, in solitudine, non ha soltanto lo scopo di pregare indisturbato[121] e di non essere visto dagli uomini durante la sua preghiera, come egli ha insegnato (Mt 6,5s)[122], perché l'appartarsi di Gesù dai suoi discepoli e dalle folle mette in rilievo qualcosa del suo particolare rapporto con Dio. La solitudine di Gesù durante la preghiera evidenzia la sua vicinanza a Dio[123] e nello stesso tempo lascia trasparire l'esclusività di questo incontro con il Padre suo.

3.3.3 Il tempo della preghiera

L'espressione ὀψίας δὲ γενομένης riporta il dato cronologico della preghiera di Gesù sul monte. Questa espressione ricorre 13 volte nel NT soltanto nei vangeli (Mt 8,16; 14,15.23; 16,2; 20,8; 26,20; 27,57; Mc 1,32; 4,35; 6,47; 14,17; 15,42; Gv 6,16) racchiudendo il significato avverbiale «di sera»[124].

Nell'AT gli Israeliti avevano l'abitudine di pregare tre volte al giorno (Sal 55,18), come attesta anche Daniele che si metteva in ginocchio tre volte al giorno a pregare e lodava il suo Dio (Dn 6,11). Ogni pio Israelita, al tempo di Gesù, pregava tre volte al giorno: al mattino, a mezzogiorno e la sera[125]. Si può presupporre che anche Gesù, come membro del popolo eletto, seguendo le usanze ebraiche, pregasse allo stesso modo. La sua preghiera sul monte di sera potrebbe avere anche questo significato, nonostante tutto il contesto della narrazione faccia capire che la preghiera è causata dall'avvenimento che segue l'incontro notturno di Gesù con i suoi discepoli sul lago[126]. La preghiera di Gesù sulla montagna, sembra essere una preparazione alla rivelazione della

---

[121] J. KNABENBAUER, *Commentarius*, II, 15.

[122] La preghiera di Gesù in solitudine sul monte, viene messa in brusco contrasto da Matteo con l'ipocrisia di quelli che recitavano le preghiere di preferenza in luoghi pubblici per essere visti e lodati, criticata da Gesù (23,5.14; cf. Mc 12,38.40; Lc 20,46s).

[123] J. GNILKA, *Das Matthäusevangelium*, II, 12.

[124] Cf. H. BALZ, «ὀψία», 1356; W. BAUER, *Griechisch-deutsches Wörterbuch*, 1216.

[125] Cf. E. SCHÜRER, *Geschichte*, II, 461; O. HOLTZMANN, «Die täglichen Gebetsstunden», 90-107; Str-B, II, 696-702.

[126] J. GNILKA, *Das Matthäusevangelium*, II, 12: «Das Dunkel der Nacht aber ist die erforderliche Kulisse für das Epiphaniegeschehen».

sua divinità[127] come, anche più tardi, la preghiera nel Getsemani precede e prepara l'ora della morte[128].

3.3.4 Il carattere della preghiera

La preghiera stessa di Gesù sul monte viene espressa soltanto col verbo προσεύξασθαι, senza un riferimento al suo contenuto. Questo fatto suscita almeno due domande: 1. quali motivi conducono Gesù a pregare? 2. che cosa racchiudeva questa preghiera?

Per quanto riguarda il verbo προσεύχομαι esso appare nel greco profano con il significato di «pregare» e di «fare un voto»[129]. Nel NT questo verbo ricorre 85 volte, soprattutto nei vangeli sinottici e negli Atti degli apostoli (Mt 15; Mc 10; Lc 19; At 16) e racchiude il significato di «pregare, adorare, chiedere, invocare»[130]. Mentre il verbo δέομαι indica quasi sempre una vera richiesta, il verbo προσεύχομαι spesso appare nella preghiera senza una specificazione ulteriore di contenuto, come è, ad esempio, nel nostro testo. La forma di questa preghiera e il suo contenuto si potrebbero rintracciare nell'uso di προσεύχομαι nella narrazione del primo vangelo e dal contesto immediato del nostro episodio.

Il verbo προσεύχομαι che Matteo adopera 6 volte nel suo vangelo per esprimere la preghiera personale di Gesù (14,23; 19,13; 26,36.39. 42.44) assume il significato della preghiera d'invocazione, supplica e richiesta. L'episodio riguardante la richiesta della preghiera, con l'atto dell'imposizione delle mani sui bambini, a Gesù in 19,13 è un tipo di preghiera nella quale veniva invocata la benedizione di Dio. Nel racconto della preghiera di Gesù nel Getsemani, il verbo προσεύχομαι (26,36.39.42.44) di nuovo indica una preghiera di richiesta e di supplica.

Per quanto riguarda poi il contesto immediato e remoto del nostro testo, esso fa rilevare che la preghiera di Gesù sul monte manifesta la sua intima comunione con Dio, il Padre suo e nello stesso tempo racchiude sia il carattere di ringraziamento che quello di supplica.

---

[127] J.P. HEIL, *Jesus*, 33; W.D. DAVIES – D.C. ALLISON, *A Critical*, II, 502.
[128] Cf. E. LOHMEYER – W. SCHMAUCH, *Das Evangelium*, 239; P. BONNARD, *L'Évangile*, 222.
[129] H.G. LIDDELL – R. SCOTT – H.S. JONES, *A Greek-English Lexicon*, 1511.
[130] Cf. H. BALZ, «προσεύχομαι», 396-409; W. BAUER, *Griechisch-deutsches Wörterbuch*, 1429s.

In primo luogo, bisogna mettere in rilievo che la preghiera di Gesù palesa il suo intimo ed esclusivo rapporto con Dio, il Padre suo, come risulta chiaro dal luogo della preghiera che è il monte, luogo preferito dell'incontro con Dio, e dalla situazione di solitudine durante la preghiera che accentua l'esclusività dell'incontro di Gesù con il Padre. Questo rapporto intensivo di Gesù con il Padre, durante la preghiera, lascia trasparire anche il contesto remoto. L'attività terapeutica di Gesù (14,14) e il suo miracolo della moltiplicazione dei pani (14,19), a beneficio del popolo, che precedono la sua preghiera insieme con la sua rivelazione ai discepoli sul lago (14,24-33), dopo la sua preghiera sul monte, manifestano la sua divinità che ha l'origine nel suo singolare ed esclusivo rapporto con il Padre e rivelano l'identità della sua persona – il Figlio di Dio (14,33). In secondo luogo viene osservato che la preghiera di Gesù sul monte ha il carattere di ringraziamento, questo fatto risulta palese dal contesto. Gesù si apparta dai suoi discepoli e congeda la folla dopo la sua attività terapeutica (14,14) e di miracolo della moltiplicazione dei pani (14,19) in favore del popolo, per poter ringraziare Dio per il suo disegno salvifico, per la sua bontà che si attua e si manifesta in Lui, Figlio suo. In terzo luogo va posto in evidenza che la preghiera di Gesù sul monte racchiude anche il carattere di supplica, essa infatti prepara la rivelazione della sua divinità sul lago. In tal modo si potrebbe presumere che Gesù si rivolge a Dio sul monte, con la preghiera di supplica nella quale chiede al Padre suo che i discepoli accolgano con fede questa sua manifestazione come Figlio di Dio (14,33).

Alla luce dei passi nella narrazione matteana, dove ricorre questo verbo e del contesto del nostro episodio si può dunque supporre che la preghiera sul monte di Gesù rivela qualcosa del segreto del suo intimo ed esclusivo rapporto con Dio, il Padre suo e nel contempo racchiude sia il carattere di supplica che quello di ringraziamento.

3.4 *Considerazioni finali*

L'esito della nostra analisi, sull'episodio della preghiera solitaria di Gesù sul monte, mette in rilievo alcuni dati sul suo modo di pregare. Egli si presenta come colui che cerca la solitudine per incontrare Dio in preghiera, in modo indisturbato. La solitudine di Gesù in preghiera, non accentua soltanto il suo isolamento dalla folla e dai suoi discepoli, per non essere visto dagli uomini durante la preghiera, come egli stesso insegnava (6,5-6), ma mette soprattutto in risalto l'esclusività dell'incontro, che avviene tra lui, Gesù, e Dio, suo Padre, in preghiera. Il luogo della sua preghiera è il monte, che è *par excellence* il posto della vicinanza di Dio. Il dato temporale sulla preghiera di Gesù, ricorda la preghiera serale di un pio giudeo, ma nello stesso tempo assume una grande rilevanza nel contesto letterario. L'episodio della sua preghiera solitaria, di sera, crea lo sfondo della scena seguente dell'incontro notturno di Gesù con i suoi discepoli sul lago, dove Gesù si manifesta come Signore della creazione e dell'universo, che controlla le forze minacciose (14,32) e che salva i discepoli liberandoli dalla paura e dal dubbio. Il contesto immediato del nostro episodio mette in rilievo le ragioni ed i motivi della sua preghiera sul monte (14,22s) che, innanzitutto, lascia trasparire l'intimo ed esclusivo rapporto di Gesù con il Padre e sembra racchiudere sia il rendimento di grazie a Dio per le grandi opere prodigiose di Gesù (14,14.19) che rivelano la sua divinità ed il vero volto di Dio, sia la preghiera di supplica nella quale Gesù invoca Dio, affinché la sua rivelazione sul lago (14,24-33) trovi una risposta positiva nei discepoli e venga accolta con la fede.

4. La preghiera di Gesù sui bambini (19,13-15)

Il testo della preghiera di Gesù sui bambini è l'ultima pericope di Gesù orante nel primo vangelo, che esaminiamo. La scena dell'incontro di Gesù con i bambini è riportata da tutti i vangeli sinottici (Mt 19,13-15; Mc 10,13-16; Lc 18,15-17), ma soltanto Matteo e Marco menzionano Gesù in preghiera, l'episodio, in Luca, non ha infatti nessun carattere di preghiera. Per quanto riguarda il paragone sinottico, menzioniamo soltanto le divergenze che riguardano il modo di pregare di Gesù sui bambini. Mentre nel vangelo di Marco e di Luca i bambini vengono a Gesù, perché Egli li toccasse – accarezzasse (Mc 10,13; Lc 18,15), nella narrazione matteana i bambini vengono presentati a Gesù, perché imponesse loro le mani (19,13). Laddove Matteo racconta la preghiera di Gesù sui bambini soltanto come una imposizione delle mani ἐπιθεὶς τὰς χεῖρας αὐτοῖς (19,15), Marco completa la narrazione con una aggiunta esplicativa sull'atteggiamento e sulla preghiera di Gesù che esprime con i verbi ἐναγκαλισάμενος e κατευλόγει (Mc 10,16). La nostra indagine si orienterà sulla lettura sincronica del testo e cercherà di spiegarlo ponendo in rilievo la nostra tematica sulla preghiera di Gesù[131].

---

[131] Per quanto riguarda la questione della storia delle tradizioni del testo con quella della sua redazione vedi: Cf. E. BEST, «Mark 10,13-16», 119-134; J. SAUER, «Der ursprüngliche "Sitz im Leben"», 27-50; J.D.M. DERRETT, «Why Jesus», 1-18; G. RINGSHAUSEN, «Die Kinder», 34-63.

4.1 L'episodio e il suo contesto

L'episodio della preghiera di Gesù sui bambini, si ritrova nella prima sezione (16,21–20,34) della terza parte del primo vangelo (16,21–28,20) che presenta il cammino di Gesù verso Gerusalemme[132].

All'interno di questa sezione il nostro racconto viene preceduto dallo spostamento di Gesù. Egli passa dalla Galilea, ambito preferito del suo ministero, dopo aver pronunciato il discorso ai suoi discepoli (18,1-35), alla Giudea (19,1). Là si consumerà il suo destino di Messia rifiutato e perseguitato dalle autorità giudaiche. In questo cammino, Gesù, seguito dalle folle, svolge di nuovo la sua attività terapeutica (19,2), cade in una controversia con i farisei (19,3-9) e conduce una conversazione con i suoi discepoli sul matrimonio, sul divorzio e sul celibato (19,10-12). Tutto questo prepara all'episodio in cui Gesù accoglie i bambini, impone loro le mani e prega, nonostante l'impedimento da parte dei discepoli (19,13-15). Gesù si presenta così nell'episodio come protagonista. Il suo allontanamento da quel luogo conclude, poi, la nostra pericope, che viene seguita dal nuovo episodio dell'incontro di Gesù con un giovane ricco (19,16-22).

A conclusione di questa veloce panoramica sull'episodio della preghiera di Gesù sui bambini, è bene osservare che il brano (19,13-15) funge da pericope transitoria[133] tra la controversia di Gesù con i farisei (19,3-9) che conduce ad una conversazione con i suoi discepoli sul matrimonio, divorzio e celibato (19,10-12) e il testo seguente che presenta un incontro di Gesù con un giovane ricco (19,16-22).

4.2 La richiesta dell'imposizione delle mani e della preghiera

L'episodio della preghiera di Gesù sui bambini comincia con il loro incontro, che viene descritto nel racconto con la frase: τότε προσηνέχθησαν αὐτῷ παιδία. Il narratore non ritiene importante precisare chi ha presentato i bambini a Gesù, sembra probabile che si tratti dei loro genitori[134]. Lo stesso atto della presentazione viene espresso con il verbo προσφέρω, che può racchiudere il significato sia di «condurre» sia di «portare»[135]. Nel primo caso si tratterebbe di bambini più

---

[132] Per la strutturazione della terza parte del vangelo di Matteo vedi il contesto della preghiera nel Getsemani.
[133] E. LOHMEYER – W. SCHMAUCH, *Das Evangelium*, 284.
[134] U. LUZ, *Das Evangelium*, III, 113.
[135] Cf. K. WEIß, «προσφέρω κτλ», 67-70; W. SCHENK, «προσφέρω», 428-430; W. BAUER, *Griechisch-deutsches Wörterbuch*, 1440-1442.

grandi, mentre il secondo significato indicherebbe i bambini molto piccoli[136]. La forma passiva del verbo mette in evidenza che si tratta, piuttosto, di bambini molto piccoli[137], che non sono ancora autonomi[138]. Il significato del verbo προσφέρω precisa poi l'espressione παιδία. I destinatari della benedizione sono, secondo Matteo e Marco, i bambini παιδία (Mt 19,13; Mc 10,13), mentre Luca nella sua narrazione parla dei lattanti βρέφη (Lc 18,15). Παιδία sono, a differenza di παῖδες bambini piccoli, dagli otto giorni ai dodici anni (cf. Mc 5,42)[139]. Alla luce di tutto questo si può concludere che la narrazione del primo vangelo ci presenta l'incontro di Gesù con i bambini non ancora autonomi e che devono essere sia portati sia condotti a lui da altre persone.

L'incontro di Gesù con i bambini è motivato dalla richiesta dell'imposizione delle mani su di loro e della preghiera, che viene espressa nella narrazione con la frase finale ἵνα τὰς χεῖρας ἐπιθῇ αὐτοῖς καὶ προσεύξηται. Questo testo solleva almeno due questioni: 1. che cosa esprime il gesto richiesto dell'imposizione delle mani? 2. quale tipo di preghiera viene chiesta?

Per esprimere il gesto dell'imposizione delle mani, il narratore si serve della formula ἐπιτιθέναι τὰς χεῖρας, che viene adoperata nell'AT per indicare l'imposizione delle mani sulla vittima, che esprime l'identificazione dell'immolatore con il sacrificio rituale (per es. Es 29,10.15.19; Lv 1,4.10; 3,2.8.13), per indicare l'imposizione delle mani nel contesto del trasferimento di qualcosa dal soggetto dell'azione al suo destinatario (per es. Lv 16,21; 24,14; Dt 34,9)[140] oppure per indicare una benedizione dei genitori (Gn 48,14-18)[141]. Si tratta comunque dell'unico dato veterotestamentario sulla benedizione con l'imposizione delle mani.

Nel NT il verbo ἐπιτίθημι «porre sopra, imporre»[142] viene usato in prevalenza nella locuzione stereotipa ἐπιτίθημι τὰς χεῖρας / ἐπιτίθημι

---

[136] W.D. DAVIES – D.C. ALLISON, *A Critical*, III, 33.
[137] J. GNILKA, *Das Matthäusevangelium*, II, 159.
[138] W. GRUNDMANN, *Das Evangelium nach Matthäus*, 430.
[139] M.-J. LAGRANGE, *Évangile selon Saint Marc*, 262. Nella letteratura ellenistica παῖδες erano i ragazzi da sette ai quattordici anni, mentre παιδία designava i bambini dall'età dei neonati ai sette anni. Cf. A. OEPKE, «παῖς κτλ», 637.
[140] R. PÉTER, «L'imposition», 54s.
[141] D. DAUBE, *The New Testament*, 224.
[142] Cf. H. BALZ, «ἐπιτίθημι», 106; W. BAUER, *Griechisch-deutsches Wörterbuch*, 613s.

τὴν χεῖρά con dat., acc. o con ἐπί[143]. Il gesto dell'imposizione delle mani si ritrova in vari contesti e da questi risulta chiaro che il suo significato non è sempre lo stesso[144]. Il gesto dell'imposizione delle mani nei testi neotestamentari, esprime anche un atto di benedizione (Mt 19,13.15; Mc 10,16)[145] come lo conferma il verbo κατευλογέω in Mc 10,16. Oltre a questi testi non si trova comunque nessun altro accenno sulla benedizione dei bambini nel NT; il gesto della benedizione, poi, appare ancora nei racconti pasquali, dove Gesù risorto benedice con le mani alzate i suoi discepoli (Lc 24,50s).

Una tradizione post-talmudica (trattato *Sopherim* 18,5) riferisce che c'era a Gerusalemme l'abitudine di condurre i bambini presso un celebre rabbino per ottenere da lui la benedizione per la loro vita futura[146]. Secondo un'altra tradizione giudaica, anche tardiva (*Siddur Sephat Emeth*, 44), la benedizione veniva data nella casa dai genitori ai figli nel giorno di sabato oppure nei giorni festivi prima di cenare[147]. Alcuni autori presuppongono che queste tradizioni della benedizione dei bambini, anche se attestate soltanto nel tempo post-targumico, esistevano già al tempo di Gesù[148]. Questa supposizione, comunque, rimane incerta e controversa[149]. Gli scritti intertestamentari che risalgono al periodo prima di Gesù (2 – 1 secolo a.C.) testimoniano che i sacerdoti del culto ebraico benedicevano il popolo (cf. 1QS 2,1; 6,5; TesRub 6,10)[150]. Inoltre un altro testo giudaico (*Berakh* 28b) riferisce sulla benedizione degli alunni da parte del loro rabbino nel primo secolo d.C.

---

[143] Per es. Mt 9,18; 19,13.15; Mc 5,23; 6,5; 7,32; 8,23.25; 10,16; 16,18; Lc 4,40; 13,13; At 6,6; 8,17.19; 9,12.17; 13,3; 19,6; 28,8; 1 Tm 5,22.

[144] J. COPPENS, *L'imposition*; elenca cinque diversi tipi di finalità dell'imposizione delle mani: la benedizione, la guarigione, l'ordinazione, la confermazione e la riconciliazione. Cf. anche J.K. PARRATT, «The Laying», 210ss.

[145] J. KNABENBAUER, *Commentarius*, II, 156: spiega il gesto dell'imposizione delle mani in modo seguente: «Impositio manuum symbolum est benedictionis vel ita ut aliquod bonum a Deo efflagitetur vel ut illud ex virtute et potestate imponentis alteri communicetur; quare impositio ex aequo includit orationem vel benedictionem».

[146] Cf. J. JEREMIAS, «Das Gebetsleben Jesu», 132 Anm. 4; Str-B, II, 138; E. LOHMEYER – W. SCHMAUCH, *Das Evangelium*, 284; W. SCHENK, *Der Segen*, 66s.

[147] Str-B, I, 808.

[148] Cf. J. JEREMIAS, «Das Gebetsleben Jesu», 132 Anm. 4; W. SCHENK, *Der Segen*, 72.

[149] U. LUZ, *Das Evangelium*, III, 113; W. WIEFEL, *Das Evangelium*, 335.

[150] Cf. G. ARANDA PÉREZ – F. GARCÍA MARTÍNEZ – M. PÉREZ FERNÁNDEZ, ed., *Literatura*, 42.356.

(Jochanan b. Zakkai /† circa 80 d.C./)[151]. La benedizione veniva conferita spesso col gesto dell'imposizione delle mani (ad es. la benedizione dei genitori)[152], questo gesto accompagnava la preghiera nella quale veniva invocata la benedizione da Dio (cf. Mc 10,16)[153]. Sullo sfondo veterotestamentario e della letteratura giudaica si potrebbe supporre che, nel nostro brano, le persone chiedano a Gesù tale benedizione in qualità d'uomo di Dio, profeta oppure rabbi[154]. La narrazione matteana, comunque, lascia intravedere non soltanto il carattere messianico della benedizione[155], ma soprattutto palesa che la benedizione di Gesù racchiude il carattere divino che si fonda non solo sul suo potere di Figlio di Dio, ma anche sulla sua intima ed esclusiva relazione con il Padre.

4.3 La preghiera dell'imposizione delle mani come risposta in favore dei bambini

La richiesta dell'imposizione delle mani e della preghiera rivolta a Gesù, prima di essere accolta viene ostacolata, i discepoli, infatti, impediscono la richiesta della benedizione (19,13b). Il motivo del comportamento dei discepoli non è chiaro dalla narrazione, ma in ogni modo la loro condotta ha un carattere dispotico che è poco amorevole. Il modo di agire dei discepoli, tuttavia, trova la sua giustificazione: i bambini erano poco considerati nella società di quel tempo. Secondo una diffusa opinione dell'epoca, il bambino, che non conosceva la Legge, non aveva ancora meriti per la Torah e dinanzi a Dio[156], perciò un tale bambino non era ancora un Israelita integro[157]; l'infanzia era

---

[151] Str-B, I, 808.

[152] Nel tempo del giudaismo rabbinico la formulazione abituale con quale si chiedeva la benedizione suonava così: «Bete für mich!» oppure «Segne mich!»; cf. Str-B, I, 807s.

[153] H.A.W. MEYER, Kritisch, 366: «Die Handauflegung war Symbol der Verwirklichung des Gebetenen an dem Betreffenden». Cf. B. WEISS, Das Matthäus – Evangelium, 338.

[154] J. GNILKA, Das Matthäusevangelium, II, 159.

[155] G. FRIEDRICH, «Messianische Hohepriesterwartung», 294ss ritiene che Gesù conferì la benedizione in qualità di Messia sacerdotale. Cf. J. GNILKA, «Die Erwartung», 395-426.

[156] Il giudaismo non si occupava troppo dei bambini, nonostante tutto veniva considerato come un'opera buona prendersi cura degli orfani ed insegnare ai bambini la Torah. Cf. Str-B, I, 774, 780, 786.

[157] P. GAECHTER, Das Matthäus – Evangelium, 619; J. GNILKA, Das Matthäusevangelium, II, 160.

infatti considerata come l'immaturità e la minorità[158]. Il comportamento sbagliato dei discepoli non ha soltanto la funzione letteraria di offrire a Gesù un'occasione per poter pronunciare una sentenza, spiegando ad essi a chi apparteneva il regno dei cieli, ma mette anche in evidenza che i discepoli non avevano capito che il regno dei cieli appartiene proprio a quelli che sono come i bambini.

La reazione di Gesù di fronte al comportamento dei discepoli, ha carattere di un ordine autoritario (19,14a)[159] e nella narrazione viene espressa con i due verbi nella forma imperativa: ἀφίμι e κωλύω.

Per quanto riguarda il secondo verbo κωλύω «impedire, ostacolare, proibire»[160], esso nella nostra pericope viene usato nel senso di un impedimento in relazione al piano salvifico di Dio (cf. Mt 3,14; 23,13)[161]. Il tentativo di vedere nell'uso di κωλύω un riferimento all'amministrazione del battesimo come in At 8,36; 10,47; 11,17[162], non è convincente. Non si può infatti dimostrare che κωλύω in questi passi degli Atti risalga a un formulario del rito battesimale, poiché il verbo viene adoperato in un senso troppo poco specifico. Non c'è, dunque, nessuna fondatezza nell'interpretare il testo della benedizione dei bambini come una testimonianza della prassi liturgica del battesimo degli stessi nella chiesa primitiva. Gesù rivolgendosi ai discepoli ammonisce tutti quelli che vorrebbero impedire alle persone insignificanti e semplici che siano comunicati a loro i doni di Dio[163].

Relativamente al primo imperativo ἄφετε esso ha, nel nostro testo, il significato di «lasciare in pace, lasciare fare»[164]. L'accoglienza dei bambini (τὰ παιδία) da Gesù, espressa con l'imperativo ἄφετε, e la loro

---

[158] Cf. J. SCHMID, *Das Evangelium nach Markus*, 243.

[159] L'aspetto umano dell'indignazione di Gesù ἠγανάκτησεν (Mc 10,14) con il quale Egli pronuncia la sua risposta ai discepoli nella narrazione di Marco, non viene menzionato né da Matteo (19,14) né da Luca (18,16).

[160] W. BAUER, *Griechisch-deutsches Wörterbuch*, 936s.

[161] S. LÉGASSE, «κωλύω», 824.

[162] Cf. J. JEREMIAS, «Mc 10,13-16 Parr.», 243-245; O. CULLMANN, *Die Tauflehre*, 65-73. G. HAUFE, «Das Kind», 627 interpreta anche erratamente questa pericope senza le prove sufficienti come «Rechtfertigung einer wahrscheinlich umstrittenen Praxis kirchlichen Kinderkatechumenats».

[163] S. LÉGASSE, «κωλύω», 824; F. HAHN, «Kindersegnung», 501; R.H. GUNDRY, *Matthew*, 384; H. FRANKEMÖLLE, *Matthäus*, II, 278; U. LUZ, *Das Evangelium*, III, 114; W. WIEFEL, *Das Evangelium*, 336.

[164] H. LEROY, «ἀφίμι», 437; W. BAUER, *Griechisch-deutsches Wörterbuch*, 253.

benedizione racchiude in sé un profondo significato[165]. Gesù, infatti, annuncia che la condizione delle disposizioni di un bambino, è necessaria per poter accogliere il dono divino gratuito, che è il regno dei cieli (19,14b)[166]: diventare come un bambino significa diventare piccolo davanti a Dio ed agli uomini. Questo esige abbandonare le aspirazioni di dominio sugli altri, essere privi di superbia intellettuale ed anche essere dotati di grande semplicità (cf. Mt 11,25). I bambini sono, infatti, i meglio disposti ad accogliere il regno di Dio come un dono, Gesù così dichiara che Dio si compiace di comunicare i suoi doni agli umili, ai semplici ed ai poveri (Mt 5,3 par. Lc 6,20; Mt 11,25s par. Lc 10,21; Lc 12,32; 1 Cor 1,26ss)[167]. Gesù, infatti, promettendo il regno di Dio ai bambini, si contrappone al concetto teologico giudaico del merito di una società patriarcale e dichiara i bambini, per la loro umiltà, semplicità e fiducia, come le persone meglio adatte di ricevere doni da lui[168].

Il gesto dell'imposizione delle mani di Gesù sui bambini (19,15a) che segue il suo discorso (19,14), è la risposta alla richiesta precedente (19,13a) e nello stesso tempo la manifestazione della bontà di Gesù. La preghiera di Gesù sui bambini esprime il suo rapporto sincero e personale con loro, Egli con la sua preghiera non soltanto invoca la benedizione di Dio per i bambini, come facevano i loro padri e gli insegnanti[169], ma nel suo potere di Figlio di Dio conferisce la benedizione

---

[165] Nella narrazione matteana i bambini sono sempre mostrati positivamente come risulta palese dal brano così detto l'inno di giubilo (11,25), dai testi della moltiplicazione dei pani, dove i bambini sono menzionati (14,13-21; 15,29-39), dal detto di Gesù rivolto ai suoi discepoli sulla necessità di diventare come i bambini (18,3) e dal testo dell'acclamazione dei bambini nel tempio che riconoscono in Gesù il figlio di Davide (21,15).

[166] La particella τοιούτων dimostra che Gesù non mette in rilievo tanto l'età e la persona, quanto le qualità di quelle persone in tale età, che sono piccoli, senza alcuna stima e notabilità. Cf. H.A.W. MEYER, *Kritisch*, 366; B. WEISS, *Das Matthäus – Evangelium*, 339; T. ZAHN, *Das Evangelium*, 596; A. SCHLATTER, *Der Evangelist*, 575; S. LÉGASSE, *Jésus*, 38; P. BONNARD, *L'Évangile*, 285; E. SCHWEIZER, *Das Evangelium nach Matthäus*, 251; W. GRUNDMANN, *Das Evangelium nach Matthäus*, 430; L. MORRIS, *The Gospel*, 487; U. LUZ, *Das Evangelium*, III, 115.

[167] Cf. A. SAND, *Das Evangelium*, 393; W. WIEFEL, *Das Evangelium*, 336.

[168] A. SCHLATTER, *Der Evangelist*, 575 spiega bene l'agire di Gesù descritto nella narrazione: «Die über allen stehende Regel Gottes wird verkündet und das Verhältnis des Menschen zu Gottes Reich nach seinem für alle gültigen Merkmal beschrieben. Dieses Merkmal ist, daß Gott der Schaffende und Gebende ist, weshalb der Anteil des Menschen an Gott nicht durch sein Verdienst entsteht».

[169] Cf. Str-B, I, 807.

divina[170], che è un dono gratuito divino da accogliere con le disposizioni dei bambini, cioè con umiltà, semplicità e recettività. Questo dono abilita ad entrare nel regno dei cieli che è infatti già presente nella persona di Gesù[171].

4.4 Considerazioni finali

Nell'episodio della preghiera di Gesù, Matteo, lo presenta come il protagonista della scena. Egli esercita il ruolo di quello, che impone le mani e recita la preghiera della benedizione. Gesù non solo invoca la benedizione di Dio sui bambini, ma nella sua autorità di Figlio di Dio concede loro anche la benedizione divina. I destinatari della sua benedizione sono i bambini piccoli che erano poco considerati nella società giudaica, perché non conoscendo la Legge non erano ancora Israeliti maturi ed integri. Gesù accoglie i bambini, le persone umili e semplici, e concede loro la benedizione, Egli stesso giustifica con le parole il gesto che i discepoli volevano impedirgli (19,14b). I bambini piccoli sono, infatti, le persone meglio disposte ad accogliere il regno dei cieli, perché Dio si compiace di comunicare se stesso agli umili, poveri e semplici. I discepoli nel loro atteggiamento mostrano l'incapacità di valutare le cose secondo i criteri del regno dei cieli e Gesù ricorda loro nella sua risposta, la destinazione originaria del regno dei cieli per i poveri in spirito (Mt 5,3) e così mostra che il suo agire a favore dei bambini corrisponde alla sua predicazione.

In sintesi, si rileva che la preghiera di Gesù sui bambini è la manifestazione della grazia divina che viene concessa gratuitamente e che non può essere né calcolata né meritata, essa, infatti, supera sempre ogni attesa dell'uomo.

5. Osservazioni conclusive

La narrazione del primo vangelo descrive cinque volte Gesù in preghiera, senza riferire il contenuto delle sue preghiere: Matteo menziona tre volte Gesù che recita la preghiera di ringraziamento e di lode nell'ora dei pasti, due volte in occasione del miracolo della moltiplicazione dei pani (14,13-21; 15,29-39) e poi durante l'evento della celebrazione della cena pasquale (26,26-30), poi viene descritto nella narrazione matteana, Gesù nella preghiera solitaria sul monte nella notte

---

[170] Cf. J. GNILKA, *Das Matthäusevangelium*, II, 161.

[171] Dal parallelismo ἐλθεῖν πρός με e ἡ βασιλεία τῶν οὐρανῶν si vede che il regno dei cieli viene identificato con la persona di Gesù e con il suo messaggio.

CAP. IV: LA PREGHIERA DI GESÙ IN ALTRE OCCASIONI 181

(14,22s), infine la narrazione del primo vangelo descrive Gesù che prega sui bambini (19,13-15).

Nei due racconti della moltiplicazione dei pani, dove Gesù recita la preghiera di ringraziamento e di lode sul pane, Egli appare come il Messia, che nella sua compassione si prende cura dei malati (14,14; 15,30) e sazia gratuitamente la folla affamata (14,19; 15,36). Il suo rendimento di grazie rivolto a Dio non esprime soltanto una lode per il dono del nutrimento, ma include anche un ringraziamento per il disegno salvifico di Dio, che si manifesta nell'attività terapeutica di Gesù e nel gesto del miracolo della moltiplicazione dei pani. Il potere e sovranità di Gesù che hanno la loro origine nel suo intimo rapporto con Dio, conferiscono carattere unico a questa preghiera. La preghiera, insieme al gesto miracoloso della moltiplicazione dei pani, rivela qualcosa del segreto della persona di Gesù e della sua intima e singolare relazione con Dio. Gesù, che prende tutta l'iniziativa nelle scene delle moltiplicazioni dei pani beneficando gratuitamente la folla, mostra il suo amore e la sua bontà verso l'uomo e così rivela il vero volto di Dio.

Nel racconto dell'ultima cena (26,26-30), quando Gesù celebra la cena pasquale con i suoi discepoli, Egli, di nuovo, attraverso le sue preghiere manifesta la singolarità del suo rapporto con Dio. L'intima comunione di Gesù con Dio garantisce la veracità delle parole interpretative sul pane e sul vino. Gesù offre gratuitamente ai suoi discepoli durante la cena pasquale, tutto ciò che possiede, Egli dà sé stesso a loro, così manifesta di nuovo il suo amore e la sua bontà verso l'uomo. I discepoli attraverso la comunione conviviale con Gesù, diventano partecipi del suo destino mortale e, nello stesso tempo, diventano i rappresentanti del popolo della nuova alleanza, sancita col suo sangue sulla croce.

L'analogia decisiva tra la preghiera dell'ultima cena e la preghiera in occasione della moltiplicazione dei pani, si può vedere nel fatto che si tratta sempre di una preghiera di ringraziamento e di lode all'ora dei pasti, che esprime un rendimento di grazie a Dio, Creatore e Donatore di tutti i beni. Il contesto immediato di queste preghiere lascia intravedere le specificità secondarie di questo ringraziamento di Gesù. In occasione dei miracoli della moltiplicazione dei pani Gesù nella sua preghiera, ringrazia Dio per il suo disegno salvifico, soprattutto in riferimento al suo potere che si mostra nell'attività terapeutica e nei suoi miracoli. Nella celebrazione della cena pasquale, poi, la preghiera di Gesù racchiude anche un ringraziamento a Dio per il suo disegno salvifico, in relazione con il suo culmine che sarà raggiunto nella morte di Gesù sulla croce e che porterà la salvezza all'umanità.

Il racconto della preghiera solitaria di Gesù sul monte (14,22s), mette in evidenza alcune caratteristiche del modo di pregare di Gesù: Egli prega sul monte, sul posto dove si esperimenta, secondo l'ottica biblica, una particolare vicinanza di Dio. La sua solitudine nella preghiera ribadisce l'esclusività del suo incontro con Dio, il fatto che la preghiera di Gesù avvenga di sera, non soltanto ricorda la preghiera vespertina del pio Israelita, ma trova la sua motivazione anche nel contesto immediato di questo episodio. La preghiera serale di Gesù prepara il seguente incontro tra Gesù ed i suoi discepoli sul lago, dove Egli manifesterà la sua potenza (14,32) e la sua divinità (14,33). Concludendo, va messo in evidenza che la preghiera solitaria di Gesù sul monte rivela di nuovo il suo rapporto singolare ed intimo con Dio, Padre suo, come viene confermato dal contesto di questo racconto.

Nell'episodio della preghiera di Gesù sui bambini (19,13-15) Egli viene presentato come colui che accoglie i bambini, con l'imposizione delle mani prega su di loro e dichiara che di essi è il regno dei cieli, così, rovesciando la prospettiva giudaica che considerava poco i bambini, Egli imponendo loro le mani, concede la benedizione e nello stesso tempo li pone come modello. Questo suo gesto sorprendente non significa che bisogna essere puerili, ma che bisogna ritrovare lo spirito filiale e il senso della confidenza nei confronti con Dio. Gesù così mostra di nuovo il suo amore e la sua bontà, conferendo gratuitamente la grazia divina attraverso la sua benedizione.

In sintesi si può concludere che, questi cinque testi sulla preghiera di Gesù, nella narrazione matteana, dei quali non viene riportato il contenuto, mettono in risalto l'intimo e singolare rapporto tra Gesù e Dio e, nello stesso tempo, manifestano la bontà di Dio verso l'uomo che si rivela nell'agire di Gesù, in stretto legame con la sua preghiera.

SECONDA PARTE

**LA FUNZIONE DELLA PREGHIERA DI GESÙ
NEL VANGELO DI MATTEO
E LE SUE CARATTERISTICHE PRINCIPALI**

CAPITOLO V

La distribuzione dei testi sulla preghiera di Gesù nel vangelo

Questo capitolo affronterà la problematica della distribuzione dei testi che riguardano la preghiera di Gesù nel vangelo di Matteo. Cercheremo di dare una risposta alla domanda di base: appaiono i testi riguardanti la preghiera di Gesù arbitrariamente nella narrazione matteana, oppure la posizione delle loro ricorrenze è dovuta alla composizione del vangelo? Per poter rispondere a tale domanda bisogna tenere presente l'intera struttura del vangelo di Matteo.

All'interno della narrazione matteana si trovano due cesure, espresse mediante la formula ἀπό τότε ἤρξατο ὁ Ἰησοῦς (4,17; 16,21), che chiaramente indicano l'inizio di una nuova fase della vita di Gesù. Queste due cesure fungono da perno dell'articolazione del vangelo in tre parti: 1. la presentazione di Gesù (1,1–4,16); 2. l'attività galilaica di Gesù (4,17–16,20); 3. la sorte gerosolimitana di Gesù (16,21–28,20)[1]. All'interno di queste parti bisogna riscontrare la posizione dei testi della preghiera. La loro distribuzione all'interno delle parti non è comunque omogenea.

Nella prima parte del vangelo non si ritrova nessuno di questi testi. Nella seconda parte del vangelo (4,17–16,21) che si sviluppa in quattro sezioni: a) le condizioni generali dell'attività di Gesù in Galilea (4,17–25); b) l'attività di Gesù in parole ed opere (5,1–9,35); c) il discorso missionario (9,36–11,1); d) le reazioni al ministero di Gesù (11,2–16,20), appaiono i primi quattro testi della preghiera (11,25-30; 14,13-21.22s; 15,29-39). Essi sono concentrati nella sua ultima sezione. Infine

---

[1] La questione che riguarda la strutturazione del vangelo e poi, in particolare, della sua seconda parte viene presentata in 1.1 Struttura del contesto del primo capitolo della prima parte del lavoro.

la terza parte (16,21–28,20) che si articola in tre sezioni: a) il cammino di Gesù verso Gerusalemme (16,21–20,34); b) la sua attività nella città santa (21,1–26,1); c) gli eventi della sua passione e risurrezione (26,2–28,20)[2] contiene gli ultimi quattro testi. Il primo (19,13-15) si riscontra nella sua prima sezione, gli altri tre (26,26-30.36-46; 27,45-56) sono concentrati nella sua ultima sezione.

In sintesi, si può rilevare che la distribuzione dei testi della preghiera è limitata soltanto alle tre sezioni del vangelo (11,2–16,20; 16,21–20,34; 26,2–28,20) con la concentrazione in 11,2–16,20; e 26,2–28,20. La nostra attenzione si rivolgerà alle tre sezioni, ove si ritrovano questi testi e tenteremo di scoprire una possibile funzione e significato di tale distribuzione dei testi della preghiera nel vangelo.

1. La preghiera di Gesù e le reazioni alla sua attività in Galilea

L'ultima sezione della seconda parte del vangelo (11,2–16,20) che informa delle reazioni al ministero di Gesù riporta i primi quattro testi della preghiera di Gesù. Sembra che la loro collocazione corrisponda alla natura della sezione in cui si trovano, che è dominata dalla tematica riguardante le reazioni all'attività di Gesù e le congetture sulla sua persona[3].

La prima preghiera di Gesù, che racchiude il carattere di un rendimento di grazie (11,25s), appare come l'apogeo del discorso di Gesù sulla sua reiezione da parte d'Israele (11,16-19) ma nello stesso tempo viene messa in connessione con il testo successivo (cap. 12), che narra gli esempi di questa reiezione presentando gli attacchi dei capi religiosi contro Gesù; che essi preparano un complotto contro di Lui, per eliminarlo (12,40). Le preghiere in occasione dei miracoli della moltiplicazione dei pani (14,13-21; 15,29-39) mostrano Gesù nella sua unione con il Padre proprio in connessione con questi eventi, che lo rivelano come pastore potente del popolo. Egli manifesta la bontà di Dio nel suo agire in favore delle folle, nonostante le reazioni, in prevalenza negative, da parte d'Israele alla sua missione. Infine la preghiera di Gesù sul monte (14,22-23) crea lo sfondo della scena seguente: l'incontro notturno di Gesù con i discepoli sul lago, ove Gesù manifesterà la sua divinità.

---

[2] Per quanto concerne la strutturazione della terza parte del vangelo si veda: 1.1 Struttura del contesto del secondo capitolo della prima parte del lavoro.

[3] Cf. J.D. KINGSBURY, *Matthew as Story*, 72-77.

Alla luce di questi tratti connessi, si può concludere che i quattro testi sulla preghiera di Gesù (11,25-30; 14,13-21.22s; 15,29-39) corrispondono al carattere dell'ultima sezione della seconda parte del vangelo (11,2-16,20), che è retta dalla tematica concernente le reazioni all'attività missionaria di Gesù e le supposizioni sulla sua persona. La concentrazione dei testi della preghiera in questa sezione del vangelo è motivata dal suo carattere tematico. Le preghiere di Gesù danno, infatti, una chiara risposta alle reazioni prevalentemente negative al suo ministero ed ai punti di vista conflittuali circa l'identità della sua persona e nel contempo rivelano l'intensità del suo rapporto con il Padre, quando la sua attività missionaria suscita queste imbarazzanti relazioni.

2. La preghiera di Gesù e il suo cammino verso Gerusalemme

La prima sezione della terza parte del vangelo sul cammino di Gesù verso Gerusalemme (16,21–20,34) riporta in 19,13-15 un altro testo della preghiera di Gesù. Pare che la sua collocazione coincida con il carattere della sezione in cui si trova che, in prima linea, riferisce sull'insegnamento dei discepoli da parte di Gesù[4].

In 16,21 Matteo direttamente ed esplicitamente menziona che Gesù ha cominciato a mostrare ai suoi discepoli di dovere andare a Gerusalemme e di soffrire molto da parte degli anziani, dei sommi sacerdoti e degli scribi, e di venire ucciso e di risuscitare il terzo giorno. In seguito Gesù ripete questo insegnamento sul suo destino mortale altre due volte ai suoi discepoli (17,22-23; 20,17-19). Gesù così istruisce i suoi discepoli sullo scopo centrale del suo ministero. Queste tre predizioni sulla sorte di Gesù fungono da indizi di un'ulteriore articolazione della sezione in tre partizioni (16,21–17,21; 17,22–20,16; 20,17-34) e, nel contempo, evidenziano la tematica centrale di essa, che riguarda l'insegnamento ai discepoli da parte di Gesù. Nella sua partizione centrale (17,22–20,16) ricorre il testo della preghiera di Gesù sui bambini (19,13-15). Essi vengono condotti a Gesù, perché imponga loro le mani e preghi (19,13), ma un impedimento da parte dei discepoli spinge Gesù a pronunciare per loro un'altra istruzione, ribadita poi dal suo successivo agire, dalla benedizione (19,15).

In sintesi, si può azzardare di affermare che la posizione del brano della preghiera di Gesù sui bambini (19,13-15), che racchiude un'istruzione di Gesù per i discepoli, è conforme alla composizione

---

[4] Cf. D.R. BAUER, *The Structure*, 96-108; J.D. KINGSBURY, *Matthew as Story*, 77-93.

della prima sezione della terza parte del vangelo (16,21–20,34) che principalmente informa sull'insegnamento di Gesù ai discepoli.

3. La preghiera di Gesù e gli eventi della sua passione e risurrezione

L'ultima sezione della terza parte del vangelo, che narra gli eventi della passione e risurrezione di Gesù (26,2–28,20), contiene i tre testi residui della preghiera (26,26-30.36-46; 27,45-56). Sembra che la loro posizione si accordi con la natura della sezione in cui si trovano, che è retta dalla tematica dell'unione di Gesù con il Padre, mediante la perfetta ubbidienza al suo disegno salvifico[5].

La preghiera di rendimento di grazie in occasione della cena pasquale (26,26-30) palesa l'unione di Gesù con il Padre. Gesù attraverso i gesti sul pane e sul vino offre la sua vita ai dodici discepoli. Questo dono, della più intima unione tra Gesù ed i dodici discepoli, è basata sul suo sacrificio in unione con il Padre. Dopo la preghiera del rendimento di grazie sul pane azzimo (26,26b) e sul calice (26,27a), Gesù, con la promessa della mensa escatologica rivolta ai discepoli, manifesta la sua intima comunione con Dio chiamandolo: «il Padre mio» (26,29). In occasione della sua preghiera nel Getsemani (26,36-46) Gesù, rivolgendosi a Dio con l'appellativo πάτερ μου (26,39b.42b), palesa l'intima familiarità ed unicità del suo rapporto con Dio, suo Padre, che in seguito verrà messa in questione (26,63), durante il suo processo dinanzi al sinedrio (26,47-68). Nel momento della sua morte, schernito dagli astanti, che beffandosi di lui, mettevano in dubbio l'identità della sua persona (27,40.43), Gesù, nella sua estrema afflizione causata dall'esperimentare il silenzio di Dio, che non si fa presente, pronuncia una fiduciosa preghiera al «suo Dio» (27,46) manifestando che il suo intimo rapporto con il Padre non è smentito sul Golgota.

Infine, va rivelato che l'unione del Figlio con il Padre, mediante l'ubbidienza fino alla fine, nonostante l'esperienza dell'abbandono, che risulta palese dalla preghiera di Gesù nel Getsemani (26,36-46) e dalla sua preghiera sulla croce (27,46), crea un'inclusione dell'intera narrazione della passione, come lo comprova anche l'uso delle forme vocative πάτερ μου (26,36.42) e θεέ μου θεέ μου (27,46) adoperate nelle allocuzioni delle preghiere[6].

---

[5] Cf. D.R. BAUER, *The Structure*, 96-108; J.D. KINGSBURY, *Matthew as Story*, 77-93.

[6] La reciproca corrispondenza di queste due preghiere consiste anche nel fatto che si tratta delle preghiere ricorrenti. Al Getsemani vengono menzionate tre preghiere di Gesù (26,39b.42b.44). Nell'episodio della preghiera di Gesù sulla croce, viene riferito due volte sulla preghiera di Gesù (27,46.50a).

Alla luce di questi tratti connessi, si può dire che, la concentrazione dei testi della preghiera in questa sezione del vangelo, è causata di nuovo dal suo carattere tematico. Le preghiere di Gesù manifestano il trionfo dell'unione del Figlio con il Padre, mediante l'ubbidienza fino alla fine, ed altresì, mettono in rilievo l'intensità del suo rapporto con il Padre quando gli avversari lo negano decisamente e le circostanze esterne sembrano provarne il contrario.

4. Osservazioni conclusive

Valutata la distribuzione dei testi riguardanti la preghiera di Gesù nella narrazione matteana, si può sostenere quanto segue: i testi della preghiera ricorrono soltanto nelle tre sezioni del vangelo (11,2-16,20; 16,21-20,34; 26,2-28,20); la loro posizione è dovuta alla natura della composizione del vangelo; i testi delle preghiere corrispondono alle relative tematiche delle sezioni del vangelo in cui si trovano; la concentrazione dei testi della preghiera, nelle due sezioni del vangelo, è causata dalla loro natura tematica.

Le preghiere di Gesù (11,25-30; 14,13-21.22s; 15,29-39), concentrate nell'ultima sezione della seconda parte del vangelo (11,2-16,20), offrono un esplicito riscontro alle reazioni, in maggior parte negative, all'attività missionaria di Gesù e alle supposizioni sull'identità della sua persona; indicano altresì l'intensità del rapporto tra Gesù e il Padre, quando il suo ministero solleva queste impacciate reazioni. I tre testi delle preghiere (26,26-30.36-46; 27,45-56), concentrati nell'ultima sezione della terza parte del vangelo (26,2-28,20), svelano l'intensità del rapporto di Gesù con il Padre negli eventi della sua passione e nel contempo sottolineano la sua perfetta unione con il Padre, malgrado la sua sorte mortale.

In conclusione, si può dire che Matteo inserisce i testi della preghiera nel suo vangelo in modo appropriato, formandone la parte essenziale della sua composizione.

CAPITOLO VI

Le caratteristiche principali della preghiera di Gesù nel vangelo di Matteo

Questo capitolo intende riprendere, in una prospettiva d'insieme, gli aspetti fondamentali emersi dall'esegesi dei testi riguardanti la tematica della preghiera di Gesù, nella prima parte del lavoro, per valutare l'immagine di Gesù che prega con il suo messaggio complessivo nella prospettiva teologica del primo vangelo[1]. Il quadro sintetico della nostra tematica sarà organizzato in tre sezioni.

La prima sezione presenterà come la preghiera di Gesù manifesta l'unicità del rapporto che esiste tra Gesù e il Padre.

La seconda sezione esporrà la preghiera di Gesù nel confronto con la sua missione salvifica.

La terza sezione mostrerà la connessione che c'è tra il modo di pregare di Gesù e il suo insegnamento sulla preghiera.

1. La preghiera di Gesù e il suo rapporto con Dio

Il rapporto particolare tra Dio e Gesù non si manifesta soltanto nella missione del Figlio che è sia l'autorevole rivelatore del Padre, sia l'attuatore paradigmatico della sua volontà, ma anche nella preghiera che il Figlio rivolge al Padre.

Gesù nella sua preghiera manifesta il suo rapporto con Dio in due linee principali. La sua preghiera da una parte svela l'origine del loro

---

[1] Innanzitutto, è assai eloquente il fatto che, con l'eccezione di 26,30, l'evangelista non presenta Gesù mai in preghiera insieme ai discepoli, ma sempre da solo si rivolge al Padre.

rapporto, dall'altra parte, mette in evidenza il carattere unico di questo rapporto.

1.1 La preghiera di Gesù rivela l'origine del rapporto tra Gesù e il Padre

Gesù manifesta durante la sua attività missionaria la coscienza del suo rapporto col Padre ed anche la conoscenza della sua volontà divina. Questo fatto presuppone, quindi, una comunicazione da parte di Dio, che non è descritta nel vangelo. Da tutto ciò risulta chiaro che nel rapporto tra Gesù e Dio l'attività primaria proviene dal Padre. Il Padre sta all'origine del loro rapporto, questo lo evidenziano sia le preghiere di Gesù, sia tutta la narrazione del primo vangelo.

Il testo, generalmente intitolato «inno di giubilo» (11,25-30), che contiene la prima preghiera di Gesù in Matteo, di ringraziamento e di lode (11,25-26), e la preghiera nel Getsemani (26,36-46) mostrano che l'attività primaria nella comunicazione tra Gesù e il Padre si trova in Dio, che sta all'origine del loro rapporto. Nella preghiera di ringraziamento e di lode, che fa parte del testo così detto «inno di giubilo», Gesù dichiara con l'espressione ναὶ ὁ πατήρ, ὅτι οὕτως εὐδοκία ἐγένετο ἔμπροσθέν σου (11,26) la sua piena conoscenza della deliberazione alla volontà divina[2] che si è attuata nell'attività di rivelare (11,25d) e di nascondere (11,25c) il mistero del piano salvifico da parte del Padre. Il primo stico della seconda strofa di questo testo, che è una dichiarazione sul rapporto fra il Padre e il Figlio (11,27), presenta Gesù come colui, al qual dal Padre è stato consegnato tutto. Gesù esprime così con l'espressione πάντα μοι παρεδόθη ὑπὸ τοῦ πατρός μου (11,27a) la sua coscienza di tale comunicazione ricevuta dal Padre. Il secondo e il terzo stico della seconda strofa, poi, esplicitano attraverso l'enunciato che solo il Padre sa chi è il Figlio (11,27b) e, soltanto dopo, che solo il Figlio sa chi è il Padre (11,27c) e che l'iniziativa primaria nel loro rapporto si trova in Dio[3].

La preghiera di Gesù nel Getsemani, poi, conferma anche che nel rapporto tra Gesù e Dio l'attività primaria proviene dal Padre. Gesù, rivolgendosi al Padre con la richiesta παρελθάτω ἀπ' ἐμοῦ τὸ ποτήριον

---

[2] R. SCHNACKENBURG, *Matthäusevangelium*, II, 143: «"Wille vor Gott" weist auf den umfassenden göttlichen Ratschluß, den Jesus kennt und vollzieht.»; cf. J. GNILKA, *Das Matthäusevangelium*, I, 436.

[3] F. HAHN, *Christologische Hoheitstitel*, 325; J. GNILKA, *Das Matthäusevangelium*, I, 439: «Logisch steht der Vater voran, der den Sohn erkennt».

τοῦτο (26,39b; cf. 26,42b), palesa la piena coscienza del suo destino mortale, che lo aspetta, secondo il disegno salvifico della volontà divina, e che doveva essere in anticipo riferito a Lui dal Padre suo (cf. Gv 4,34; 6,38)[4].

L'intera narrazione del primo vangelo, infatti, manifesta che tutta l'attività di Gesù, sin dai suoi inizi, è basata sulla missione ricevuta dal Padre. Egli è sempre pienamente consapevole della volontà divina comunicatagli dal Padre. Nella scena del battesimo di Gesù, quando Giovanni Battista voleva impedirglielo, Gesù si sottomette ed adempie «ogni giustizia» (3,15) manifestando così la sua perfetta obbedienza alla volontà divina[5] che Gli doveva essere stata in anticipo comunicata dal Padre. Tutta la sua missione ad Israele proviene dall'iniziativa del Padre (15,24)[6]. I detti sulla venuta di Gesù (5,17; 9,13; 10,34s; 20,28)[7] dimostrano che Egli si sente dotato di un ministero e di una destinazione della missione che ha ricevuto dal Padre suo[8]. Gesù conosce e predice il suo destino. Nella prima predizione (16,21) l'espressione δεῖ mette in evidenza l'inevitabilità della passione e risurrezione di Gesù attribuitagli dal Padre[9]. Nella seconda predizione (17,22s), Gesù accentua con μέλλει la conoscenza del suo imminente destino[10]. La sua consegna nelle mani degli uomini (17,22) verrà da Dio[11], ma nello stesso tempo, anche la sua risurrezione (17,23) avrà la sua origine in Dio[12]. La terza predizione sulla finalità della missione di Gesù (20,18s) evidenzia di nuovo la conoscenza della volontà divina da parte di

---

[4] D.A. HAGNER, *Matthew 14-28*, 783.

[5] Cf. R. SCHNACKENBURG, *Matthäusevangelium*, I, 35; J.P. MEIER, *The Vision*, 57; U. LUZ, *Das Evangelium*, I, 155; H. FRANKEMÖLLE, *Matthäus*, I, 184.

[6] Il verbo ἀπεστάλην è un *passivum divinum*; cf. U. LUZ, *Das Evangelium*, II, 434, Anm. 49; L. MORRIS, *The Gospel*, 403; R.H. GUNDRY, *Matthew*, 313.

[7] La venuta di Gesù che proviene dall'iniziativa del Padre è espressa con le forme verbali di ἔρχομαι.

[8] Cf. A. SCHLATTER, *Der Evangelist*, 601s; E. SCHWEIZER, *Das Evangelium nach Matthäus*, 146.

[9] Cf. P. BONNARD, *L'Évangile*, 247; U. LUZ, *Das Evangelium*, II, 488; W.D. DAVIES – D.C. ALLISON, *A Critical*, II, 656; D.A. HAGNER, *Matthew 14-28*, 479; W. WIEFEL, *Das Evangelium*, 303.

[10] Cf. U. LUZ, *Das Evangelium*, II, 526; D.A. HAGNER, *Matthew 14-28*, 507; W. WIEFEL, *Das Evangelium*, 315.

[11] La forma del verbo παραδιδόναι è un *passivum divinum* (cf. 20,18); cf. A. SCHLATTER, *Der Evangelist*, 537; P. BONNARD, *L'Évangile*, 263; W.D. DAVIES – D.C. ALLISON, *A Critical*, II, 734; J. GNILKA, *Das Matthäusevangelium*, II, 112.

[12] La forma del verbo ἐγείρω è un *passivum divinum* (cf. 16,21; 20,19); cf. P. BONNARD, *L'Évangile*, 263; W. GRUNDMANN, *Das Evangelium nach Matthäus*, 409.

Gesù[13]. In 26,2 poi Gesù coscientemente annuncia con la formulazione presente παραδίδοται l'inizio dell'esecuzione della sua consegna da parte di Dio[14].

Alla luce di tutto questo, è chiaro, che l'iniziativa principale del rapporto tra il Padre e il Figlio si trova in Dio. La preghiera di Gesù come allocuzione di Dio, presuppone un'azione divina, nella quale Dio si rivolge a Gesù comunicandogli il disegno salvifico della sua volontà e, nello stesso tempo, proclamandolo e riconoscendolo come il suo unico Figlio (cf. 3,17; 17,5). L'intera narrazione matteana, come altrettanto le preghiere di Gesù, ci mostrano come Gesù conosca il piano salvifico del Padre. La preghiera di Gesù, infatti, presuppone l'essere chiamato e riconosciuto da Dio, come suo figlio. Essa evidenzia che Gesù è pienamente consapevole d'essere Figlio di Dio. In sintesi, si può dire che la preghiera di Gesù è, di fatto, una risposta a Dio, nella quale il Figlio chiama, riconosce ed accetta Dio, come suo Padre.

1.2 *La preghiera di Gesù palesa la singolarità del rapporto tra Gesù e il Padre*

L'unicità della relazione tra Gesù e Dio, che consiste nel loro rapporto intimo, reciproco ed esclusivo, la rilevano sia le preghiere di Gesù, sia tutta la narrazione matteana.

La singolarità del rapporto di Gesù con Dio, che si basa sulla loro intima comunione famigliare, traspare in primo luogo nelle preghiere di Gesù, dove Egli manifesta la sua relazione figliale con Dio soprattutto con il modo in cui si rivolge a Lui[15]. Nella preghiera di ringraziamento e di lode (11,25-26), che fa parte del testo così detto «inno di giubilo» (11,25-30), Gesù chiama Dio come «Padre». Egli attraverso l'uso di ὁ πατήρ e di ὁ υἱός in modo assoluto (11,25.26.27/bis/) mette in rilievo la specificità del suo intimo rapporto con Dio, che è il Padre suo. Durante la preghiera nel Getsemani (26,36-46) Gesù non manifesta soltanto la sua umanità nell'agonia (26,38), ma rivolgendosi a Dio con l'allocuzione πάτερ μου (26,39b.42b) rivela la sua divina filiazione.

---

[13] I verbi παραδιδόναι e ἐγείρω nella forma passiva esprimono nuovamente il ruolo attivo di Dio. Cf. J. GNILKA, *Das Matthäusevangelium*, II, 185; L. MORRIS, *The Gospel*, 507s; D.A. HAGNER, *Matthew 14-28*, 575; U. LUZ, *Das Evangelium*, III, 157; W. WIEFEL, *Das Evangelium*, 346.

[14] P. BONNARD, *L'Évangile*, 369; J. GNILKA, *Das Matthäusevangelium*, II, 383.

[15] Secondo la narrazione di tutti i vangeli Gesù nelle sue preghiere chiama abitualmente Dio «Padre»: Mt 11,25.26 (cf. Lc 10,21[bis]); Mt 26,42; cf. Mc 14,36 (cf. Mt 26,39; Lc 22,42); Lc 23,34.46; Gv 11,41; 12,27.28; 17,1.5.11.21.24.25.

L'intimità del profondo rapporto tra Gesù, il Figlio, e Dio, il Padre, non si smentisce neanche nel momento della morte di Gesù sulla croce. Nell'evento della preghiera sulla croce (27,45-56), Gesù, recitando il salmo 22,2, si rivolge con piena fiducia al «suo Dio» (27,46)[16], che risponde con gli eventi straordinari, che accompagnano la sua morte[17]. Nonostante il suo abbandono e la sua angoscia Gesù rimane sempre pieno di profonda fiducia nel Padre suo. Il suo rapporto filiale, intimo, con Dio non viene mai meno.

L'unicità della relazione tra Gesù e Dio viene inoltre anche caratterizzata dalla reciprocità ed esclusività del loro rapporto. Quando Gesù si rivolge a Dio come al Padre suo nelle preghiere, è perché Egli sa, d'essere suo Figlio. La relazione di Gesù con Dio esiste, dunque, in una forma di piena e totale reciprocità, che consiste nel loro mutuo riconoscimento (11,27). La conoscenza reciproca di Padre e Figlio si potrebbe caratterizzare come fondamentale, perfetta, unica ed esclusiva[18]. Gesù dunque in quanto Figlio conosce colui che è il Padre suo. L'esclusività del loro reciproco rapporto è manifestata poi anche dal fatto che Gesù incontra il Padre nella preghiera, separato da tutti, sia sul posto solitario della montagna, enunciato espressamente con le formulazione κατ' ἰδίαν e μόνος ἦν ἐκεῖ (14,23), sia nella solitudine del Getsemani, appartato dai suoi discepoli, enunciato con le espressioni προελθὼν μικρὸν (26,39a), ἀπελθὼν (26,42a) e ἀφείς (26,44).

L'intera narrazione mattena infatti comprova che esiste il singolare, intimo ed esclusivo rapporto tra Gesù, il Figlio e Dio, il Padre suo. Questo fatto conferma sia l'attività di Dio, sia tutta la missione di Gesù. Dio rivolgendosi a Gesù lo chiama, lo riconosce e lo proclama come Figlio suo[19]. Nel momento del battesimo (3,17) e poi della trasfigurazione (17,5) di Gesù, una voce dai cieli, che è la voce di Dio[20], lo annuncia solennemente e lo dichiara come ὁ υἱός μου ὁ ἀγαπητός. Soltanto Gesù viene, infatti, chiamato da Dio in questo modo. Gesù poi durante la sua attività missionaria parla di Dio chiamandolo ὁ πατήρ

---

[16] L'allocuzione «Dio mio» nella preghiera sulla croce, invece di quella «Padre mio» è causata dal fatto che Egli ha citato il salmo.

[17] D.P. SENIOR, *The Passion Narrative*, 307; J.P. MEIER, *The Vision*, 203s.

[18] Cf. J. GNILKA, *Das Matthäusevangelium*, I, 437; U. LUZ, *Das Evangelium*, II, 209; R. SCHNACKENBURG, *Die Person*, 117: «Das gegenseitige Erkennen von Vater und Sohn ist ein liebendes Vertrautsein, ein Erkennen, das in eine Wesensschau hineinreicht».

[19] Mt 3,17; 17,5; cf. Mc 1,11; 9,7; Lc 3,22; 20,13; 2 Pt 1,17.

[20] Cf. Ad es.: Gn 15,4; Dt 4,36; Dn 4,21.

μου²¹. Egli, così, esprime chiaramente la comunione personale con Dio, Padre suo, e nello stesso tempo, accentua l'unicità del loro intimo rapporto, che si distingue dal rapporto filiale dei discepoli con Dio.

In conclusione, si rileva che Gesù vive radicalmente ed integralmente la sua relazione filiale con Dio, che è il suo Dio e il suo Padre. Soltanto Egli è integralmente ed unicamente il Figlio, il Figlio di Dio. Gesù, infatti, nella sua missione salvifica, ha mantenuto sempre la sua relazione filiale con il Padre. Il mistero del rapporto di Gesù con il Padre si basa sul fatto che Egli prega il Padre con un completo abbandono alla sua volontà e, nello stesso tempo, come colui che è uguale al Padre. La preghiera di Gesù, così, manifesta il profondo mistero della sua persona divino – umana.

2. La preghiera di Gesù e la sua missione salvifica

La missione salvifica di Gesù, attuata attraverso la sua attività e la sua sorte, secondo la narrazione del primo vangelo, è strettamente collegata con la sua preghiera. Le preghiere di Gesù occupano un doppio ruolo nella sua missione. Gesù rivolgendosi a Dio con la preghiera nelle situazioni importanti del suo ministero, mette in rilievo il fatto, che con questo suo diretto incontro e dialogo con il Padre, Egli manifesta la sua unione con la volontà del Padre. Dall'altra parte la preghiera di Gesù, che svela il suo singolare, intimo ed esclusivo rapporto con Dio, mette in evidenza la sua identità di Figlio di Dio, nella sua attività missionaria.

2.1 *Il piano salvifico di Dio nella preghiera di Gesù*

Si può osservare che Gesù si rivolge a Dio con la preghiera nei momenti rilevanti e decisivi della sua vita pubblica, manifestando la sua costante adesione al piano salvifico della volontà divina del Padre.

La preghiera di ringraziamento e di lode (11,25-26), che fa parte del testo così detto «inno di giubilo» (11,25-30), mostra espressamente come la volontà del Padre stava al centro della vita e missione di Gesù, il quale pronuncia questa preghiera, quando sta affrontando le reazioni (11,2–16,20) alla sua attività in parole ed opere (5,1–9,35). Come conseguenza dell'estesa attività d'insegnamento, predicazione e di guarigione svolta da Gesù nel suo popolo (4,23-25; 9,35; 11,4s), emergono

---

²¹ 7,21; 10,32s; 11,27; 12,50; 16,17; 18,10.19; 20,23; 26,39.42.53.

le controversie circa la persona di Gesù (11,2–12,50)²². Il testo 11,2-19²³, culminato con la parabola sulla reiezione di Giovanni Battista e di Gesù (11,16-19) e la dichiarazione del giudizio contro le città di Galilea, che non si sono pentite (11,20-24), crea lo sfondo per la risposta di Gesù sotto forma di preghiera²⁴. Benché la sua missione risulti fallita nell'ottica umana, poiché non ha raggiunto il successo previsto, Gesù stupisce in questa situazione per il suo comportamento, perché pronuncia una preghiera di ringraziamento e di lode a Dio (11,25-30). Egli spiega, in questa preghiera che sia la sua accettazione sia il suo ripudio succedono a causa dell'attività del Padre suo di nascondere (11,25c) e di rivelare (11,25d) secondo la decisione della sua sovrana volontà εὐδοκία (11,26)²⁵. I σοφοί e συνετοί (11,25c) sono rimasti chiusi alla rivelazione divina che non si può comprendere con la ragione umana, ma soltanto con la fede, mentre i νήπιοι (11,25d) per la loro semplicità, umiltà ed ingenuità sono stati capaci d'accogliere la rivelazione del Padre in Gesù. Gesù ringrazia il Padre per questo suo volere.

La preghiera di Gesù nel Getsemani (26,36-46), che si trova nel contesto della sua passione e risurrezione (26,2–28,20), è anche in stretta connessione col piano salvifico della volontà divina del Padre. Essa antecede, immediatamente, l'arresto di Gesù (26,47-56) e segna l'inizio degli eventi della sua passione. Questa volta Gesù si rivolge al Padre con una preghiera di supplica sulla volontà divina esposta in duplice modo, Egli formula la prima implorazione nel modo positivo εἰ δυνατόν ἐστιν (26,39b), mentre esprime la seconda negativamente εἰ οὐ δύναται (26,42b). Questa doppia preghiera di supplica palesa come la consegna di Gesù alla volontà di Dio sia drammaticamente graduata²⁶. Gesù poi enuncia in duplice modo la sua totale sottomissione alla volontà del Padre. La prima espressione πλὴν οὐχ ὡς ἐγὼ θέλω ἀλλ' ὡς σύ. (26,39b) è una rassegnazione che si riferisce alla prontezza

---

²² R. SCHNACKENBURG, *Matthäusevangelium*, I, 99; J.P. MEIER, *The Vision*, 57.

²³ A. STOCK, *The Method*, 181-190 ritiene che il testo 11,2-19 ha una comune tematica del ripudio di Gesù.

²⁴ Cf. W.D. DAVIES – D.C. ALLISON, *A Critical*, II, 272.

²⁵ P. BONNARD, *L'Évangile*, 167: «L'incrédulité et la foi que Jésus rencontre ne sont pas des accidents, ni des résultats, positifs ou négatifs, de ses efforts tout personnels; l'autorité et le bon plaisir de Dieu gouvernent toute son activité.»; cf. G. SCHRENK, «εὐδοκία κτλ», 745; J. SCHMID, *Das Evangelium nach Matthäus*, 197; J. SCHNIEWIND, *Das Evangelium*, 150; L. MORRIS, *The Gospel*, 293; W. WIEFEL, *Das Evangelium*, 223.

²⁶ G. STRECKER, *Der Weg*, 183; R. SCHNACKENBURG, *Matthäusevangelium*, II, 263: «Damit steigert sich die Ergebenheit Jesu in Gottes Willen».

di Gesù ad accettare la volontà del Padre, mentre la seconda espressione γενηθήτω τὸ θέλημά σου (26,42b) è una richiesta con la quale Gesù domanda espressamente al Padre di realizzare il disegno salvifico della sua volontà[27]. La preghiera di Gesù nel Getsemani manifesta dunque, che il destino mortale, che Egli sta per affrontare, corrisponde interamente alla volontà del Padre[28].

La preghiera di Gesù sulla croce (27,45-56), che fa parte dell'evento della *via crucis* e crocifissione di Gesù (27,31b-56)[29], antecede il momento della sua morte (27,50). Gesù abbandonato, esperimentando una completa solitudine, si rivolge a Dio con la preghiera del salmo 22,2 (27,46). Egli nella sua estrema afflizione, che è causata dal silenzio di Dio[30], che non si fa presente, esprime la sua fiduciosa preghiera (cf. Sal 22,25s)[31] manifestando il supremo desiderio di compiere integralmente la volontà del Padre[32].

In sintesi, si può concludere che le preghiere di Gesù confermano che la sua attività e sorte sono in perfetta armonia con la volontà di Dio. Egli non soltanto ringrazia il Padre per l'attuazione del disegno salvifico secondo il beneplacito della sua volontà (11,25s), ma anche gliela richiede (26,42b) e la compie fedelmente nel sommo atto d'adesione alla volontà divina sulla croce (27,46), adempiendo così la sua missione (cf. 20,28).

2.2 La preghiera di Gesù e la sua attività missionaria

Le preghiere di Gesù sono strettamente collegate con la sua attività missionaria. L'agire prodigioso di Gesù, che è una manifestazione della sua potenza, si trova frequentemente messo in relazione con la sua preghiera, che svela l'unicità del suo rapporto con Dio, suo Padre. Si tratta spesso delle preghiere di ringraziamento e di lode.

Nella preghiera di ringraziamento e di lode (11,25-26), che fa parte del testo convenzionalmente chiamato «inno di giubilo» (11,25-30), per la prima volta, Gesù si rivolge al Padre, che è il Signore del cielo e

---

[27] Cf. M. GALIZZI, *Gesù*, 100.
[28] Cf. D.A. HAGNER, *Matthew 14-28*, 784.
[29] Cf. J. GNILKA, *Das Matthäusevangelium*, II, 467-481.
[30] Cf. H. SCHÜTZEICHEL, «Der Todesschrei», 6.
[31] R. SCHNACKENBURG, *Matthäusevangelium*, II, 280; D.A. HAGNER, *Matthew 14-28*, 844.
[32] J.D. KINGSBURY, *Matthew as Story*, 89: «At Golgotha and on the cross, Jesus demonstrates in all he endures that his love for God is perfect, or wholehearted: what God wills, Jesus wills».

della terra, ringraziandolo (11,25b). Egli ringrazia Dio, perché ha concesso a Lui, suo Figlio, tutta la potenza e la piena rivelazione (11,27a). Egli in forza di questa autorizzazione divina rivela il Padre al mondo (11,27d), con il suo insegnamento, con la predicazione e le guarigioni (4,23-25; 9,35; 11,4s)[33]. Come Dio concede la rivelazione secondo il suo beneplacito (εὐδοκία) così anche a Gesù appartiene il diritto di conferire la rivelazione a qualunque persona, secondo la sua volontà (βούληται). Gesù esprime in tal modo nella preghiera la sua autorità. Egli è l'esclusivo mediatore del progetto salvifico della rivelazione divina secondo la volontà del Padre[34].

Le preghiere del rendimento di grazie, nell'occasione dei miracoli della moltiplicazione dei pani per cinquemila uomini (14,13-21) e per quattromila uomini (15,29-39), mostrano Gesù, il quale, seguendo l'usanza giudaica, proibisce di mangiare senza aver prima pronunciato la preghiera di ringraziamento[35], si presenta come un pio capofamiglia giudaico. Gesù comunque non esprime soltanto nella sua preghiera un ringraziamento a Dio, Re dell'universo, che fa produrre il pane dalla terra[36], ma anche ringrazia Dio per la sua signoria e il suo potere di Figlio di Dio (cf. 7,29; 9,6; 11,27a). Il miracolo di Gesù, suscitato dalla sua compassione per le folle (14,14; 15,32), dopo aver pronunciato il rendimento di grazie a Dio, suo Padre, mette poi in evidenza la bontà di Dio manifestata nel Figlio suo.

Nell'episodio dell'ultima cena (26,26-30) Gesù si presenta di nuovo in preghiera di ringraziamento, la sua preghiera è incorniciata nella celebrazione della cena pasquale (26,17.18.19). Gesù nel ruolo di capofamiglia, recita la preghiera conviviale del rendimento di grazie sul pane azzimo e sul calice, seguendo il rito pasquale. Egli esprime in questa preghiera non soltanto il ringraziamento a Dio per la liberazione prodigiosa dalla schiavitù in Egitto[37], come facevano gli Ebrei, ma come è palese dalle sue parole interpretative (26,26c.27b-28) e dai suoi gesti, il ringraziamento di Gesù doveva includere un significato più profondo. Anche se la narrazione del vangelo non riporta il testo di questa preghiera, si può presupporre che Gesù ringrazi il Padre per il

---

[33] Cf. R. SCHNACKENBURG, *Matthäusevangelium*, I, 105.

[34] J. GNILKA, *Das Matthäusevangelium*, I, 439: «Es ist eine Bewegung des liebenden Erkennens, die sich vom Vater über den Sohn hin zu den Menschen fortsetzen will.»; cf. R. SCHNACKENBURG, *Die Person*, 117; L. MORRIS, *The Gospel*, 294s.

[35] Cf. G. DALMAN, *Jesus-Jeschua*, 122; Str-B, I, 685ss; IV, 627-634.

[36] Cf. Str-B, IV, 621; H.W. BEYER, «εὐλογέω κτλ», 758.

[37] Str-B, II, 256.

disegno salvifico che si attua nella sua missione e che avrà il culmine nella sua morte redentrice sulla croce.

La preghiera solitaria di Gesù sul monte (14,23) che rileva l'unicità, singolarità ed esclusività del rapporto tra Gesù e Dio, il Padre suo, è anche strettamente collegata con la sua attività missionaria, come risulta palese dalla situazione nella quale viene pronunciata, anche se la narrazione matteana non ne riporta il contenuto. In primo luogo si può supporre che Gesù nella sua solitaria preghiera sul monte si rivolga a Dio con un rendimento di grazie per il suo potere e per la signoria del Figlio di Dio, che si sono manifestate nella sua attività terapeutica (14,14) e nel miracolo della moltiplicazione dei pani (14,19). Inoltre bisogna ammettere che la preghiera di Gesù sul monte potrebbe anche racchiudere un carattere di supplica con la quale Egli si rivolge a Dio affinché la rivelazione del suo potere sulle forze naturali (14,32) e della sua divinità nell'incontro notturno con i discepoli sul lago venga accolta da loro con fede (cf. 14,33).

Nell'incontro di Gesù con i bambini (19,13-15), quando essi sono presentati a Lui, perché preghi su di loro e quando i discepoli cercano di allontanarli, rimproverando quelli che li portano (19,13), Gesù imponendo loro le mani (19,5) risponde positivamente alla loro richiesta. Gesù pregando sui bambini non soltanto invoca per loro la benedizione di Dio, che veniva concessa ai bambini dai loro padri oppure agli allievi dai loro insegnanti[38], ma anche nella sua autorità di Figlio di Dio manifestando la sua bontà, concede loro la benedizione divina[39]. La sua affermazione che il regno dei cieli appartiene ai bambini (19,14) Gesù la spiega con la chiarezza del suo agire[40]. Questo gesto della preghiera sui bambini mette in risalto che la salvezza è offerta a tutti senza alcuna differenza. Essi sono per la loro semplicità e umiltà le persone meglio disposte ad accogliere i doni divini (cf. 5,3-10; 11,25s; 18,3). Per tutti gli uomini indifferentemente la salvezza è impossibile da conseguire, poiché essa appartiene a Dio (cf. 19,23-26).

Alla luce di tutto quello che abbiamo detto, risulta chiaro che le preghiere di Gesù sono strettamente collegate con la sua attività missionaria. Gesù non soltanto mostra con l'insegnamento, la predicazione e

---

[38] Str-B, I, 807: «Kinder treten vor ihren Vater, Schüler vor ihren Lehrer mit der Bitte, daß er für sie bete, sie segne. Die Handauflegung dient dabei zur Übermittlung des Segens.»; cf. E. LOHMEYER – W. SCHMAUCH, *Das Evangelium*, 284.

[39] Cf. J. GNILKA, *Das Matthäusevangelium*, II, 161.

[40] Cf. A. SAND, *Das Evangelium*, 393.

l'attività terapeutica lo scopo della sua missione, ma anche le sue preghiere palesano questo fatto.

3. La connessione tra la prassi e l'insegnamento di Gesù sulla preghiera

La tematica della preghiera di Gesù nella narrazione del primo vangelo non serve all'evangelista soltanto per presentare il mistero della persona di Gesù, Figlio di Dio, ma per mostrarlo nello stesso tempo come il modello ed il maestro di preghiera per i suoi discepoli. Nella narrazione matteana ricorre solo una menzione marginale della comune preghiera di Gesù con i suoi discepoli alla fine del racconto dell'ultima cena (26,30)[41], ma l'esempio della sua preghiera personale connessa col suo insegnamento sulla preghiera, fanno intravedere che Gesù vuole anche trasmettere agli uomini il suo modo di pregare. La prassi e l'insegnamento di Gesù sulla preghiera hanno un duplice scopo: rivelano il vero volto di Dio ed invitano alla preghiera.

3.1 *Il figliale rapporto degli uomini con Dio*

La preghiera di Gesù ed il suo insegnamento sulla preghiera hanno un obiettivo principale: rivelare la paternità di Dio agli uomini.

Nella narrazione del primo vangelo il brano così detto «inno di giubilo» (11,25-30), che contiene la prima preghiera di Gesù, è quell'enunciazione in cui Gesù mostra che la comunione del Padre con il Figlio, l'immediatezza della loro unità ed il loro reciproco, fiducioso ed intimo rapporto (cf. 11,27b-c), devono essere per il beneficio degli altri. Dal fatto che soltanto Gesù conosce il Padre (11,27c) e che soltanto Lui può rivelarlo (11,27d), scaturisce il ruolo di Gesù come «mediatore» del rapporto degli uomini col Padre. Gesù, come l'unico Mediatore della rivelazione salvifica, è autorizzato (11,27a) a comunicare il mistero del suo rapporto con Dio e il vero volto di Dio, che è il Padre (11,27d)[42]. Gli uomini possono rivolgersi a Dio come al Padre soltanto se Gesù l'ha rivelato a loro (11,27d). Per quanto riguarda la

---

[41] Gesù ed i suoi discepoli cantarono (ὑμνήσαντες), alla fine della cena pasquale, la seconda parte dell'Hallel (Sal 115–118).

[42] Cf. H. SCHUMACHER, *Die Selbstoffenbarung*, 158; A.H. MCNEILE, *The Gospel*, 163; H. MERTENS, *L'hymne*, 74s; J. SCHMID, *Das Evangelium nach Matthäus*, 199; S. LEGASSE, *Jésus*, 141; A. SAND, *Das Evangelium*, 252; D. VERSEPUT, *The Rejection*, 144; U. LUZ, *Das Evangelium*, II, 214. K. STOCK, *Jesus*, 95: «Jesus allein steht zu Gott im Sohnesverhältnis und hat die Aufgabe, Gott als den Vater zu offenbaren».

preghiera degli uomini, essa dipende del tutto dalla rivelazione di Dio, concessa a loro mediante Gesù, il Figlio di Dio. Gesù così svolge il ruolo d'intermediario che rende possibile la preghiera degli uomini. La loro preghiera si realizza per mezzo di Gesù, Egli esercita un ruolo di mediatore che abilita gli uomini a pregare[43].

L'insegnamento di Gesù sulla preghiera mostra similmente che Egli vuole trasmettere agli uomini un nuovo rapporto con Dio, Gesù insegna alla gente a rivolgersi a Dio nella preghiera chiamandolo πάτερ ἡμῶν (6,9). Gli uomini sono invitati da Gesù ad un dialogo filiale con Dio durante la preghiera. Essi non si trovano davanti a Dio, sovrano inaccessibile, ma davanti a un Padre, che è benevolo, accondiscendente, misericordioso e che si prende cura con amore di quelli che lo accolgono, credono in lui e confidano in lui (5,45; 6,8.26.32; 7,7-11; 17,20).

Il rapporto filiale degli uomini con Dio, comunque, non si può paragonare al rapporto tra Gesù e Dio, come palesa tutta la narrazione del vangelo. Quando infatti Gesù si rivolge alle folle ed ai suoi discepoli, Egli fa sempre distinzione tra «Padre mio»[44] e «Padre vostro»[45]. Gesù non dice mai «Padre nostro», identificandosi con gli uomini in una comune relazione con Dio[46]. La distinzione del rapporto filiale di Gesù col Padre e del rapporto filiale degli uomini col Padre risulta chiara dalla narrazione del primo vangelo. Mentre Matteo presenta gli uomini nel loro rapporto verso Dio come i riceventi dei doni gratuiti del Padre (7,11), Gesù nel suo rapporto col Padre viene messo al suo fianco. Egli così occupa il posto che gli spetta presso suo Padre, come Lui stesso afferma: «Non chiunque mi dice: Signore, Signore; entrerà nel regno dei cieli, ma colui che fa la volontà del Padre mio che è nei cieli» (7,21). Questo fatto è confermato anche dal quarto vangelo dove Gesù risorto dice a Maria Maddalena: «Va' dai miei fratelli e di' loro: Io

---

[43] F. LENTZEN-DEIS, «Beten», 178: «Wenn der irdische Jesus "betet", tut er dies bereits als Mittler, der uns Gnade und Erhörung beim Vater erwirkt».

[44] Cf. Mt 7,21; 10,32.33; 11,27; 12,50; 16,17; 18,10.14.19; 20,23; 25,34; 26,39.42. 53; Lc 10,22; 22,29;24,49; Gv 5,17; 6,32; 6,40; 8,19/bis/.38.49.54; 10,18.29.37; 14,7. 20.21.23; 15,1.8.15.23.24; 20,17.

[45] Cf. Mt 5,16.45; 6,1.4.6/bis/.8.15.18/bis/; 7,11; 10,20; cf. 23,9; Mc 11,25; Lc 6,36; 12,30.32; Gv 8,42; 20,17.

[46] L'invocazione πάτερ ἡμῶν, nella preghiera «Padre nostro», non associa Gesù e gli uomini, ma soltanto questi ultimi tra loro, perché nell'introduzione alla preghiera Gesù sembra escludersi da questo rapporto mediante l'espressione προσεύχεσθε ὑμεῖς (6,9). All'opposto secondo H. FRANKEMÖLLE, *Jahwebund*, 162s, l'invocazione πάτερ ἡμῶν, della preghiera «Padre nostro», forma un rapporto di identificazione tra Gesù ed i suoi discepoli.

salgo al Padre mio e Padre vostro, Dio mio e Dio vostro» (Gv 20,17). Dai testi dei vangeli sembra essere chiaro, che gli evangelisti mettono in rilievo l'unicità della relazione di Gesù con Dio, il Padre, che è assolutamente singolare ed esclusiva (cf. Mt 11,27). Questo rapporto filiale, unico e perfetto, di Gesù con Dio supera immensamente la relazione filiale adottiva degli uomini con Dio (υἱοθεσία) che viene loro conferita (cf. Rm 8,15.23; Gal 4,5; Ef 1,5).

In sintesi, possiamo concludere che la sua preghiera ed il suo insegnamento palesano l'attività mediatrice di Gesù, il quale rivela agli uomini il vero volto di Dio, che è Padre. Il suo ruolo di mediatore ha origine nel fatto che Egli è «Emanuele» cioè «Dio con noi» (1,23) e che è presente in mezzo a loro (18,20) quando pregano. Nello stesso tempo Gesù promette anche ai discepoli la sua costante presenza e protezione fino alla fine dei tempi (28,20). La garanzia di tutto questo si fonda sulla singolarità della sua relazione con Dio che è suo Padre (11,27).

3.2 *Gesù che prega invita alla preghiera*

Il modo di pregare, che Gesù insegna ai suoi discepoli, ha origine nella sua preghiera. La sua preghiera diventa così la radice della preghiera dei discepoli, come diventa palese soprattutto nella preghiera nel Getsemani (26,36-46), dove, Gesù che prega invita i discepoli alla preghiera. Egli chiama i discepoli a vegliare con Lui (26,38.40b) ed a pregare (26,41a). L'appello di Gesù rivolto ai discepoli alla veglia è l'invito alla comunione con lui[47]. Vivere la comunione con Gesù in questo momento nel Getsemani significa che i discepoli vegliano e pregano con Lui. Essi sono allora invitati ad unirsi alla sua preghiera e pregare nel modo come Lui stesso prega[48]. Le qualità specifiche della

---

[47] Cf. B. WEISS, *Das Matthäus – Evangelium*, 459; M.-J. LAGRANGE, *Évangile selon Saint Matthieu*, 500; P. GAECHTER, *Das Matthäus – Evangelium*, 864; T. LESCOW, «Jesus», 154; E. KLOSTERMANN, *Das Matthäusevangelium*, 211; E. SCHWEIZER, *Das Evangelium nach Matthäus*, 322; H. FRANKEMÖLLE, *Jahwebund*, 40-42; M. DIBELIUS, «Gethsemane», 77; V. TAYLOR, *The Gospel*, 553; D.P. SENIOR, *The Passion of Jesus*, 78; W. GRUNDMANN, *Das Evangelium nach Matthäus*, 539; J. GNILKA, *Das Matthäusevangelium*, II, 411; L. MORRIS, *The Gospel*, 668.

[48] R. SCHNACKENBURG, *Matthäusevangelium*, II, 264: «Die verschiedene Gestaltung zeigt, daß man die geschichtlich überlieferte Todesangst Jesu im Hinblick auf die Person des "Menschensohnes" (vgl. 26,45) in einer Weise darstellen wollte, daß sein anhaltendes Gebet zum Vater auch für Gemeinde in ihrer Not und Versuchung (26,41) lehrreich und vorbildlich wurde». Cf. R. FABRIS, *Matteo*, 533.

preghiera di Gesù nel Getsemani manifestano così quali caratteristiche deve avere la preghiera dei discepoli a cui Egli li invita.

La prima caratteristica della sua preghiera è evidenziata dal carattere dell'ambiente nel quale Gesù prega. Gesù si apparta da tutti (26,39a.42a.44) per poter pregare, Egli incontra il Padre nella solitudine. La narrazione del primo vangelo presenta Gesù che prega in diverse circostanze. Gesù recita la preghiera ufficiale tanto davanti alla folla (14,19; 15,36) quanto davanti ai discepoli (19,13s; 26,26s). Quando Gesù invece vuole fare la sua preghiera personale e così pregare liberamente nell'intimità col Padre, Egli sceglie la completa solitudine come risulta dalla sua preghiera solitaria sul monte (14,22s) e dalla sua preghiera nel Getsemani (26,39a.42a.44). Gesù raccomanda questo atteggiamento durante la preghiera personale anche ai suoi discepoli, come evidenzia non soltanto il suo insegnamento sulla preghiera nel segreto (6,6), ma anche lo stesso invito a pregare nel Getsemani, dove Gesù si presenta come modello di tale preghiera. Egli rivolgendosi nella preghiera a Dio in solitudine, personifica la sua propria istruzione sulla preghiera nel segreto[49]. Questa preghiera viene messa da Matteo in netto contrasto con l'ipocrisia di quelli che pregavano di preferenza in luoghi pubblici, per essere visti e lodati dagli uomini (6,5). Gesù dunque esorta i discepoli alla segretezza ed alla riservatezza durante la preghiera. Essi devono pregare non per essere visti, ma per vivere in profondità il loro rapporto con Dio.

La seconda caratteristica della preghiera di Gesù nel Getsemani è espressa dalla formula ἔπεσεν ἐπὶ πρόσωπον αὐτοῦ[50], che descrive l'atteggiamento di Gesù durante la sua preghiera[51]. Gesù prostrandosi con la faccia a terra, in un atteggiamento di preghiera ed adorazione (26,39a), mostra il modo di riverenza con la quale bisogna incontrare Dio durante la preghiera. Non si tratta soltanto di un gesto d'umiltà, di un'espressione d'adorazione[52] e d'implorazione[53] a Dio, ma con questo atteggiamento Gesù manifesta la sua sottomissione alla volontà del Padre (26,39b.42b). La prostrazione per terra, che è espressione della riverenza verso l'epifania divina (17,6), deve appartenere ai connotati

---

[49] W.D. DAVIES – D.C. ALLISON, *A Critical*, II, 502.
[50] L'espressione ἐπὶ πρόσωπον αὐτοῦ rievoca il linguaggio dell'AT (ad es. Gn 17,3.17; Nm 14,5; 16,4).
[51] Cf. W. MICHAELIS, «πίπτω κτλ», 164.
[52] Cf. Gn 17,3.17; Gs 5,14; Ez 3,23.
[53] Cf. Nm 16,22; Gs 7,6; 1Cr 21,16; Gdt 9,1; Ez 9,8; 11,13.

principali della preghiera dei discepoli, che è infatti un incontro con Dio.

La terza caratteristica della preghiera di Gesù nel Getsemani è la perseveranza nel pregare, come palesa la sua preghiera ripetuta tre volte (26,44). Nel momento dell'angoscia (26,38) Gesù prega tre volte con fermezza ed invita i suoi discepoli a vigilare ed a pregare con Lui (26,41a). Egli così diventa di nuovo per i discepoli l'esempio eminente da imitare. La sua preghiera ripetuta tre volte (cf. 26,44) esprime la vigilanza e l'assiduità nel pregare, qualità necessarie per non entrare in tentazione (26,41a). La richiesta della perseveranza e della costanza nella preghiera è motivata dal pericolo della tentazione (26,41a). Per essere preservati dalla tentazione (πειρασμός), cioè dal travolgimento dell'insidia del male, i discepoli devono pregare con insistenza. Gesù nel Getsemani non soltanto invita, col suo esempio, alla preghiera assidua, ma essa fa parte anche del suo insegnamento. L'esigenza della preghiera assidua per la preservazione dal pericolo d'entrare in tentazione è ribadita chiaramente dalla preghiera del «Padre nostro», in cui appare la richiesta per la protezione dalla tentazione καὶ μὴ εἰσενέγκῃς ἡμᾶς εἰς πειρασμόν (6,13a). Gesù, insegnando l'efficacia della preghiera perseverante, con la triplice ripetizione della forma verbale imperativa: «chiedete», «cercate» e «bussate» (7,7s), accentua ed eleva l'urgenza di tale preghiera[54]. Egli, con questo imperativo, sottolinea che bisogna appigliarsi a tutte le vie per essere esauditi. L'efficacia della preghiera assidua non consiste soltanto nella fede e nello sforzo dell'uomo, ma soprattutto nella certezza dell'esaudimento della preghiera, da parte di Dio, nel quale si manifesta la sua bontà (7,9-11). Come la preghiera perseverante di Gesù era sempre orientata al compimento della volontà del Padre, anche la preghiera instancabile dei discepoli deve essere orientata alla ricerca della volontà di Dio (cf. 6,33).

Infine il contenuto centrale della preghiera di Gesù nel Getsemani, che è compimento e realizzazione della volontà del Padre (26,39b.42b), deve essere l'elemento essenziale della preghiera dei discepoli. Nella preghiera del Getsemani Gesù esprime la sua completa sottomissione alla volontà del Padre con la richiesta γενηθήτω τὸ θέλημά σου (26,42b). Questa formulazione corrisponde esattamente a quella sulla volontà divina nella preghiera del «Padre nostro» (6,10) che Gesù ha insegnato ai suoi discepoli. Egli, aderendo alla volontà ed all'agire del

---

[54] Cf. U. LUZ, *Das Evangelium*, I, 383.

Padre, durante la sua preghiera, diventa un esempio eminente del modo di pregare per i discepoli[55]. Essi non devono soltanto ripetere questa preghiera (γενηθήτω τὸ θέλημά σου), ma hanno l'obbligo di attuarla nella loro vita. I discepoli, seguendo Gesù, devono cercare di compiere sempre la volontà del Padre per poter conquistare un particolare vincolo di parentela con Gesù (12,50) ed entrare nel regno dei cieli (7,21).

In conclusione, si può dire che la preghiera nel Getsemani non solo rivela la perfetta obbedienza di Gesù al Padre, che ha origine nella sua filiale unione con Lui, ma essa manifesta anche le caratteristiche essenziali della vera preghiera che i discepoli devono imitare e mettere in pratica durante il loro incontro con Dio, nella preghiera.

---

[55] Cf. B. WEISS, *Das Matthäus – Evangelium*, 461; A. PLUMMER, *An Exegetical*, 370; W.C. ALLEN, *A Critical*, 280; M.-J. LAGRANGE, *Évangile selon Saint Matthieu*, 501; G. STRECKER, *Der Weg*, 183; T. LESCOW, «Jesus», 155-156; E. LOHMEYER – W. SCHMAUCH, *Das Evangelium*, 362; R.S. BARBOUR, «Getsemane», 238; E. KLOSTERMANN, *Das Matthäusevangelium*, 211; E. SCHWEIZER, *Das Evangelium nach Matthäus*, 323; D.P. SENIOR, *The Passion Narrative*, 112; J. SCHNIEWIND, *Das Evangelium*, 260; W. GRUNDMANN, *Das Evangelium nach Matthäus*, 540; J.P. MEIER, *The Vision*, 188; J. GNILKA, *Das Matthäusevangelium*, II, 413; D.A. HAGNER, *Matthew 14-28*, 784; G. STRECKER, *Theologie*, 408. H. FRANKEMÖLLE, *Matthäus*, II, 455 interpreta bene l'episodio della preghiera di Gesù nel Getsemani affermando che Gesù viene lì presentato come «der exemplarische Beter».

SIGLE E ABBREVIAZIONI

ABD	*Anchor Bible Dictionary*
al.	*alii* (cioè altri)
AMNSU	Arbeiten und Mitteilungen aus dem neutestamentlichen Seminar zu Uppsala
AnBib	Analecta Biblica
AncB	Anchor Bible
Anm.	Anamnesis *(cioè* nota*)*
AThANT	Abhandlungen zur Theologie des Alten und Neuen Testament
BEThL	Bibliotheca Ephemeridum Theologicarum Lovaniensium
BFChTh	Beiträge zur Förderung christlicher Theologie
Bib.	*Biblica*
BNTC	Black's New Testament Commentaries
BTB	*Biblical Theology Bulletin*
BZ	*Biblische Zeitschrift*
BZNW	Beihefte zur Zeitschrift für die neutestamentliche Wissenschaft
CBQ	*Catholic Biblical Quarterly*
cf.	confrontare
CNEB	Cambridge Bible Commentary on the New English Bible
CSS	Cursus Scripturae Sacrae
CThM	Calwer theologische Monographien
EBNT	Echter Bibel – Neues Testament
ed.	editore
EdF	Erträge der Forschung
es.	esempio, esemp*i*
ET	*Expository Times*
EtB	Études bibliques
etc.	et caetera *(o:* et cetera*)*
EThL	*Ephemerides theologicae Lovanienses*
EThSt	Erfurter theologische Studien

ETR	*Études théologiques et religieuses*
EvTh	*Evangelische Theologie*
EWNT	*Exegetisches Wörterbuch zum Neuen Testament*, I-III, ed. H. Balz – G. Schneider, Stuttgart – Berlin – Köln – Mainz 1980-1983.
Exp.	*Expositor*
FRLANT	Forschungen zur Religion und Literatur des Alten und Neuen Testaments
Fs.	Festschrift
FV	*Foi et Vie*
fzb	Forschung zur Bibel
FZPhTh	*Freiburger Zeitschrift für Philosophie und Theologie*
GSL.NT	Geistliche Schriftlesung. Erläuterungen zum Neuen Testament für die Geistliche Lesung
GuL	*Geist und Leben*
HAT	Handbuch zum Alten Testament
HC	Hand-Commentar zum Neuen Testament
HNT	Handbuch zum Neuen Testament
HThK	Herder's theologischer Kommentar zum Neuen Testament
HThK.S	Herder's theologischer Kommentar zum Neuen Testament – Supplementband
HThR	*Harvard Theological Review*
IBSt	*Irish Biblical Studies*
ICC	International Critical Commentary
ID.	IDEM (*cioè* «lo stesso»)
JBL	*Journal of Biblical Literature*
JSNT	*Journal for the Study of the New Testament*
JSNT.S	Journal for the Study of the New Testament, Supplement Series
JthS	*Journal of Theological Studies*
KAT	Kommentar zum Alten Testament
KEK	Kritisch-exegetischer Kommentar über das Neue Testament
KNT	Kommentar zum Neuen Testament
KuD	*Kerygma und Dogma*
LeDiv	Lectio Divina
LV(L)	*Lumiere et vie*
LXX	I Settanta
MSSNTS	Monograph series. Society for New Testament Studies
NCeB	New Century Bible
NEBNT	Neue Echter Bibel – Neues Testament

Neotest.	*Neotestamentica*
NRTh	*La nouvelle revue théologique*
NT	*Novum Testamentum*
NT.S	Novum Testamentum – Supplements
NTA	Neutestamentliche Abhandlungen
NTD	Das Neue Testament Deutsch
NTS	*New Testament Studies*
PEQ	Palestine Exploration Quarterly
Ph.	*Philologus*
Proph.	Prophezei
PUG	Pontificia Università Gregoriana
QD	Quaestiones disputatae
RAC	*Reallexikon für Antike und Christentum*, ed. T. Klauser, Stuttgart 1950-.
RB	*Revue biblique*
RdQ	*Revue de Qumran*
RechBib	Recherches bibliques
REJ	*Revue des études juives*
RivBib	*Rivista biblica*
RNT	Regensburger Neues Testament
SBS	Stuttgarter Bibelstudien
ScEs	*Science et esprit*
ser.	serie
SIJB	Schriften des Institutum Judaicum in Berlin
SJLA	Studies in Judaism in Late Antiquity
ST	*Studia theologica*
StANT	Studien zum Alten und Neuen Testament
StEv	*Studia Evangelica*
Str-B	H.L. STRACK – P. BILLERBECK, *Kommentar zum Neuen Testament aus Talmud und Midrasch*, I-V, München 1922-1955.
StUNT	Studien zur Umwelt des Neuen Testaments
THAT	*Theologisches Handwörterbuch zum Alten Testament*, I-II, ed. E. Jenni – C. Westermann, München – Zürich 1971, 1976.
ThGl	*Theologie und Glaube*
ThHK	Theologischer Handkommentar zum Neuen Testament
ThLZ	*Theologische Literaturzeitung*
Thom.	*Thomist*
ThR	*Theologische Rundschau*
ThWAT	*Theologisches Wörterbuch zum Alten Testament*, I-VIII, ed.

	G.J. Botterweck – H. Ringgren – *al.*, Stuttgart – Berlin – Köln – Mainz 1970-1995.
ThWNT	*Theologisches Wörterbuch zum Neuen Testament*, I-X/2, ed. G. Kittel – G. Friedrich, Stuttgart – Berlin – Köln 1933-1979.
ThZ	*Theologische Zeitschrift*
TTZ	*Trierer Theologische Zeitschrift – Pastor Bonus*
TU	*Texte und Untersuchungen zur Geschichte der altchristlichen Literatur*
TynB	*Tyndale Bulletin*
WBC	Word Biblical Commentary
WMANT	Wissenschaftliche Monographien zum Alten und Neuen Testament
WUNT	Wissenschaftliche Untersuchungen zum Neuen Testament
ZAW	*Zeitschrift für die alttestamentliche Wissenschaft*
ZBK	Zürcher Bibelkommentar
ZKT	*Zeitschrift für katholische Theologie*
ZNW	*Zeitschrift für die neutestamentliche Wissenschaft und die Kunde der älteren Kirche*
ZTK	*Zeitschrift für Theologie und Kirche*

BIBLIOGRAFIA

ALBRIGHT, W.F. – MANN, C.S., *Matthew. Introduction, Translation, and Notes*, AncB 26, Garden City NY, 1971.
ALLEN, W.C., *A Critical and Exegetical Commentary on the Gospel according to St. Matthew*, ICC, Edinburgh 1912.
ALT, A., *Kleine Schriften zur Geschichte des Volkes Israel II*, München 1953.
ARANDA PÉREZ, G. – GARCÍA MARTÍNEZ, F. – PÉREZ FERNÁNDEZ, M., ed., *Literatura judía intertestamentaria*, Estella 1996.
ARGYLE, A.W., *The Gospel according to Matthew*, CNEB, Cambridge 1963.
ARVEDSON, T., *Mysterium Christi. Eine Studie zu Mt 11,25-30*, AMNSU 7, Leipzig – Uppsala 1937.
ASHTON, J., «Abba», *ABD* I, 7-8.
AUDET, J.-P., «Esquisse historique du genre littéraire de la "bénédiction" juive et de "l'eucharistie" chrétienne», *RB* 65 (1958) 371-399.
AYO, N., *The Lord's Prayer. A Survey Theological and Literary*, London 1992.
BAHR, G.J., «The Seder of Passover and the Eucharistic Words», *NT* 12 (1970) 181-202.
BALZ, H., «βαρέω», *EWNT* I, 475.
———, «βοάω», *EWNT* I, 536.
———, «ἐπιτίθημι», *EWNT* II, 106.
———, «λύπη», *EWNT* II, 895-899.
———, «μικρόν», *EWNT* II, 1050.
———, «ὀψία», *EWNT* II, 1356.
———, «προέρχομαι», *EWNT* III, 372-373.
———, «προσεύχομαι», *EWNT* III, 396-409.

BARBOUR, R.S., «Gethsemane in the Tradition of the Passion», *NTS* 16 (1969-1970) 231-251.

BARR, J., «Abba Isn't Daddy», *JThS* 39 (1988) 28-47.

BARTH, G., *Der Tod Jesu Christi im Verständnis des Neuen Testaments*, Neukirchen – Vluyn 1992.

BARTSCH, H.-W., «ἴδιος», *EWNT* II, 420-423.

BAUER, D.R., *The Structure of Matthew's Gospel. A Study in Literary Design*, JSNT.S 31, Sheffield 1988.

BAUER, W., *Griechisch-deutsches Wörterbuch zu den Schriften des Neuen Testaments und der frühchristlichen Literatur*, Berlin – New York 1988⁶.

BAUERNFEIND, O., «ἀναπαύω κτλ», *ThWNT* I, 352-353.

BEARE, F.W., *The Gospel according to Matthew. A Commentary*, Oxford 1981.

BEHM, J., «ἄρτος», *ThWNT* I, 475-476.

BERTRAM, G., «νήπιος κτλ», *ThWNT* IV, 913-925.

BEST, E., «Mark 10,13-16: The Child as Model Recipient», in *Biblical Studies*, Fs. W. Barclay, Philadelphia 1976, 119-134.

BETZ, H.D., «The Logion of the Easy Yoke and of Rest (Mt 11,28-30)», *JBL* 86 (1967) 10-24;

BETZ, O., «φωνή», *ThWNT* IX, 272-302.

BEYER, H.W., «εὐλογέω κτλ», *ThWNT* II, 751-763.

BEYER, K., *Semitische Syntax im Neuen Testament* I, StUNT 1, Göttingen 1962.

BIENECK, J., *Sohn Gottes als Christusbezeichnung der Synoptiker*, Zürich 1951.

BLACK, M., «The Cup Metaphor in Mark XIV.36», *ET* 59 (1947-1948) 195.

———, *An Aramaic Approach to the Gospels and Acts*, Oxford 1979³.

BLASS, F. – DEBRUNNER, A. – REHKOPF, F., *Grammatik des neutestamentlichen Griechisch*, Göttingen 1990¹⁷.

BLINZLER, J., *Der Prozeß Jesu*, Regensburg 1969⁴.

BOMAN, T., «Das letzte Wort Jesu», *ST* 17 (1963) 103-119.

———, «Der Gebetskampf Jesu», *NTS* 10 (1963-1964) 261-273.

BONNARD, P., *L'Évangile selon saint Matthieu*, CNT 1, Neuchâtel 1970².

BONSIRVEN, J., *Textes Rabbiniques*, Roma 1955.

BORNKAMM, G. – BARTH, G. – HELD, H.J., ed., *Überlieferung und Auslegung im Matthäus-Evangelium*, WMANT 1, Neukirchen – Vluyn 1965⁴.

BORNKAMM, G., «σείω κτλ», *ThWNT* VII, 195-199.

BOTTERWECK, G.J., «ירש», *ThWAT* III, 486-512.

BOUSSET, W., *Kyrios Christos. Geschichte des Christusglaubens von den Anfängen des Christentums bis Irenaeus*, FRLANT 21, Göttingen 1913.

BRAUMANN, G., «Mit euch, Matth. 26,29», *ThZ* 21 (1965) 161-169.

BROWN, R.E., *New Testament Essays*, Milwaukee 1965.

―――, *The Death of the Messiah. From Gethsemane to the Grave. A Commentary on the Passion Narratives in the Four Gospels*, I-II, New York 1994.

―――, *An Introduction to the New Testament*, New York 1997.

BULLINGER, E.W., *Figures of Speech Used in the Bible*, Grand Rapids 1997.

BULTMANN, R., «γινώσκω κτλ», *ThWNT* I, 688-719.

―――, «λύπη κτλ», *ThWNT* IV, 314-325.

―――, *Die Geschichte der synoptischen Tradition*, Göttingen 1967[7].

BURKILL, T.A., «Mark's Philosophy of the Passion», *NT* 2 (1958) 243-271.

BUSE, I., «The Gospel Accounts of the Feeding of the Multitudes», *ET* 74 (1963) 167-170.

BÜCHSEL, H., «δίδωμι κτλ», *ThWNT* II, 168-175.

van CANGH, J.-M., *La multiplication des pains et l'eucharistie*, LeDiv 86, Paris 1975.

CARLISLE, C.R., «Jesus' Walking on the Water: A Note on Matthew 14.22-33», *NTS* 31 (1985) 151-155.

CARMIGNAC, J., «"Fais que nous n'entrions pas dans la tentation". La portée d'une négation devant un verbe au causatif», *RB* 72 (1965) 216-226.

CASEY, M., «Method in our Madness, and Madness in their Methods. Some Approaches to the Son of Man Problem in Recent Scholarship», *JSNT* 42 (1991) 17-43.

CERFAUX, L., «La section des pains (Mc 6,31-8,26; Mt 14,13-16,12)», in *Synoptische Studien*, Fs. A. Wilkenhauser, München 1953, 64-77.

―――, «Le sources scripturaires de Mt 11,25-30», *EThL* 30 (1954) 740-746; 31 (1955) 331-342.

―――, «L'évangile de Jean et "le logion johannique" des synoptiques», in *L'évangile de Jean. Etudes et Probèmes*, ed. M.E. Boismard – al., RechBib 3, Paris 1958, 147-159.

COGGAN, D., *The Prayers of the New Testament*, London 1967.

COHN-SHERBOK, D., «A Jewish Note on ΤΟ ΠΟΤΗΡΙΟΝ ΤΗΣ ΕΥΛΟΓΙΑΣ», *NTS* 27 (1981) 704-709.

———, «Jesus' Cry on the Cross: An Alternative View», *ET* 93 (1981-1982) 215-217.

COMBRINK, H.J.B., «The Structure of the Gospel of Matthew as Narrative», *TynB* 34 (1983) 61-90.

CONZELMANN, H., «συνίημι κτλ», *ThWNT* VII, 886-894.

———, «εὐχαριστέω κτλ», *ThWNT* IX, 397-405.

COPPENS, J., *L'imposition des mains et les rites connexes dans le Nouveau Testament et dans l'église ancienne*, Paris 1925.

CRANFIELD, C.E.B., «The Cup Metaphor in Mark XIV. 36 and Parallels», *ET* 59 (1947-1948) 137-138.

CRUMP, D., *Jesus the Intercessor. Prayer and Christology in Luke-Acts*, WUNT 2/49, Tübingen 1992.

CULLMANN, O., *Die Tauflehre des Neuen Testaments. Erwachsenen- und Kindertaufe*, AThANT 12, Zürich 1948.

———, *Das Gebet im Neuen Testament. Zugleich Versuch einer vom Neuen Testament aus zu erteilenden Antwort auf heutige Fragen*, Tübingen 1994.

DAHL, N.A., «Die Passionsgeschichte bei Matthäus», *NTS* 2 (1955-1956) 17-32.

DALMAN, G., *Die Worte Jesu. Mit Berücksichtigung des nachkanonischen jüdischen Schrifttums und der aramäischen Sprache. Band I: Einleitung und wichtige Begriffe*, Leipzig 1898.

———, *Jesus-Jeschua. Die Drei Sprachen Jesu in der Synagoge, auf dem Berge, beim Passahmahl, am Kreuz*, Leipzig 1922.

———, *Orte und Wege Jesu*, Gütersloh 1924.

———, *Arbeit und Sitte in Palästina*, I/2, Gütersloh 1928.

D'ANGELO, M.R., «"Abba" and "Father": Imperial Theology and the Jesus Traditions», *JBL* 111 (1992) 611-630.

DAUBE, D., *The New Testament and Rabbinic Judaism*, Salem 1984.

———, «Death as Release in the Bible», *NT* 5 (1962) 82-104.

DAUTZENBERG, G., *Sein Leben bewahren. Ψυχή in den Herrenworten der Evangelien*, StANT 14, München 1966.

DAVIES, W.D., «Paul and the Dead Sea Scrolls: Flesh and Spirit», in *The Scrolls and the New Testament*, ed. K. Stendahl – J.H. Charlesworth, New York 1957, 157-182.

DAVIES, W.D. – ALLISON, D.C., *A Critical and Exegetical Commentary on the Gospel according to Saint Matthew*, I-III, ICC, Edinburgh 1988, 1991, 1997.

DAVIES, W.H., «"Knowledge" in the Dead Sea Scrolls and Matthew 11,25-30», *HThR* 44 (1953) 113-139.

DEISSLER, A., «"Mein Gott, warum hast du mich verlassen...!" (Ps 22,2)», in *«Ich will euer Gott werden». Beispiele biblischen Redens von Gott*, ed. H. Merklein – E. Zenger, SBS 100, Stuttgart 1981, 97-121.

DELLING, G., «ὥρα κτλ», *ThWNT* IX, 675-681.

DENIS, A.-M., «La marche de Jésus sur les eaux», in *De Jésus aux Évangiles. Tradition et Rédaction dans les Évangiles synoptiques*, ed. I. de la Potterie, BEThL 25, Gembloux 1967, 233-247.

DERRETT, J.D.M., «Why Jesus Blessed the Children (Mk 10,13-16 par.)», *NT* 25 (1983) 1-18.

DEUTSCH, C., *Hidden Wisdom and Easy Yoke. Wisdom, Torah and Discipleship in Matthew 11,25-30*, JSNT.S 18, Sheffield 1987.

DIBELIUS, M., *Die Formgeschichte des Evangeliums*, Tübingen 1971[6].

———, «Gethsemane», in *Redaktion und Theologie des Passionsberichtes nach den Synoptikern*, ed. M. Limbeck, Darmstadt 1981, 67-80.

DOCKX, S., «Le récit du repas pascal Marc 14,17-26», *Bib.* 46 (1965) 445-453.

DONAHUE, J.R., «Recent Studies on the Origin of "Son of Man" in the Gospels», *CBQ* 48 (1986) 484-498.

DONFRIED, K.P., «The Feeding Narratives and the Marcan Community», in *Kirche*, Fs. G. Bornkamm, Tübingen 1980, 95-104.

DORMEYER, D., «ἐγγίζω», *EWNT* I, 894-896.

DOYLE, B.R., «Matthew's Intention as Discerned by his Structure», *RB* 95 (1988) 34-53.

EDWARDS, R.A., «Matthew's Use of Q in Chapter Eleven», in *Logia. Les paroles de Jésus – The Sayings of Jesus*, Fs. J. Coppens, BEThL 59, Leuven 1982, 257-275.

EGGER, W., *Methodenlehre zum Neuen Testament. Einführung in linguistische und historisch-kritische Methoden*, Freiburg – Basel – Wien 1987.

EISSFELDT, O., «"Mein Gott" im Alten Testament», *ZAW* 61 (1945-1948) 3-16.

FABRIS, R., *Matteo. Traduzione e commento*, Roma 1982.

FELDKÄMPER, L., *Der betende Jesus als Heilsmittler nach Lukas*, Bonn 1978.

FELDMEIER, R., *Die Krisis des Gottessohnes. Die Gethsemaneerzählung als Schlüssel der Markuspassion*, WUNT 21, Tübingen 1987.

FENDRICH, H., «λοιπός», *EWNT* II, 889-890.

FENTON, J.C., *Saint Matthew*, London 1977.

FEUILLET, A., «Jésus et la Sagesse Divine d'après les Évangiles Synoptiques», *RB* 62 (1955) 161-196.

———, *L'agonie de Gethsémani. Enquête exégétique et théologique suivie d'une étude du «Mystère de Jésus» de Pascal*, Paris 1977.

FIEDLER, P., *Die Formel «und siehe» im Neuen Testament*, StANT 20, München 1969.

———, «ἁμαρτωλός», *EWNT* I, 157-165.

FILSON, F.V., *A Commentary on the Gospel according to St. Matthew*, BNTC, London 1960.

FINEGAN, J., *Die Überlieferung der Leidens- und Auferstehungsgeschichte*, BZNW 15, Gießen 1934.

FINKEL, A., «The Prayer of Jesus in Matthew», in *Standing before God. Studies on Prayer in Scriptures and in Tradition with Essays in honor of J.M. Oesterreicher*, ed. A. Finkel – L. Frizzell, New York 1981, 171-182.

FITZMYER, J.A., «Abba and Jesus' Relation to God», in *À cause de l'évangile*, Fs. J. Dupont, LeDiv 123, Paris 1985, 15-38.

FLORIS, E., «L'abandon de Jésus et la mort de Dieu», *ETR* 42 (1967) 277-298.

FOERSTER, W., «ὄρος», *ThWNT* V, 475-486.

FOHRER, G., «σοφία κτλ», *ThWNT* VII, 476-496.

FRANKENMÖLLE, H., *Jahwebund und Kirche Christi. Studien zur Form- und Traditionsgeschichte des «Evangeliums» nach Matthäus*, NTA 10, Münster 1974.

———, *Matthäus. Kommentar*, I-II, Düsseldorf 1994, 1997.

FRENDRICH, H., «κράζω», *EWNT* II, 774-776.

FRIEDRICH, G., «Messianische Hohepriesterwartung in den Synoptikern», *ZTK* 53 (1956) 265-311.

———, «Die beiden Erzählungen von der Speisung in Mark 6,31-44; 8,1-9)», *ThZ* 20 (1964) 10-22.

GAECHTER, P., *Das Matthäus – Evangelium*, Innsbruck 1963.

GALIZZI, M., *Gesù nel Getsemani (Mc 14,32-42; Mt 26,36-46; Lc 22,39-46)*, Roma 1972.

GARDNER, R.B., *Matthew*, Scottdale PA, 1991.

GARLAND, D.E., *Reading Matthew. A Literary and Theological Commentary on the First Gospel*, New York 1993.

GEORGE, A., *Études sur l'œuvre de Luc*, Paris 1978.

GERHARDSSON, B., «Jésus livré et abandonné. D'après la passion selon saint Matthieu», *RB* 76 (1969) 206-227.

GERLEMAN, G., «שׁלם», *THAT* II, 919-935.

———, «נסה», *THAT* II, 69-71.

GESE, H., «Psalm 22 und das Neue Testament», *ZTK* 65 (1968) 1-22.

GIESEN, H., «ταπεινός», *EWNT* III, 798-799.

———, «ὥρα», *EWNT* III, 1211-1214.

GNILKA, J., «"Mein Gott, mein Gott, warum hast du mich verlassen?" (Mk 15,34 Par.)», *BZ* 3 (1959) 294-297.

———, «Die Erwartung des messianischen Hohenpriesters in den Schriften von Qumran und im Neuen Testament», *RdQ* 2 (1960) 395-426.

———, *Die Verstockung Israels. Isaias 6,9-10 in der Theologie der Synoptiker*, StANT 3, München 1961.

———, *Das Matthäusevangelium*, I-II, HThK I/1-2, Freiburg – Basel – Wien 1986, 1992².

———, *Das Evangelium nach Markus*, I-II, EKK II/1-2, Zürich – Neukirchen 1994⁴, 1989³.

GOPPELT, L., «πίνω κτλ», *ThWNT* VI, 135-160.

GRASSO, S., *Il vangelo di Matteo*, Roma 1995.

GREEN, H.B., «Structure of St Matthew's Gospel», *StEv* IV (=*TU* 102 [1968]) 47-59.

GRELOT, P., *Dieu le Père de Jésus Christ*, Paris 1994.

GRIMM, W., «Der Dank für die Offenbarung bei Jesus und Josephus. Parallelen zu Mt 11,25-27», *BZ* 17 (1973) 249-257.

GRUNDMANN, W., «κράζω κτλ», *ThWNT* III, 898-904.

———, «Die νήπιοι in der urchristlichen Paränese», *NTS* 5 (1958-1959) 188-205.

———, «Matth. 11,27 und die johanneischen "Der Vater – der Sohn" - Stellen», *NTS* 12 (1965-1966) 42-49.

———, «ταπεινός», *ThWNT* VIII, 1-27.

———, *Das Evangelium nach Matthäus*, ThHK 1, Berlin 1990⁷.

———, *Das Evangelium nach Markus*, ThHK 2, Berlin 1971⁵.

GSCHWIND, K., *Die Niederfahrt Christi in die Unterwelt*, NTA 2.3-5, Münster 1911.

GUILLAUME, A., «Mt. xxvii,46 in the Light of the Dead Sea Scroll of Isaiah», *PEQ* 83 (1951) 78-80.

GUNDRY, R.H., *The Use of the Old Testament in St. Matthew's Gospel with Special Reference to the Messianic Hope*, NT.S 18, Leiden 1967.

——, *Matthew. A Commentary on His Literary and Theological Art*, Grand Rapids MI, 1994².

GUNKEL, H., – BEGRICH, J., *Einleitung in die Psalmen. Die Gattungen der religiösen Lyrik Israels*, Göttingen 1985⁴.

HAGNER, D.A., *Matthew 1-13. Matthew 14-28*, WBC 33A, 33B, Dallas 1993, 1995.

HAHN, F., *Christologische Hoheitstitel. Ihre Geschichte im frühen Christentum*, FRLANT 83, Göttingen 1964².

——, «υἱός», *EWNT* III, 912-937.

——, «Kindersegnung und Kindertaufe im ältesten Christentum» in *Von Urchristentum zu Jesus*, Fs. J. Gnilka, Freiburg – Basel – Wien 1989, 497-507.

HAMMAN, A., *La Prière I. Le Nouveau Testament*, Paris – Tournai 1959.

HANSON, A.T., *The Wrath of the Lamb*, London 1957.

von HARNACK, A., *Sprüche und Reden Jesu. Beiträge zur Einleitung in das NT*, Leipzig 1907.

HARRIS, G., *Prayer in Luke-Acts* (Ph.D. dissertation), Vanderbilt University 1966.

HARRIS, J.R., «Traces of Targumism in the New Testament», *ET* 32 (1920-1921) 373-376.

HASENZAHL, W., «Die Gottverlassenheit des Christus», *BFChTh* 39/1 (1937) 7-148.

HASE, K., *Die Geschichte Jesu*, Leipzig 1876.

HAUCK, F., «κόπος κτλ», *ThWNT* III, 827-829.

HAUCK, F. – SCHULZ, S., «πραΰς κτλ», *ThWNT* VI, 645-651.

HAUFE, G., «Das Kind im Neuen Testament», *ThLZ* 104 (1979) 626-638.

HEIDLAND, H.W., «ὄξος», *ThWNT* V, 288-289.

HEIL, J.P., *Jesus Walking on the Sea. Meaning and Gospel Functions of Matt 14,22-33, Mark 6,45-52 and John 6,15b-21*, AnBib 87, Rome 1981.

——, *The Death and Resurrection of Jesus. A Narrative-Critical Reading of Matthew 26-28*, Minneapolis 1991.

HEISING, A., *Die Botschaft der Brotvermehrung*, SBS 15, Stuttgart 1966.

HELFMEYER, F.J., «נָסָה», *ThWAT* V, 473-487.

HENDRIKSEN, W., *The Gospel of Matthew*, Edinburgh 1973.

HÉRING, J., «Zwei exegetische Probleme in der Perikope von Jesus in Gethsemane (Mk 14,32-42; Mt 26,36-46; Luk 22,40-46)», in *Neotestamentica et Patristica*, Fs. O. Cullmann, Leiden 1962, 64-69.

HERRMANN, J., «εὔχομαι κτλ», *ThWNT* II, 782-799.

HIGGINS, A.J.B., *The Lord's Supper in the New Testament*, London 1954.

HILL, D., «Son and Servant: An Essay on Matthean Christology», *JSNT* 6 (1980) 2-16.

———, *The Gospel of Matthew*, NCeB, London 1981.

———, «Matthew 27,51-53 in the Theology of the Evangelist», *IBSt* 7 (1985) 76-87.

HOFFMANN, P., *Studien zur Theologie der Logienquelle*, NTA 8, Münster 1972.

HOFIUS, O., «καταπέτασμα», *EWNT* II, 656-657.

HOLLERAN, J.W., *The Synoptic Gethsemane. A Critical Study*, Roma 1973.

HOLTZ, T., «ἀποκαλύπτω», *EWNT* I, 312-317.

HOLTZMANN, H.J., *Die Synoptiker*, HC I/1, Tübingen – Leipzig 1901[3].

HOLTZMANN, O., «Die täglichen Gebetsstunden im Judentum und Urchristentum», *ZNW* 12 (1911) 90-107.

HUNTER, A.M., «Crux criticorum – Mt 11,25-30 – A Re-appraisal», *NTS* 8 (1961-1962) 241-249.

HUSER, T., «Les récits de l'institution de la Cène. Dissemblances et traditions», *Hokhma* 21 (1982) 28-50.

HUTTON, W.R., «The Kingdom of God has Come», *ET* 64 (1952-1953) 89-91.

CHRIST, F., *Jesus Sophia. Die Sophia-Christologie bei den Synoptikern*, AThANT 57, Zürich 1970.

van IERSEL, B.M.F., *«Der Sohn» in den synoptischen Jesusworten*, NT.S 3, Leiden 1961.

———, «Die wunderbare Speisung und das Abendmahl in der synoptischen Tradition (Mk 6,35-44 par.; 8,1-10)», *NT* 7 (1964) 167-194.

INGELAERE, J.C., «Structure de Matthieu et histoire de salut», *FV* 78 (1979) 10-33.

INNITZER, T., *Kommentar zur Leidens- und Verklärungsgeschichte*, Wien 1948[4].

JANNARIS, A.N., «Misreadings and Misrenderings in the New Testament», *Exp.* 5th ser., 8 (1898) 422-432;

JEREMIAS, J., «Das Gebetsleben Jesu», *ZNW* 25 (1926) 133-140.

———, «Das Brotbrechen beim Passahmahl und Mc. 14,22 par.», *ZNW* 33 (1934) 203-204.

———, «'Ηλ(ε)ίας», *ThWNT* II, 930-943.

———, «Mc 10,13-16 Parr. und die Übung der Kindertaufe in der Urkirche», *ZNW* 40 (1941) 243-245.

———, «'Εν ἐκείνῃ τῇ ὥρα, (ἐν) αὐτῇ ὥρα», *ZNW* 42 (1949) 214-217.

———, *Die Abendmahlsworte Jesu*, Göttingen 1960³.

———, *Abba. Studien zur neutestamentlichen Theologie und Zeitgeschichte*, Göttingen 1966.

———, *Neutestamentliche Theologie, I, Die Verkündigung Jesu*, Gütersloh 1971.

JOÜON, P., «Respondit et dixit», *Bib.* 13 (1932) 309-314.

KEENER, C.S., *A Commentary on the Gospel of Matthew*, Grand Rapids, MI 1999.

KELBER, W.H., «Mark 14,32-42: Gethsemane. Passion Christology and Discipleship Failure», *ZNW* 63 (1972) 166-187.

KENNEALLY, W.J., «"Eli, Eli lamma sabacthani?" (MT. 27:46)», *CBQ* 8 (1946) 124-134.

KENNY, A., «The Transfiguration and the Agony in the Garden» *CBQ* 19 (1957) 444-452.

KERTELGE, K., *Die Wunder Jesu im Markusevangelium. Eine redaktionsgeschichtliche Untersuchung*, München 1970.

KINGSBURY, J.D., «The Structure of Matthew's Gospel and his Concept of Salvation-History», *CBQ* 35 (1973) 451-474.

———, *Matthew: Structure, Christology, Kingdom*, Philadelphia 1975.

———, «The verb ακολουθειν ("to follow") as an Index of Matthew's View of His Community», *JBL* 97 (1978) 56-73.

———, «The Figure of Jesus in Matthew's Story: A Literary-Critical Probe», *JSNT* 21 (1984) 3-36.

———, *Matthew as Story*, Philadelphia 1988².

KITTEL, G., «αββα», *ThWNT* I, 4-6.

———, «ἔρημος», *ThWNT* II, 654-657.

KLAUCK, H.-J., *Herrenmahl und hellenistischer Kult*, NTA 15, Münster 1982.

KLAUSER, T., «Becher», *RAC* II, 37-62.

KLEINE, H., «ὄρος», *EWNT* II, 1304-1307.

KLOSTERMANN, E., *Das Markusevangelium*, HNT 3, Tübingen 1936³.

KLOSTERMANN, E., *Das Matthäusevangelium*, HNT 4, Tübingen 1971⁴.

KNABENBAUER, J., *Commentarius in Evangelium secundum Matthaeum*, I-II, CSS III/1-2, Parisiis 1922³, 1922³.

KNACKSTEDT, J., «Die beiden Brotvermehrungen im Evangelium», *NTS* 10 (1964) 309-335.

KNOX, W.L., *Some Hellenistic Elements in Primitive Christianity*, London 1944.

KOPP, C., *Die heiligen Stätten der Evangelien*, Regensburg 1959.

KÖRTNER, U.H.J., «Das Fischmotiv im Speisungswunder», *ZNW* 75 (1984) 24-35.

KÖSTER, H., «σπλάγχνον κτλ», *ThWNT* VII, 548-559.

KRAUS, H-J., *Psalmen*, I, Neukirchen 1961².

KREMER, J., «πνεῦμα», *EWNT* III, 279-291.

KRETZER, A., «γῆ», *EWNT* I, 592-593.

KUHN, K.G., «Die Abendmahlsworte», *ThLZ* 75 (1950) 399-407.

———, «Πειρασμός – ἁμαρτία – σάρξ im Neuen Testament und die damit zusammenhängenden Vorstellungen», *ZTK* 49 (1952) 202.

———, «Jesus in Gethsemane», *EvTh* 12 (1952-1953) 260-285.

KÜNZEL, G., *Studien zum Gemeindeverständnis des Matthäus-Evangeliums*, CThM 10, Stuttgart 1978.

KUTSCHER, E., *The Language and Linguistic Background of the Isaiah Scroll (1Q Isaᵃ)*, Leiden 1964.

LABUSCHAGNE, C.J., «ענה», *THAT* II, 335-341.

LACAN, M.-F., «"Mon Dieu, mon Dieu, pourquoi?" (Matthieu, 27,46)», *LV(L)* 13 (1964) 33-53.

LAGRANGE, M.-J., *Évangile selon Saint Marc*, EtB, Paris 1920².

———, *Évangile selon Saint Matthieu*, EtB, Paris 1948⁸.

———, *Évangile selon Saint Luc*, EtB, Paris 1948⁸.

LAMBERT, G., «Mon joug est aisé et mon fardeau léger», *NRTh* 77 (1955) 963-969.

LANGE, J., *Das Erscheinen des Auferstandenen im Evangelium nach Matthäus. Eine traditions- und redaktions geschichtliche Untersuchung zu 28,16-20*, fzb 11, Würzburg 1973.

LEDOGAR, R.J., «Verbs of Praise in the LXX Translation of the Hebrew Canon», *Bib.* 48 (1967) 29-56.

LEGASSE, S., *Jésus et l'enfant. «Enfants», «petits» et «simples» dans la tradition synoptique*, Paris 1969.

LEGASSE, S., «εὐδοκέω», *EWNT* II, 187-189.

———, «κωλύω», *EWNT* II, 823-824.

———, «νήπιος», *EWNT* II, 1142-1143.

LEIVERSTAD, R., «ΤΑΠΕΙΝΟΣ - ΤΑΠΕΙΝΟΦΡΩΝ», *NT* 8 (1966) 36-47.

LENTZEN-DEIS, F., «Beten kraft des Gebetes Jesu», *GuL* 48 (1975) 164-178.

LÉON-DUFOUR, X., «Jésus à Gethsémani. Essai de lecture synchronique», *ScEs* 31 (1979) 251-268.

———, «Prenez! Ceci est mon corps pour vous», *NRTh* 104 (1982) 221-240.

———, «Jésus devant sa mort à la lumière des textes de l'Institution eucharistique et des discours d'adieu», in *Jésus aux origines de la christologie*, ed. J. Dupont, Leuven 1989, 141-168.

LEROY, H., *Zur Vergebung der Sünden. Die Botschaft der Evangelien*, SBS 73, Stuttgart 1974.

———, «ἀφίημι», *EWNT* I, 436-441.

LESCOW, T., «Jesus in Gethsemane», *EvTh* 26 (1966) 141-159;

LIDDELL, H.G. – SCOTT, R. – JONES, H.S., *A Greek-English Lexicon*, Oxford 1961[9].

LINNEMANN, E., «Gethsemane Mk. 14,32-42 / Mt. 26,36-46 / Lk. 22,40-46. Entstehung, Überlieferung und Bearbeitung der Perikope», in *Studien zur Passionsgeschichte*, FRLANT 102, Göttingen 1970, 11-40.

LIPINSKI, E., «נתן», *ThWAT* V, 693-712.

LOHMEYER, E., «Vom urchristlichen Abendmahl», *ThR* 9 (1937) 168-227.

———, *Das Evangelium des Markus*, KEK I/2, Göttingen 1967[17].

LOHMEYER, E. – SCHMAUCH, W., *Das Evangelium des Matthäus*, KEK, Göttingen 1967[4].

LÖVESTAM, E., *Spiritual Wakefulness in the New Testament*, Lund 1963.

LUCK, U., *Das Evangelium nach Matthäus*, ZBK, Zürich 1993.

LUZ, U., «Die Jünger im Matthäusevangelium», *ZNW* 62 (1971) 141-171.

———, *Das Evangelium nach Matthäus*, I-III, EKK I/1-3, Zürich – Neukirchen, 1992[3], 1990, 1997.

———, *Die Jesusgeschichte des Matthäus*, Neukirchen – Vluyn 1993.

LÜHRMANN, D., *Das Markusevangelium*, HNT 3, Tübingen 1987.

MAHER, M., «"Take My Yoke Upon You" (Mt. 11.29)», *NTS* 22 (1975-1976) 97-103.

MAHONEY, R., «εὐδοκία», *EWNT*, II, 189-191.

MAIER, G., *Matthäus – Evangelium*, II, Neuhausen – Stuttgart 1989.

MALINA, B.J., «The Literary Structure and Form of Matt. 28:16-20», *NTS* 17 (1970) 87-103.

MANSON, T.W., *The Sayings of Jesus*, London 1949.

MARCHEL, W., *Abba Père! Le prière du Christ et des chrétiens*, AnBib 19, Rome 1963.

MARTIN, F., «Literary Theory, Philosophy of History and Exegesis», *Thom.* 52 (1988) 575-604.

MASSAUX, E., *L'influence de l'Évangile de saint Matthieu sur la littérature chrétienne avant Saint Irénée*, Louvain 1950.

MASUDA, S., «The Good News of the Miracle of the Bread», *NTS* 28 (1982) 191-219.

MAYER, G., «כוס», *ThWAT* IV, 107-111.

McCAFFREY, U.P., «Psalm Quotations in the Passion Narratives of the Gospels», *Neotest.* 14 (1981) 73-89.

MCNEILE, A.H., «Τότε in St Matthew», *JTS* 12 (1910) 127-128.

———, *The Gospel According to St. Matthew. The Greek Text with Introduction, Notes and Indices*, London 1915.

MEIER, J.P., *The Vision of Matthew. Christ, Church, and Morality in the First Gospel*, New York 1991.

MERKLEIN, H., «Erwägungen zur Überlieferungsgeschichte der neutestamentlichen Abendmahlstraditionen», *BZ* 21 (1977) 88-101; 235-244.

———, *Jesu Botschaft von der Gottesherrschaft. Eine Skizze*, Stuttgart 1984[2].

MERTENS, H., *L'hymne de jubilation chez les Synoptiques*, Gembloux 1957, 19-33.

MEYER, H.A.W., *Kritisch Exegetisches Handbuch über das Evangelium des Matthäus*, KEK I/1, Göttingen 1858[4].

MEYNET, R., *L'Évangile selon Saint Luc. Analyse rhétorique. I. Planches. II. Commentaire*, Paris 1988.

———, *Jésus passe. Testament jugement, exécution et résurrection du Seigneur Jésus dans les évangiles synoptiques*, Roma – Paris 1999.

MICHAELIS, W., *Das Evangelium nach Matthäus. II. Teil: Kapitel 8-17*, Proph., Zürich 1949.

———, «πίπτω κτλ», *ThWNT* VI, 161-174.

MICHEL, O., «ὁμολογέω κτλ», *ThWNT* V, 199-220.

MONLOUBOU, L., *La prière selon saint Luc. Recherche d'une structure*, LeDiv 89, Paris 1976.

MONTEFIORE, C.G., *Synoptic Gospels*, I, London 1927[2].

MORISON, J., *A Practical Commentary on the Gospel According to St. Mathew*, London 1883.

MORRIS, L., *The Gospel according to Matthew*, Grand Rapids MI, 1992.

MOTTE, A.R., «La structure du logion de Matthieu XI, 28-30», *RB* 88 (1981) 226-233.

MULLOOR, A., *Jesus' Prayer of Praise. A Study of Mt 11:25-30 and Its Communicative Function in the First Gospel*, New Delhi 1996.

MÜLLER, H.-P., «מָצָא», *ThWAT* V, 20-25.

NEBE, G., «μανθάνω», *EWNT* II, 943-946.

NEIRYNCK, F., «La rédaction matthéene et la structure du premier Evangile», in *De Jésus aux Evangiles. Tradition et rédaction dans les Evangiles synoptiques*, ed. I. de la Potterie, BEThL 25, Gembloux – Paris 1967, 41-73.

———, «The Matthew – Luke Agreements in Mt 14,13-14 / Lk 9,10-11 (par. Mk 6,30-34)», *EThL* 60 (1984) 25-44.

———, «ΑΠΟ ΤΟΤΕ ΗΡΞΑΤΟ and the Structure of Matthew», *EThL* 64 (1988) 21-59.

NEUGEBAUER, F., «Die wunderbare Speisung (Mk 6,30-44 parr.) und Jesu Identität», *KuD* 32 (1986) 254-277.

NIELEN, J.M., *Gebet und Gottesdienst im Neuen Testament. Eine Studie zur biblischen Liturgie und Ethik*, Freiburg 1963².

NORDEN, E., *Agnostos Theos. Untersuchungen zur Formgeschichte religiöser Rede*, Leipzig 1913.

NÜTZEL, J.M., «γρηγορέω», *EWNT* I, 638-639.

O'CALLAGHAN, J., «Consideraciones críticas sobre Mt 15,35-36a», *Bib.* 67 (1986) 360-362.

OEPKE, A., «καλύπτω κτλ», *ThWNT* III, 558-597.

———, «κρύπτω κτλ», *ThWNT* III, 959-979, 987-999.

———, «παῖς κτλ», *ThWNT* V, 636-653.

OTT, W., *Gebet und Heil. Die Bedeutung der Gebetsparänese in der lukanischen Theologie*, StANT 12, München 1965.

PARRATT, J.K., «The Laying on of Hands in the New Testament. A Re-examination in the Light of the Hebrew Terminology», *ET* 80 (1969) 210-214.

PATSCH, H., «Abendmahlsterminologie außerhalb der Einsetzungsberichte», *ZNW* 62 (1971) 210-231.

———, *Abendmahl und Historischer Jesus*, Stuttgart 1972.

———, «εὐλογέω», *EWNT* II, 198-201.

PATSCH, H., «εὐχαριστέω», *EWNT* II, 219-221.

———, «ποτήριον», *EWNT* III, 339-341.

PATTE, D., *The Gospel according to Matthew. A Structural Commentary on Matthew's Faith*, Philadelphia 1987.

PERCY, E., *Die Botschaft Jesu. Eine traditionskritische und exegetische Untersuchung*, Lund 1953.

PESCH, R., *Das Markusevangelium*, I-II, HThK II/1-2, Freiburg – Basel – Wien 1976, 1977.

———, *Das Abendmahl und Jesu Todesverständnis*, QD 80, Freiburg – Basel – Wien 1978.

PÉTER, R., «L'imposition des mains dans l'Ancien Testament», *VT* 27 (1977) 48-55.

PLUMMER, A., *An Exegetical Commentary on the Gospel According to S. Matthew*, London 1909.

POBEE, J., «The Cry of the Centurion – A Cry of Defeat» in *The Trial of Jesus*, ed. E. Bammel, London 1970, 91-102.

POPKES, W., *Christus Traditus. Eine Untersuchung zum Begriff der Dahingabe im Neuen Testament*, AThANT 49, Zürich 1967.

———, «παραδίδωμι», *EWNT* III, 42-48.

———, «πειράζω», *EWNT* III, 151-158.

de la POTTERIE, I., «Le sens primitif de la multiplication des pains», in *Jésus aux origines de la christologie*, ed. J. Dupont, BEThL 40, Leuven 1989², 303-329.

———, *La preghiera di Gesù*, Roma 1989.

PROCKSCH, O., «ἅγιος κτλ», *ThWNT* I, 87-97, 101-116.

von RAD, G., *Der Heilige Krieg im alten Israel*, AThANT 20, Zürich 1951.

———, *Theologie des Alten Testaments*, I, München 1962⁴.

RANDELLINI, L., «L'inno di giubilo Mt 11,25-30; Lc 10,20-24», *RivBib* 22 (1974) 183-235.

READ, D.H.C., «The Cry of Dereliction», *ET* 68 (1956-1957) 260-262.

REHM, M., «Eli, Eli, lamma sabacthani», *BZ* 2 (1958) 275-278.

REICKE, B., «πᾶς κτλ», *ThWNT* V, 885-889, 890-895.

RENGSTORF, K.H., «ἁμαρτωλός κτλ», *ThWNT* I, 320-339.

———, «ζυγός κτλ», *ThWNT* II, 900-904.

———, «μανθάνω κτλ», *ThWNT* IV, 392-465.

RINGSHAUSEN, G., «Die Kinder der Weisheit. Zur Auslegung von Mk 10,13-16 par», *ZNW* 77 (1986) 34-63.

ROBINSON, J.M., «Die Hodajot-Formel in Gebet und Hymnus des Frühchristentums», in *Apophoreta*, Fs. E. Haenchen, BZNW 30, Berlin 1964, 194-235.

ROLLAND, P., «From the Genesis to the End of the World. The Plan of Matthew's Gospel», *BTB* 2 (1972) 155-176.

ROLOFF, J., *Das Kerygma und der irdische Jesus*, Göttingen 1970.

ROSSÉ, G., *Il grido di Gesù in croce. Una panoramica esegetica e teologica*, Roma 1984.

RUDOLPH, W., *Das Buch Ruth. Das Hohe Lied. Die Klagelieder*, KAT XVII.1-3, Gütersloh 1962.

SABOURIN, L., *L'évangile selon saint Matthieu et ses principaux parallèles*, Roma 1978.

SABUGAL, S., *Abbà... La oración del señor. Historia y exégesis teológica*, Madrid 1985.

SAHLIN, H., «Zum Verständnis von Drei Stellen des Markus-Evangeliums (Mk 4,26-29; 7,18f; 15,34)», *Bib.* 33 (1952) 53-66.

SAND, A., *Das Evangelium nach Matthäus*, RNT 1, Regensburg 1986.

———, *Das Matthäus-Evangelium*, EdF 275, Darmstadt 1991.

SASSE, H., «γῆ κτλ», *ThWNT* I, 676-680.

SAUER, J., «Der ursprüngliche "Sitz im Leben" von Mk 10,13-16», *ZNW* 72 (1981) 27-50.

SEESEMANN, H., «πεῖρα κτλ», *ThWNT* VI, 23-37.

SENIOR, D.P., *The Passion Narrative According to Matthew. A Redactional Study*, BEThL 39, Leuven 1975.

———, *The Passion of Jesus in the Gospel of Matthew*, Wilmington 1989.

———, *What are they saying about Matthew*, New York 1996.

SEYBOLD, K., *Die Psalmen*, HAT I/15, Tübingen 1996.

SICKENBERGER, J., *Leben Jesu nach den vier Evangelien*, VI, Münster 1931.

SIGAL, P., «Another Note to 1 Corinthians 10,16», *NTS* 29 (1983) 134-139.

SIMONSEN, D., «Le Psaume XXII et la Passion de Jésus», *REJ* 22 (1891) 283-285.

SCHELBERT, G., «Abba, Vater! Stand der Frage», *FZPhTh* 40 (1993) 257-281.

SCHELKLE, K.H., *Die Passion Jesu in der Verkündigung des Neuen Testaments*, Heidelberg 1949.

SCHENK, W., *Der Segen im Neuen Testament*, Berlin 1967.

———, «Γεθσημανί», *EWNT* I, 576-577.

———, «προσφέρω», *EWNT* III, 428-430.

SCHENK, W., *Die Sprache des Matthäus*, Göttingen 1987.
SCHENKE, L., *Die Wundererzählungen des Markusevangelium*, Stuttgart 1974.
SCHERMANN, T., «Εὐχαριστία und εὐχαριστεῖν in ihrem Bedeutungswandel bis 200 n. Chr.», *Ph.* 69 (1910) 375-410.
SCHLATTER, A., *Der Evangelist Matthäus*, Stuttgart 1963[6].
———, *Das Evangelium des Lukas aus seinen Quellen erklärt*, Stuttgart 1931.
SCHLOSSER, J., *Le Dieu de Jésus: Étude exégétique*, LeDiv 129, Paris 1987.
SCHMID, J., *Das Evangelium nach Matthäus*, RNT 1, Regensburg 1965[5].
———, *Das Evangelium nach Markus*, RNT 2, Regensburg 1950[2].
SCHNACKENBURG, R., *Matthäusevangelium 1,1-16,20. Matthäusevangelium 16,21-28,20*, NEBNT I/1, I/2, Würzburg 1985, 1987.
———, *Die Person Jesu Christi im Spiegel der vier Evangelien*, HThK.S 4, Freiburg – Basel – Wien 1994[2].
SCHNEIDER, C., «καταπέτασμα», *ThWNT* III, 630-632.
SCHNEIDER, G., «δεῦτε», *EWNT* I, 699.
———, «ἀδημονέω», *EWNT* I, 72.
———, «ἰδού», *EWNT* II, 424-425.
———, «ὄξος», *EWNT* II, 1278.
SCHNEIDER, J., «ἔρχομαι κτλ», *ThWNT* II, 662-682.
SCHNIEWIND, J., *Das Evangelium nach Matthäus*, NTD 2, Göttingen 1984[13].
SCHRAGE, W., «συναγωγή κτλ», *ThWNT* VII, 798-850.
SCHRENK, G., «βαρέω κτλ», *ThWNT* I, 551-559.
———, «βούλομαι κτλ», *ThWNT* I, 628-636.
———, «εὐδοκία κτλ», *ThWNT* II, 737-748.
———, «θέλω κτλ», *ThWNT* III, 43-63.
———, «πατήρ κτλ», *ThWNT* V, 946-959, 974-1024.
SCHRENK, W., «ζυγός», *EWNT* II, 258-259.
SCHULZ, S., *Die Stunde der Botschaft. Einführung in die Theologie der vier Evangelisten*, Hamburg 1967.
———, *Q Die Spruchquelle der Synoptiker*, Zürich 1972.
SCHUMACHER, H., *Die Selbstoffenbarung Jesu bei Mt 11,27 (Luc 10,22). Eine kritisch-exegetische Untersuchung*, Freiburg 1912.
SCHÜRER, E., *Geschichte des jüdischen Volkes im Zeitalter Jesu Christi*, II, Leipzig 1907[4].

SCHÜRMANN, H., *Der Paschamahlbericht Lc 22, (7-14) 15-18*, NTA 19/5, Münster 1953.

———, *Der Einsetzungsbericht Lc 22,19-20*, NTA 20/4, Münster 1955.

———, *Das Gebet des Herrn als Schlüssel zum Verstehen Jesu*, Leipzig 1990[7].

SCHÜTZEICHEL, H., «Der Todesschrei Jesu. Bemerkungen zu einer Theologie des Kreuzes», *TTZ* 83 (1974) 1-16.

SCHWEIZER, E., «πνεῦμα κτλ», *ThWNT* VI, 387-453.

———, «σάρξ κτλ», *ThWNT* VII, 98-104, 108-109, 118-151.

———, «υἱός κτλ» *ThWNT*, VIII, 364-395.

———, *Das Evangelium nach Markus*, NTD 1, Göttingen 1983[6].

———, *Das Evangelium nach Matthäus*, NTD 2, Götttingen 1973.

SMITH, B.D., «The More Original Form of the Words of Institution», *ZNW* 83 (1992) 166-186.

SMIT SIBINGA, J., «Matthew 14,22-33. Text and Composition», in *New Testament Textual Criticism: Its Significance for Exegesis*, Fs. B.M. Metzger, Oxford 1981, 15-33.

SÖDING, T., «Gebet und Gebetsmahnung Jesu in Getsemani. Eine redaktionskritische Auslegung von Mk 14,32-42», *BZ* 31 (1987) 76-100.

SOUNDERSON, B., «Gethsemane: The Missing Witness», *Bib.* 70 (1989) 224-233.

da SPINETOLI, O., *Matteo. Il vangelo della chiesa*, Assisi 1983[4].

STAAB, K., *Das Evangelium nach Matthäus*, EBNT 1, Würzburg 1951.

STANLEY, D.M., *Jesus in Gethsemane*, New York 1980.

STANTON, G.N., «Matthew 11,28-30: Comfortable Words?», *ET* 94 (1982-1983) 3-9.

STAUFFER, E., «βοάω», *ThWNT* I, 624-627.

———, *Jesus. Gestalt und Geschichte*, Bern 1957.

STENDAHL, K., *The School of St. Matthew and Its Use of the Old Testament*, Uppsala 1954.

STOCK, A., *The Method and Message of Matthew*, Collegeville, MI 1994.

STOCK, K., *Boten aus dem Mit-Ihm-Sein*, AnBib 70, Roma 1975.

———, «Das Bekenntnis des Centurio. Mk 15,39 im Rahmen des Markusevangelium», *ZKT* 100 (1978) 289-301.

———, *Jesus – Künder der Seligkeit. Betrachtungen zum Matthäus-Evangelium*, Innsbruck – Wien 1986.

———, *Discorso della montagna Mt. 5-7. Le beatitudini*, Roma 1997.

STOLZ, F., «נוּח», *THAT* II, 43-46.

STRACK, H.L., *Pesahim. Der Mišnatraktat Passafest mit Berücksichtigung des Neuen Testaments und der jetzigen Passafeier der Juden*, SIJB 40, Leipzig 1911.

STRATHMANN, H., «πόλις κτλ», *ThWNT* VI, 516-535.

STRECKER, G., *Der Weg der Gerechtigkeit. Untersuchung zur Theologie des Matthäus*, FRLANT 82, Göttingen 1962.

———, *Theologie des Neuen Testaments*, Berlin – New York 1996.

STUHLMACHER, P., «Das neutestamentliche Zeugnis vom Herrenmahl», *ZTK* 84 (1987) 1-35.

SURKAU, H.-W., *Martyrien in jüdischer und frühchristlicher Zeit*, FRLANT 36, Göttingen 1938.

SWETE H.B., *The Gospel according to St Mark. The Greek Text with Introduction Notes and Indices*, London 1908[2].

TAYLOR, V., *The Gospel according to St. Mark*, London 1984[2].

TEMPLE, S., «The Two Traditions of the Last Supper, Betrayal, and Arrest», *NTS* 7 (1960-1961) 77-85.

THEIßEN, G., *Urchristliche Wundergeschichten*, Gütersloh 1974.

THRALL, M.E., *Greek Particles in the New Testament. Linguistic and Exegetical Studies*, Leiden 1962.

van TILBORG, S., «A Form-Criticism of the Lord's Prayer», *NT* 14 (1972) 94-105.

TÖDT, H.E., *Der Menschensohn in der synoptischen Überlieferung*, Gütersloh 1959.

TRILLING, W., *Das Evangelium nach Matthäus*, I-II, GSL.NT I/1-2, Düsseldorf 1963[2], 1965.

———, *Das wahre Israel*, EThSt 7, Leipzig 1975[3].

TRITES, A.A., «The Prayer Motif in Luke-Acts», in *Perspectives on Luke-Acts*, ed. C.H. Talbert, Danville, VA 1978.

TURNER, C.H., «Marcan Usage: Notes, Critical and Exegetical, on the Second Gospel», *JThS* 26 (1925) 145-156; 225-240.

van UNNIK, W.C., «"Alles ist dir möglich" (Mk 14,36)», in *Verborum Veritas*, Fs. G. Stählin, Wuppertal 1970, 27-36.

VANHOYE, A., «Structure et théologie des récits de la Passion dans les évangiles synoptiques», *NRTh* 89 (1967) 135-163.

VARGAS-MACHUCA, A., «(Καὶ) ἰδού en el estilo narrativo de Mateo», *Bib.* 50 (1969) 233-246.

VERSEPUT, D., *The Rejection of the Humble Messianic King. A Study of the Composition of Matthew 11-12*, Frankfurt am Main – Bern – New York 1986.

———, «The Role and Meaning of the "Son of God" Title in Matthew's Gospel», *NTS* 33 (1987) 532-556.

VIDOVIC, M., *Preghiera nel vangelo di Marco. Relazione con Dio e missione fra gli uomini*, PUG, Roma 1994 (pubblicato estratto).

VIVIANO, B.T., *Study as Worship. Aboth and the New Testament*, SJLA 26, Leiden 1978.

WAHL, C.A., *Clavis librorum Veteris Testamenti apocryphorum philologica. Indicem verborum in libris pseudepigraphis usurpatorum*, Graz 1972.

WALTER, N., «σπλαγχνίζομαι», *EWNT* III, 633-634.

WEIPPERT, H., «Jahwekrieg und Bundesfluch in Jer 21,1-7», *ZAW* 82 (1970) 396-409.

WEISER, A., *Die Psalmen*, Göttingen – Zürich 1987[10].

———, *Theologie des Neuen Testaments, II: Die Theologie der Evangelien*, Stuttgart – Berlin – Köln, 1993

WEISS, B., *Das Matthäus – Evangelium*, KEK I/1, Göttingen 1898[3].

WEISS, J., «Das Logion Mt 11,25-30» in *Neutestamentliche Studien für G. Heinrici*, Leipzig 1914, 120-129.

WEIß, K., «προσφέρω κτλ», *ThWNT* IX, 57-89.

WELLHAUSEN, J., *Das Evangelium Matthaei*, Berlin 1904.

———, *Das Evangelium Marci*, Berlin 1909[2].

WIEFEL, W., *Das Evangelium nach Matthäus*, ThHK 1, Leipzig 1998.

WILCKENS, U., «σοφία κτλ», *ThWNT* VII, 465-475, 497-529.

WILKENS, W., «Die Komposition des Matthäus-Evangeliums», *NTS* 31 (1985) 24-38.

ZAHN, T., *Das Evangelium des Matthäus*, KNT 1, Leipzig 1905[2].

ZELLER, D., «Jesus als vollmächtiger Lehrer (Mt 5-7) und der hellenistische Gesetzgeber in *Studien zum Matthäusevangelium*, Fs. W. Pesch, SBS, Stuttgart 1988.

ZERWICK, M., *Graecitas Biblica*, Romae 1966[5].

ZIMMERMANN, F., «The Last Words of Jesus», *JBL* 66 (1947) 465-466.

INDICE DEI AUTORI

Albright: 32, 35, 51, 126, 132
Allen: 33, 51, 68, 92, 94-96, 121, 130, 152, 206
Allison: 19, 24, 35, 38, 49, 63, 70, 71, 73, 76, 81, 82, 84, 86, 90-92, 95, 99, 100, 105, 113, 115, 118, 120, 122, 126-128, 130, 132, 134, 136, 142, 143, 146, 149, 151-153; 156-158, 161, 163, 165, 171, 175, 193, 197, 204
Alt: 152
Aranda Pérez: 176
Argyle: 33
Arvedson: 21, 31, 33, 35, 48
Ashton: 29
Audet: 160
Ayo: 10
Bahr: 156;
Balz: 71, 77, 96, 118, 170, 171, 175
Barbour: 59, 79, 88, 95, 206
Barr: 29
Barth: 54, 67, 68, 94, 131, 146
Bartsch: 169
Bauer, D.R.: 16, 187, 188
Bauer, W.: 33, 38, 71, 72, 76, 86, 91, 96, 100, 116, 118, 127, 129, 130, 132, 144, 148, 169-171, 174, 175, 178
Bauernfeind: 52
Beare: 19, 88, 132

Begrich: 74
Behm: 160
Bertram: 33
Best: 173
Betz, H.D.: 46, 48, 49
Betz, O.: 118
Beyer, H.W.: 146, 148, 149, 199
Beyer, K.: 40, 93
Bieneck: 38
Black: 81, 121,
Blass: 34, 40, 47, 69, 82, 86, 100, 102, 121, 160, 162
Blinzler: 124
Boman: 73, 122
Bonnard: 24, 25, 32, 47, 48, 51, 55, 93 115, 116, 126, 129, 132, 135, 152, 157, 166, 171, 179, 193, 194, 197
Bonsirven: 26
Bornkamm: 54, 67, 68, 94, 133, 146
Botterweck: 41
Bousset: 90
Braumann: 158
Brown: 8, 60, 63, 70, 72-74, 83, 85, 87, 88, 90, 92, 97, 100, 105, 112, 119, 120, 122, 124, 126, 130, 134, 136
Bullinger: 81
Bultmann: 40, 41, 46, 68, 71, 73, 141
Burkill: 117

Buse: 142
Büchsel: 38, 102
van Cangh: 141, 142, 146, 149, 154
Carlisle: 165
Carmignac: 88
Casey: 103
Cerfaux: 15, 27, 43, 142, 151
Coggan: 9
Cohn-Sherbok: 126, 161
Combrink: 16
Conzelmann: 32, 153, 154
Coppens: 176
Cranfield: 80, 81
Crump: 9, 31
Cullmann: 9, 178
Dahl: 70, 137
Dalman: 21, 36, 69, 120, 121, 126, 130, 145, 146, 148, 150, 163, 199
D'Angelo: 29
Daube: 73, 175
Dautzenberg: 74
Davies, W.D.: 19, 24, 35, 38, 49, 63, 70, 71, 73, 76, 81, 82, 84, 86, 90-92, 95, 99, 100, 105, 113, 115, 118, 120, 122, 126-128, 130, 132, 134, 136, 142, 143, 146, 149, 151-153, 156-158, 161, 163, 165, 171, 175, 193, 197, 204
Davies, W.H.: 15
Debrunner: 34, 40, 47, 69, 82, 86, 100, 102, 121, 160, 162
Deissler: 122
Delling: 85
Denis: 165
Derrett: 173
Deutsch: 35, 37, 40, 48, 49, 51
Dibelius: 37, 41, 76, 88, 147, 203
Dockx: 156
Donahue: 103
Donfried: 142

Dormeyer: 101
Doyle: 16
Edwards: 15
Egger: 11
Eissfeldt: 123
Fabris: 19, 82, 91, 157, 203
Feldkämper: 9, 35
Feldmeier: 59, 63, 81, 90, 106
Fendrich: 99
Fenton: 33, 35, 51, 55
Feuillet: 10, 38, 42, 49, 74, 83, 88
Fiedler: 101, 104
Filson: 24, 33, 38, 55, 99, 127, 132
Finegan: 73, 79, 118, 121, 128
Finkel: 10
Fitzmyer: 28, 29
Floris: 124
Foerster: 168
Fohrer: 32
Frankenmölle: 17, 19, 29, 45, 48, 49, 55, 62, 63, 67, 73, 75, 76, 78, 79, 83, 88, 95, 116, 133, 178, 193, 202, 203, 206
Frendrich: 128, 129
Friedrich: 144; 177
Gaechter: 19, 32, 38, 45, 48, 49, 51, 52, 73, 76, 83, 85, 88, 105, 116, 126, 129; 132, 133, 146, 157, 159, 163, 177, 203
Galizzi: 59, 70, 73, 82, 84, 94, 96, 98, 99, 106, 198
García Martínez: 176
Gardner: 19
Garland: 132
George: 7, 9
Gerhardsson: 98, 122, 124, 130
Gerleman: 52, 86
Gese: 129
Giesen: 85;
Gnilka: 15, 17-19, 25, 33, 35, 38, 39, 43, 44, 47- 49, 51, 55, 63, 64, 71, 73, 76, 81-83, 88, 90-92, 95, 98, 99, 105, 112, 113,

116, 120-122, 128, 132, 133, 143, 148, 152, 154, 157, 166, 168, 170, 175, 177, 180, 192-195, 198-200, 203, 206
Goppelt: 81, 82
Grasso: 19
Green: 16
Grelot: 29, 79
Grimm: 15
Grundmann: 15, 25, 32, 41, 42, 47-49, 51, 53-55, 67, 73, 76, 78, 83, 88, 95, 113, 129, 130, 145, 157, 166, 175, 179, 193, 203 206
Gschwind: 134
Guillaume: 112, 126
Gundry: 38, 49, 51, 54, 70, 82-84, 86, 88, 90, 92, 95, 96, 99, 112, 115, 116, 118, 120, 121, 126, 130, 132, 136, 157, 178, 193
Gunkel: 74
Hagner: 24, 25, 32, 47, 48, 63, 73, 82, 83, 86, 88, 91, 92, 95, 97, 99, 105, 115, 116, 121, 127, 132, 136, 144, 147, 157, 193, 194, 198, 206
Hahn: 21, 38, 40-42, 104, 178, 192
Hamman: 8, 9
Hanson: 80, 82
von Harnack: 15, 16, 31, 37, 48
Harris, G.: 9
Harris, J.R.: 120
Hasenzahl: 124
Hase: 43
Hauck: 50, 53
Haufe: 178
Heidland: 127
Heil: 82, 95, 125, 129, 132, 137, 165, 167, 171
Heising: 146, 147, 150
Held: 54, 67, 68, 94, 146
Helfmeyer: 86
Hendriksen: 88, 96, 116, 132

Héring: 73
Herrmann: 167
Higgins: 156
Hill: 32, 35, 41, 51, 55, 116, 132-134
Hoffmann: 15, 21, 22, 32, 35, 38, 40, 43
Hofius: 132
Holleran: 59, 81, 83, 88, 92, 93, 99, 100, 103-105
Holtz: 44
Holtzmann, H.J.: 86
Holtzmann, O.: 170
Hunter: 15, 35, 37
Huser: 156
Hutton: 101
Christ: 33, 35, 42, 46, 48, 50, 52
van Iersel: 29, 43, 44, 142
Ingelaere: 16
Innitzer: 73
Jannaris: 100
Jeremias: 10, 21, 24, 25, 28, 31, 37, 40-42, 79, 87, 88, 103, 126, 149, 150, 154, 157-159, 161, 162, 176, 178
Jones: 26, 71, 72, 85, 116, 118, 127, 129, 148, 153, 171
Joüon: 24
Keener: 45, 55, 105, 115, 125
Kelber: 91
Kenneally: 112
Kenny: 70
Kertelge: 142; 165
Kingsbury: 16, 47, 143, 186-188, 198
Kittel: 28, 144
Klauck: 160
Klauser: 80
Kleine: 168
Klostermann: 24, 33, 35-37, 41, 49, 51, 54, 55, 67, 68, 73, 76, 80, 95, 96, 99, 116, 130, 147, 166, 203, 206

Knabenbauer: 30, 33, 94, 116, 127, 132, 146, 150, 170, 176
Knackstedt: 142
Knox: 90, 162
Kopp: 69
Körtner: 142
Köster: 145
Kraus: 74, 124
Kremer: 130
Kretzer: 116
Kuhn: 59, 88-90, 156
Künzel: 51
Kutscher: 126
Labuschagne: 25
Lacan: 124
Lagrange: 39, 40, 68, 73, 76, 78, 88, 95, 99, 116, 118, 127, 128, 130, 135, 147, 157, 163, 175, 203, 206
Lambert: 48, 50
Lange: 33, 38
Ledogar: 26
Legasse: 32, 33, 36, 38, 44, 51, 178, 179, 201
Leiverstad: 53, 54
Lentzen-Deis: 202
Léon-Dufour: 67, 156, 161
Leroy: 162, 178
Lescow: 59, 67, 70, 76, 93-95, 203, 206
Liddell: 26, 71, 72, 85, 116, 118, 127, 129, 148, 153, 171
Linnemann: 59
Lipinski: 102
Lohmeyer: 67, 73, 78, 83, 90, 94, 95, 99, 113, 120, 121, 126, 128, 130-132, 157, 158, 168, 171, 174, 176, 200, 206
Lövestam: 86
Luck: 32, 35, 47, 95
Luz: 17, 19-21, 24, 30-32, 34, 35, 38, 41-44, 48, 54, 55, 68, 88, 115, 132, 133, 143, 152, 174, 176, 178, 179, 193-195, 201, 205
Lührmann: 90
Maher: 48, 50, 55
Mahoney: 36
Maier: 82-84, 105, 115, 120, 132
Malina: 30
Mann: 32, 35, 51, 126, 132
Manson: 37, 41
Marchel: 40
Martin: 63
Massaux: 8
Masuda: 142
Mayer: 80
McCaffrey: 124
McNeile: 31, 35-37, 44, 51, 66, 70, 73, 76, 88, 94, 98, 99, 105, 121, 126, 130, 132, 147, 150, 158, 166, 167, 201
Meier: 17, 19, 34, 60, 76, 78, 83, 84, 95, 115, 193, 195, 197, 206
Merklein: 29, 156
Mertens: 15, 38, 40, 44, 201
Meyer: 82-84, 86, 90, 91, 93, 99, 105, 116, 120, 128, 132, 133, 146, 150, 160, 161, 163, 167, 177, 179
Meynet: 21, 63, 115, 136, 157
Michaelis: 31, 47, 52, 204
Michel: 26
Monloubou: 9
Montefiore: 117
Morison: 86, 88, 90, 96, 116
Morris, 35, 36, 76, 86, 88, 90-92, 95, 96, 99, 105, 115, 116, 120, 127, 130, 132, 136, 146, 147, 157, 179, 193, 194, 197, 199, 203
Motte: 21, 46
Mulloor: 10, 48
Müller: 50
Nebe: 49
Neirynck: 16, 142

Neugebauer: 147
Nielen: 9
Norden: 15, 16, 19, 20, 37, 40, 41
Nützel: 76
O'Callaghan: 153
Oepke: 32, 35, 44, 175
Ott: 9
Parratt: 176
Patsch: 81, 82, 142, 149, 154, 156, 160, 162
Patte: 24, 88
Percy: 39, 40
Pérez Fernández: 176
Pesch: 73, 122, 147, 156, 159
Péter: 175
Plummer: 24, 38, 49, 88, 92, 95, 99, 116, 128, 130, 132, 206
Pobee : 122, 124
Popkes: 86, 88, 102, 103, 128
de la Potterie: 10, 142, 151
Procksch: 134
von Rad: 101, 124
Randellini: 19
Read: 122
Rehkopf: 34, 40, 47, 69, 82, 86, 100, 102, 121, 160, 162
Rehm: 112, 120, 126
Reicke: 38
Rengstorf: 47-49, 67, 104, 105
Ringshausen: 173
Robinson: 26
Rolland: 16
Roloff: 146, 154
Rossé: 118
Rudolph: 80
Sabourin: 35
Sabugal: 10
Sahlin: 112
Sand: 16, 18, 25, 32, 41, 44, 47, 48, 55, 60, 67, 70, 88, 112, 129, 132, 136, 146, 147, 157, 166, 179, 200, 201
Sasse: 116

Sauer: 173
Scott: 26, 71, 72, 85, 116, 118, 127, 129, 148, 153, 171
Seesemann: 86-88
Senior: 59, 67, 70, 76, 78, 79, 84, 92, 95, 96, 112, 115, 118, 120, 121, 124, 126, 128-130, 132, 135-137, 157, 158, 195, 203, 206
Seybold: 124
Sickenberger: 124
Sigal: 161
Simonsen: 124
Schelbert: 28
Schelkle: 74
Schenk: 24, 35, 40, 41, 47, 66-69, 101, 121, 128, 147, 154, 174, 176
Schenke: 142, 144, 165
Schermann: 153, 154
Schlatter: 36, 38, 49, 51, 54, 70, 73, 97, 102, 132, 147, 149, 150, 154, 159, 163, 179, 193
Schlosser: 29
Schmauch: 67, 78, 83, 94, 95, 99, 113, 120, 121, 126, 128, 130-132, 157, 171, 174, 176, 200, 206
Schmid: 32, 35, 37, 44, 48, 49, 51, 52, 54, 73, 84, 113, 158, 178, 197, 201
Schnackenburg: 17, 39, 90, 145, 192, 193, 195, 197-199, 203
Schneider, C.: 132
Schneider, G.: 47, 71, 101, 127
Schneider, J.: 88
Schniewind: 35, 38, 41, 51, 67, 95, 105, 124, 128, 132, 136, 146, 197, 206
Schrage: 167
Schrenk, G.: 29, 36, 45, 96, 197
Schrenk, W.: 48
Schulz: 15, 35, 53, 68

Schumacher: 15, 44, 201
Schürer: 170
Schürmann: 10, 29, 38, 156, 160 162
Schützeichel: 125 198
Schweizer: 43, 47, 52, 55, 73, 83, 88, 95, 98, 120, 127, 130, 146, 152, 179, 193, 203, 206
Smith: 156
Smit Sibinga: 165
Söding: 60
Sounderson: 60
da Spinetoli: 19
Staab: 147
Stanley: 69, 84
Stanton: 50
Stauffer: 118, 122
Stendahl: 112, 117, 121
Stock, A.: 17, 70, 82, 85, 128, 130, 145, 146, 197
Stock, K.: 17 136, 145, 201
Stolz: 52
Strack: 163
Strathmann: 134
Strecker: 49, 55, 66, 68, 79, 84, 92, 94, 95, 135, 146, 197, 206
Stuhlmacher: 158, 159, 161
Surkau: 82
Swete: 73
Taylor: 73, 74, 76, 78, 81, 96, 99, 121, 127, 203
Temple: 156
Theißen: 142
Thrall: 82, 100
van Tilborg: 95
Tödt: 104
Trilling: 55, 113, 152
Trites: 9

Turner: 79
van Unnik: 79
Vanhoye: 137
Vargas-Machuca: 101
Verseput: 16, 17, 24, 33, 35, 40, 41, 135, 136 201
Vidovic: 9
Viviano: 34
Wahl: 74
Walter: 145
Weippert: 102
Weiser: 124
Weiss, B.: 25, 33, 37, 49, 51, 69, 76, 78, 82, 90, 92-96, 99, 105, 116, 118, 121, 126, 128, 130, 132, 133, 136, 144, 150, 152, 161, 163, 166, 168, 177, 179, 203, 206
Weiss, J.: 15;
Weiß: 50, 174
Wellhausen: 37, 73
Wiefel: 17, 35, 41, 47, 48, 63, 67, 70, 76, 78, 79, 81, 83, 84, 87; 88, 95, 97, 99, 105, 115, 120, 126, 128, 134, 136, 144, 157, 160, 163, 166, 176, 178, 179, 193, 194, 197
Wilckens: 32
Wilkens: 16
Zahn: 24, 32, 35, 38, 51, 83, 92, 99, 116, 121, 126, 128, 130, 132, 136, 146, 147, 149, 157, 163, 166, 179
Zeller: 49
Zerwick: 31, 40
Zimmermann: 112, 121

INDICE GENERALE

PREFAZIONE 5

INTRODUZIONE 7
1. L'oggetto di studio 7
2. Status quaestionis 9
3. Organizzazione e metodo del lavoro 11

PARTE I: L'ESPOSIZIONE DEI SINGOLI TESTI DELLA PREGHIERA DI GESÙ

CAPITOLO I: *L'inno di giubilo (Mt 11,25-30)* 15
1. Il contesto del testo 16
   1.1 La struttura del contesto 16
   1.2 La delimitazione del testo 18
2. La struttura del testo 19
   2.1 L'organizzazione delle singole strofe 20
      2.1.1 La prima strofa 20
      2.1.2 La seconda strofa 21
      2.1.3 La terza strofa 21
   2.2 Le relazioni reciproche tra le strofe 22
      2.2.1 Le concordanze 22
      2.2.2 Le divergenze e le aggiunte 22
3. Spiegazione del testo 23
   3.1 Formula introduttiva (v. 25a) 23
      3.1.1 ἐν ἐκείνῳ τῷ καιρῷ 23
      3.1.2 ἀποκριθεὶς ὁ Ἰησοῦς εἶπεν. 24
   3.2 Ringraziamento (vv. 25-26) 25
      3.2.1 Formula del ringraziamento – ἐξομολογοῦμαι 25
      3.2.2 Allocuzione: πάτερ, κύριε τοῦ οὐρανοῦ καὶ τῆς γῆς 26
      3.2.3 Motivo del giubilo 30

       3.2.4 La ripetizione del ringraziamento 35
  3.3 Dichiarazione sul rapporto fra il Padre e il Figlio (v. 27) 37
       3.3.1 L'universale autorizzazione del Figlio 37
       3.3.2 Il rapporto reciproco, intimo ed esclusivo
             della conoscenza tra il Padre ed il Figlio 40
       3.3.3 Il Figlio – il Mediatore unico della rivelazione 43
  3.4 Chiamata al discepolato (v. 28-30) 46
       3.4.1 L'invito 46
       3.4.2 La promessa 51
       3.4.3 I motivi – l'immagine del chiamante e della promessa 52
4. Osservazioni conclusive 56

CAPITOLO II: *La preghiera di Gesù nel Getsemani (Mt 26,36-46)* 59

1. Il contesto del testo 60
  1.1 La struttura del contesto 60
  1.2 La delimitazione del testo 60
2. La struttura del testo 61
  2.1 I dati introduttivi della scena (v. 36s) 64
  2.2 La preghiera di Gesù al Padre
      e l'esortazione dei discepoli (v. 38-44) 64
  2.3 Gesù ritorna ai discepoli e proclama la sua consegna (v. 45-46) 65
3. Spiegazione del testo 66
  3.1 La scena introduttiva – preparatoria della preghiera (v. 36-37) 66
       3.1.1 Gesù entra con i discepoli nel Getsemani (v. 36) 66
       3.1.2 Gesù con i tre discepoli (v. 37) 70
  3.2 La preghiera di Gesù al Padre
      e l'esortazione dei discepoli addormentati (v. 38-44) 72
       3.2.1 Lo stato d'animo di Gesù e l'esortazione alla vigilanza
             e presenza dei discepoli (v. 38) 72
       3.2.2 Il ritiro di Gesù dai tre discepoli per pregare (v. 39a) 77
       3.2.3 La prima preghiera di Gesù (v. 39b) 78
       3.2.4 Gesù ed i discepoli addormentati (v. 40-41) 83
       3.2.5 La seconda preghiera di Gesù (v. 42) 91
       3.2.6 Il secondo incontro di Gesù
             con i discepoli addormentati (v. 43) 95
       3.2.7 La terza preghiera di Gesù (v. 44) 97
  3.3 La scena conclusiva: Gesù ritorna ai discepoli
      e proclama la sua consegna (v. 45-46) 98
       3.3.1 L'incontro di Gesù con i discepoli (v. 45a-b) 98

       3.3.2 Gesù proclama l'ora della sua consegna (v. 45c-46) 100
4. Osservazioni conclusive 106

CAPITOLO III: *La preghiera di Gesù sulla croce (Mt 27,45-56)* 111

1. Il contesto del testo 112
   1.1 La struttura del contesto 112
   1.2 La delimitazione del testo 113
2. La struttura del testo 113
3. Spiegazione del testo 115
   3.1 Segno straordinario che precede la preghiera (v. 45) 115
   3.2 La preghiera – il grido dell'abbandono (v. 46) 117
      3.2.1 L'introduzione 117
      3.2.2 La formulazione della preghiera 119
      3.2.3 Il significato della preghiera 122
   3.3 L'interpretazione della preghiera da parte degli astanti (v. 47-49) 126
   3.4 Il momento della morte di Gesù (v. 50) 127
      3.4.1 La preghiera inespressa con le parole (v. 50a) 127
      3.4.2 La morte di Gesù (v. 50b) 129
   3.5 La risposta di Dio alla preghiera (v. 51-53) 131
      3.5.1 La rottura del velo nel tempio:
           la risposta divina ai Giudei (v. 51a) 131
      3.5.2 Gli altri quattro avvenimenti straordinari (v. 51b-52) 133
      3.5.3 La testimonianza dei «santi» (v. 53) 134
   3.6 La reazione del centurione e degli altri soldati (v. 54) 135
   3.7 La testimonianza delle donne (vv. 55-56) 137
4. Osservazioni conclusive 138

CAPITOLO IV: *La preghiera di Gesù in altre occasioni* 141

1. Gesù rende grazie a Dio in occasione
delle moltiplicazioni dei pani (Mt 14,13-21; 15,29-39) 141
   1.1 La prima moltiplicazione nel contesto del vangelo 142
   1.2 Le circostanze e l'atto della preghiera 143
      1.2.1 I preparativi per la preghiera 144
      1.2.2 La preghiera di lode e di ringraziamento 146
      1.2.3 Il rendimento di grazie e il miracolo della moltiplicazione 150
   1.3 La specificità della preghiera di Gesù
in occasione della seconda moltiplicazione dei pani 151
      1.3.1 Il contesto dell'episodio 151
      1.3.2 Il quadro panoramico dell'episodio 152

  1.3.3 La preghiera di ringraziamento e di lode 153
1.4 Considerazioni finali 155
2. Gesù rende grazie a Dio in occasione dell'ultima cena (26,26-30) 156
 2.1 Il contesto dell'episodio 157
 2.2 Le circostanze e l'atto della preghiera 157
  2.2.1 La comunione conviviale di Gesù con i suoi discepoli 158
  2.2.2 La preghiera di ringraziamento e di lode 159
 2.3 Considerazioni finali 164
3. La preghiera solitaria di Gesù sul monte (14,22-23) 165
 3.1 Il contesto dell'episodio 165
 3.2 I preparativi per la preghiera 166
 3.3 Le circostanze e l'atto di preghiera 167
  3.3.1 Il luogo della preghiera 167
  3.3.2 La situazione di solitudine nella preghiera 169
  3.3.3 Il tempo della preghiera 170
  3.3.4 Il carattere della preghiera 171
 3.4 Considerazioni finali 172
4. La preghiera di Gesù sui bambini (19,13-15) 173
 4.1 L'episodio e il suo contesto 174
 4.2 La richiesta dell'imposizione delle mani e della preghiera 174
 4.3 La preghiera dell'imposizione delle mani
   come risposta in favore dei bambini 177
 4.4 Considerazioni finali 180
5. Osservazioni conclusive 180

PARTE II: LA FUNZIONE DELLA PREGHIERA DI GESÙ
NEL VANGELO DI MATTEO E LE SUE CARATTERISTICHE PRINCIPALI

CAPITOLO V: *La distribuzione dei testi sulla preghiera di Gesù
   nel vangelo* 185

1. La preghiera di Gesù e le reazioni alla sua attività in Galilea 186
2. La preghiera di Gesù e il suo cammino verso Gerusalemme 187
3. La preghiera di Gesù
  e gli eventi della sua passione e risurrezione 188
4. Osservazioni conclusive 189

CAPITOLO VI: *Le caratteristiche principali della preghiera di Gesù nel
   vangelo di Matteo* 191

1. La preghiera di Gesù e il suo rapporto con Dio 191

    1.1 La preghiera di Gesù rivela l'origine del rapporto
        tra Gesù e il Padre 192
    1.2 La preghiera di Gesù palesa la singolarità del rapporto
        tra Gesù e il Padre 194
2. La preghiera di Gesù e la sua missione salvifica 196
    2.1 Il piano salvifico di Dio nella preghiera di Gesù 196
    2.2 La preghiera di Gesù e la sua attività missionaria 198
3. La connessione tra la prassi e l'insegnamento di Gesù
    sulla preghiera 201
    3.1 Il figliale rapporto degli uomini con Dio 201
    3.2 Gesù che prega invita alla preghiera 203

SIGLE E ABBREVIAZIONI 207

BIBLIOGRAFIA 211

INDICE DEI AUTORI 231

INDICE GENERALE 237

TESI GREGORIANA

Dal 1995, la collana «Tesi Gregoriana» mette a disposizione del pubblico alcune delle migliori tesi elaborate alla Pontificia Università Gregoriana. La composizione per la stampa è realizzata dagli stessi autori, secondo le norme tipografiche definite e controllate dall'Università.

Volumi pubblicati [Serie: Teologia]

1. NELLO FIGA, Antonio, *Teorema de la opción fundamental. Bases para su adecuada utilización en teología moral*, 1995, pp. 380.

2. BENTOGLIO, Gabriele, *Apertura e disponibilità. L'accoglienza nell'epistolario paolino*, 1995, pp. 376.

3. PISO, Alfeu, *Igreja e sacramentos. Renovação da Teologia Sacramentária na América Latina*, 1995, pp. 260.

4. PALAKEEL, Joseph, *The Use of Analogy in Theological Discourse. An Investigation in Ecumenical Perspective*, 1995, pp. 392.

5. KIZHAKKEPARAMPIL, Isaac, *The Invocation of the Holy Spirit as Constitutive of the Sacraments according to Cardinal Yves Congar*, 1995, pp. 200.

6. MROSO, Agapit J., *The Church in Africa and the New Evangelisation. A Theologico-Pastoral Study of the Orientations of John Paul II*, 1995, pp. 456.

7. NANGELIMALIL, Jacob, *The Relationship between the Eucharistic Liturgy, the Interior Life and the Social Witness of the Church according to Joseph Cardinal Parecattil*, 1996, pp. 224.

8. GIBBS, Philip, *The Word in the Third World. Divine Revelation in the Theology of Jen-Marc Éla, Aloysius Pieris and Gustavo Gutiérrez*, 1996, pp. 448.

9. DELL'ORO, Roberto, *Esperienza morale e persona. Per una reinterpretazione dell'etica fenomenologica di Dietrich von Hildebrand*, 1996, pp. 240.

10. BELLANDI, Andrea, *Fede cristiana come «stare e comprendere». La giustificazione dei fondamenti della fede in Joseph Ratzinger*, 1996, pp. 416.

11. BEDRIÑAN, Claudio, *La dimensión socio-política del mensaje teológico del Apocalipsis*, 1996, pp. 364.

12. GWYNNE, Paul, *Special Divine Action. Key Issues in the Contemporary Debate (1965-1995)*, 1996, pp. 376.

13. NIÑO, Francisco, *La Iglesia en la ciudad. El fenómeno de las grandes ciudades en América Latina, como problema teológico y como desafío pastoral*, 1996, pp. 492.

14. BRODEUR, Scott, *The Holy Spirit's Agency in the Resurrection of the Dead. An Exegetico-Theological Study of 1 Corinthians 15,44b-49 and Romans 8,9-13*, 1996, pp. 300.

15. ZAMBON, Gaudenzio, *Laicato e tipologie ecclesiali. Ricerca storica sulla «Teologia del laicato» in Italia alla luce del Concilio Vaticano II (1950-1980)*, 1996, pp. 548.

16. ALVES DE MELO, Antonio, *A Evangelização no Brasil. Dimensões teológicas e desafios pastorais. O debate teológico e eclesial (1952-1995)*, 1996, pp. 428.

17. APARICIO VALLS, María del Carmen, *La plenitud del ser humano en Cristo. La Revelación en la «Gaudium et Spes»*, 1997, pp. 308.

18. MARTIN, Seán Charles, *«Pauli Testamentum». 2 Timothy and the Last Words of Moses*, 1997, pp. 312.

19. RUSH, Ormond, *The Reception of Doctrine. An Appropriation of Hans Robert Jauss' Reception Aesthetics and Literary Hermeneutics*, 1997, pp. 424.

20. MIMEAULT, Jules, *La sotériologie de François-Xavier Durrwell. Exposé et réflexions critiques*, 1997, pp. 476.

21. CAPIZZI, Nunzio, *L'uso di Fil 2,6-11 nella cristologia contemporanea (1965-1993)*, 1997, pp. 528.

22. NANDKISORE, Robert, *Hoffnung auf Erlösung. Die Eschatologie im Werk Hans Urs von Balthasars*, 1997, pp. 304.

23. PERKOVIĆ, Marinko, *«Il cammino a Dio» e «La direzione alla vita»: L'ordine morale nelle opere di Jordan Kuničić, O.P. (1908-1974)*, 1997, pp. 336.

24. DOMERGUE, Benoît, *La réincarnation et la divinisation de l'homme dans les religions. Approche phénoménologique et théologique*, 1997, pp. 300.

25. FARKAŠ, Pavol, *La «donna» di Apocalisse 12. Storia, bilancio, nuove prospettive*, 1997, pp. 276.

26. OLIVER, Robert W., *The Vocation of the Laity to Evangelization. An Ecclesiological Inquiry into the Synod on the Laity (1987), Christifideles laici (1989) and Documents of the NCCB (1987-1996)*, 1997, pp. 364.

27. SPATAFORA, Andrea, *From the «Temple of God» to God as the Temple. A Biblical Theological Study of the Temple in the Book of Revelation*, 1997, pp. 340.

28. IACOBONE, Pasquale, *Mysterium Trinitatis. Dogma e Iconografia nell'Italia medievale*, 1997, pp. 512.

29. CASTAÑO FONSECA, Adolfo M., *Δικαιοσύνη en Mateo. Una interpretación teológica a partir de 3,15 y 21,32*, 1997, pp. 344.

30. CABRIA ORTEGA, José Luis, *Relación teología-filosofía en el pensamiento de Xavier Zubiri*, 1997, pp. 580.

31. SCHERRER, Thierry, *La gloire de Dieu dans l'oeuvre de saint Irénée*, 1997, pp. 328.

32. PASCUZZI, Maria, *Ethics, Ecclesiology and Church Discipline. A Rhetorical Analysis of 1Cor 5,1-13*, 1997, pp. 240.

33. LOPES GONÇALVES, Paulo Sérgio, *Liberationis mysterium. O projeto sistemático da teologia da libertação. Um estudo teológico na perspectiva da regula fidei*, 1997, pp. 464.

34. KOLACINSKI, Mariusz, *Dio fonte del diritto naturale*, 1997, pp. 296.

35. LIMA CORRÊA, Maria de Lourdes, *Salvação entre juízo, conversão e graça. A perspectiva escatológica de Os 14,2-9*, 1998, pp. 360.

36. MEIATTINI, Giulio, *«Sentire cum Christo». La teologia dell'esperienza cristiana nell'opera di H.U. von Balthasar*, 1998, pp. 432.

37. KESSLER, Thomas W., *Peter as the First Witness of the Risen Lord. An Historical and Theological Investigation*, 1998, pp. 240.

38. BIORD CASTILLO Raúl, *La Resurrección de Cristo como Revelación. Análisis del tema en la teología fundamental a partir de la Dei Verbum*, 1998, pp. 308.

39. LÓPEZ, Javier, *La figura de la bestia entre historia y profecía. Investigación teológico-bíblica de Apocalipsis 13,1-8*, 1998, pp. 308.

40. SCARAFONI, Paolo, *Amore salvifico. Una lettura del mistero della salvezza. Uno studio comparativo di alcune soteriologie cattoliche postconciliari*, 1998, pp. 240.

41. BARRIOS PRIETO, Manuel Enrique, *Antropologia teologica. Temi principali di antropologia teologica usando un metodo di «correlazione» a partire dalle opere di John Macquarrie*, 1998, pp. 416.

42. LEWIS, Scott M., *«So That God May Be All in All». The Apocalyptic Message of 1 Corinthians 15,12-34*, 1998, pp. 252.

43. ROSSETTI, Carlo Lorenzo, *«Sei diventato Tempio di Dio». Il mistero del Tempio e dell'abitazione divina negli scritti di Origene*, 1998, pp. 232.

44. CERVERA BARRANCO, Pablo, *La incorporación en la Iglesia mediante el bautismo y la profesión de la fe según el Concilio Vaticano II*, 1998, pp. 372.

45. NETO, Laudelino, *Fé cristã e cultura latino-americana. Uma análise a partir das Conferências de Puebla e Santo Domingo*, 1998, pp. 340.

46. BRITO GUIMARÃES, Pedro, *Os sacramentos como atos eclesiais e proféticos. Um contributo ao conceito dogmático de sacramento à luz da exegese contemporânea*, 1998, pp. 448.

47. CALABRETTA, Rose B., *Baptism and Confirmation. The Vocation and Mission of the Laity in the Writings of Virgil Michel, O.S.B.*, 1998, pp. 320.

48. OTERO LÁZARO, Tomás, *Col 1,15-20 en el contexto de la carta*, 1999, pp.312.

49. KOWALCZYK, Dariusz, *La personalità in Dio. Dal metodo trascendentale di Karl Rahner verso un orientamento dialogico in Heinrich Ott*, 1999, pp. 484.

50. PRIOR, Joseph G., *The Historical-Critical Method in Catholic Exegesis*, 1999, pp. 352.

51. CAHILL, Brendan J, *The Renewal of Revelation Theology (1960-1962). The Development and Responses to the Fourth Chapter of the Preparatory Schema De deposito Fidei*, 1999, pp. 348.

52. TIEZZI, Ida, *Il rapporto tra la pneumatologia e l'ecclesiologia nella teologia italiana post-conciliare*, 1999, pp. 364.

53. HOLC, Paweł, *Un ampio consenso sulla dottrina della giustificazione. Studio sul dialogo teologico cattolico luterano*, 1999, pp. 452.

54. GAINO, Andrea, *Esistenza cristiana. Il pensiero teologico di J. Alfaro e la sua rilevanza morale*, 1999, pp. 344.

55. NERI, Francesco, *«Cur Verbum capax hominis». Le ragioni dell'incarnazione della seconda Persona della Trinità fra teologia scolastica e teologia contemporanea*, 1999, pp. 404.

56. MUÑOZ CÁRDABA, Luis-Miguel, *Principios eclesiológicos de la «Pastor Bonus»*, 1999, pp. 344.

57. IWE, John Chijioke, *Jesus in the Synagogue of Capernaum: the Pericope and Its Programmatic Character for the Gospel of Mark. An Exegetico-Theological Study of Mk 1:21-28*, 1999, pp. 364.

58. BARRIOCANAL GÓMEZ, José Luis, *La relectura de la tradición del éxodo en l libro de Amós*, 2000, pp. 332.

59. DE LOS SANTOS GARCÍA, Edmundo, *La novedad de la metáfora κεφαλή – σῶμα en la carta a los Efesios*, 2000, pp. 432.

60. RESTREPO SIERRA, Argiro, *La revelación según R. Latourelle*, 2000, pp. 442.

61. DI GIOVAMBATTISTA, Fulvio, *Il giorno dell'espiazione nella Lettera agli Ebrei*, 2000, pp. 232.

62. GIUSTOZZO, Massimo, *Il nesso tra il culto e la grazia eucaristica nella recente lettura teologica del pensiero agostiniano*, 2000, pp. 456.

63. PESARCHICK, Robert A., *The Trinitarian Foundation of Human Sexuality as Revealed by Christ according to Hans Urs von Balthasar. The Revelatory Significance of the Male Christ and the Male Ministerial Priesthood*, 2000, pp. 328.

64. SIMON, László T., *Identity and Identification. An Exegetical Study of 2Sam 21–24*, 2000. pp. 386.

65. TAKAYAMA, Sadami, *Shinran's Conversion in the Light of Paul's Conversion*, 2000, pp. 256.

66. JUAN MORADO, Guillermo, *«También nosotros creemos porque amamos». Tres concepciones del acto de fe: Newman, Blondel, Garrigou-Lagrange. Estudio comparativo desde la perspectiva teológico-fundamental*, 2000, pp. 444.

67. MAREČEK, Petr, *La preghiera di Gesù nel vangelo di Matteo. Uno studio esegetico-teologico*, 2000, pp. 246.

Finito di stampare
nel mese di settembre 2000
dalla
Scuola Tipografica S. Pio X
Via degli Etruschi, 7
00185 Roma